살아있는 세계사 교과서 2

살아있는 세계사 2

전국역사교사모임
지음

21세기, 희망의 미래 만들기

Humanist

'나'와 '세계'를 네트워킹할 청소년을 위하여
《살아있는 세계사 교과서》전면 개정판을 내며

《살아있는 세계사 교과서》가 세상에 나온 지 15년이 되어간다. 이 책은 학교에서 점점 실종되어 가는 세계사 교육을 안타까워하며, '유럽 중심, 중국 부중심'을 넘어 '우리의 시각'으로 세계사를 보려는 문제의식에서 출발하였다. 자기와 세계를 연결하고 과거와 현재를 성찰하여 더 나은 미래를 꿈꿀 수 있게 돕는, 그런 세계사 교과서를 만들고 싶었다.

책이 출판되자 과분할 정도로 많은 관심과 찬사를 받았고 그와 동시에 애정 어린 비판과 지적을 받기도 하였다. 역사 교사와 학생을 비롯하여 많은 독자의 이런 관심과 비판이 자양분이 되었기에, 하루에도 수십 권의 책들이 쏟아져 나오는 치열한 출판 시장에서 이 책이 지금까지 살아남을 수 있었다. 감사할 따름이다.

지금 보면 크게 특별하지 않을지 몰라도, 책을 쓸 당시에는 꽤 다양한 시도를 하려고 용기를 냈다. 각 대륙 및 문화권을 두루 조망하고, 지역에서 나라로 다시 문화권으로 발전해 가는 양상을 짚은 후, 문화권 간의 교류와 충돌을 살피고 특히 우리와의 교류에 주목하는 서술 체제를 모색하였다. 이는 이후 국가의 교육 과정과 검정 교과서 서술에도 영향을 주었다. 이제껏 엑스트라 수준에 머물렀던 동남아시아와 인도, 서아시아, 아프리카, 라틴아메리카 역사에 애정 어린 시선을 주어, 그전보다 이 지역에 대한 관심을 높이는 데 조금은 기여하였을 것이다. 그동안 경시되어 온 근현대 역사, 특히 현대사를 대폭 강화하여 지금 우리가 서 있는 이 자리, 세계 속에서 우리 위치를 찾으려 한 데에도 작은 자부심을 느낀다. 인물과 사건을 영화의 한 장면처럼 연출하여 가독성을 높이고, 글과 어우러져 하나의 지면을 구성하는 그래픽과 지도는 지금 봐도 그리 낡아 보이지 않는다.

그러나 나름의 장점과 미덕을 가졌다 하더라도, 세월의 흐름 속에 낡고 성긴 모습을 보이는 것은 피할 수 없을 것이다. 우리는 어쩌면 그 세월 동안 더 많은, 그리고 더 훌륭한 대안들이 나와서 이 책이 소임을 다하고 조용히 사라질 수 있기를 바랐는지도 모르겠다. 실제로 그사이 청소년을 대상으로 하는 세계사 책들이 꽤 많이 선보였고, 추천할 만한 훌륭한 책도 많아졌다. 그러나 《살아있는 세계사 교과서》를 훌쩍 뛰어넘고 대체할 만한 책을 찾기는 쉽지 않았다. 그것이 출판사의 제안을 받아들여 이 책을 다시 매만진 이유이다.

먼저, 원음에 가깝게 표기하느라 낯선 표기가 있었던 고유 명사와 여러 용어를 검정 교과서 용어로 통일하였다. 지적된 오류를 바로잡고 오해할 수 있는 표현 또한 다듬어 고쳤다. 연도나 숫자, 도표와 지도 등 사소한 부분까지 다시 살펴 최대한 오류가 적은 책을 만들려고 애썼다. 과도한 해석이나 단정적 표현을 피하고 혹시라도 필자의 의도를 드러내 강요하는 서술은 없는지 되돌아보았다. 역사 서술에서 필자의 의도와 개입을 피할 수는 없겠지만, 최대한 객관적인 자세를 유지하여 최종적인 판단은 독자들이 내릴 수 있도록 돕고자 하였다.

무엇보다 급변하는 현대사의 흐름을 따라잡을 수 있도록 2권의 11장과 12장을 새롭게 다시 썼다. 사회주의 붕괴 후 신자유주의 세계화가 더욱 위세를 떨치는 가운데 경제 위기가 일상이 되고, 이에 맞서는 저항마저 번번이 좌절되어 결국 포퓰리즘이나 극우 민족주의가 민주주의를 위협하는 오늘의 상황까지 역사화하여 서술하고자 하였다. 이는 결코 쉬운 일이 아니었다. 현재 진행형의 무수한 사건들을 어떤 논리로 어떻게 취사선택하여 의미 있는 이야기를 만들어 낼지, 선행 연구도 거의 없고 사실과 자료에 대한 선별도 쉽지 않아 어쩌면 우리의 능력을 벗어나는 시도였을지도 모르겠다. 그러나 이런 시도를 통하여 독자들이 오늘의 세계를 이해하고 내일을 전망하면서 '나는, 그리고 우리는 이 시대를 어떻게 헤쳐 나갈 것인가'를 고민해 볼 수 있었으면 좋겠다.

《살아있는 세계사 교과서》가 세상에 나오고 생명력을 가질 수 있었던 것은 어려운 여건 속에서도 전국의 학교에서 세계사 교육을 담당하고 있는 여러 선생님의 아낌없는 지지와 애정 어린 비판이 뒷받침되었기 때문이다. 이번 전면 개정판도 역사 선생님들이 생생한 수업을 진행하는 데 조금이라도 도움이 되기를 바란다. 《살아있는 세계사 교과서》출간은 《살아있는 한국사 교과서》와 더불어 전국역사교사모임이 우리나라 역사 교육을 책임지는 한 축으로 당당히 성장하는 데 큰 계기가 되었다.

이번 개정판을 내기 위하여 모든 필자 선생님들이 다시 한번 모였다. 이미 학교 현장을 떠난 분도 있었고, 모임 활동에서 한 발짝 물러난 선배 선생님도 많았다. 그런데도 기꺼이 개정 작업에 나서 다시 훌륭한 결과물을 내준 선생님들께 특별히 감사의 마음을 전하고 싶다. 2005년에도 최대한의 정성과 역량을 투입하여 놀랄 만큼 빼어난 결과물을 만든 휴머니스트 출판사는 이번에도 어려운 요구를 묵묵히 받아들여 최선의 결과물을 만들어 주었다. 감사드린다.

우리는 한국의 청소년들이 민주적이고 평화롭고 인간다운 세상을 만들어 갈 의지와 능력을 갖추길 바란다. 그것의 지적 토대를 만들기 위하여 보고 외우는 세계사가 아니라 자기와 세계를 연결할 화두를 던져 주는 세계사, 과거와 현재를 비판적으로 성찰할 수 있는 세계사, 그리하여 더 나은 미래를 고민할 수 있는 세계사 대안 교과서를 만들고자 한 꿈은 15년 전이나 지금이나 여전하다. 이런 희망에 걸맞게 개정하려고 최선을 다하였지만 여전히 아쉬운 구석이 보인다. 그 빈틈은 더 많은, 그리고 더 다양한 대안이 나와서 메꿔 주기를 바랄 뿐이다. 독자들의 아낌없는 비판과 지적을 바란다.

2019년 11월 전국역사교사모임

'21세기를 살아갈 한국의 청소년들'을 위하여 세계사를 새로 썼다

1

어렵고 지루한 시험을 끝낸 기분이다. 3년 동안이나 치른 시험. 해야 할 공부가 뭐 그리 많고, 풀어야 할 문제는 왜 그리도 어려운지……. 우리에게 세계사 대안 교과 서 작업은 내내 답이 보이지 않는 시험 같았다. 문제는 대략 이런 것들이었다. 우리 의 세계사 교육은 지금 어떠한가? 문제가 있지는 않은가? 있다면 무엇인가? 문제점 을 뛰어넘을 대안은 있는가? 그리고 우리는 그 대안을 마련할 능력과 준비가 되어 있는가? 도대체 어떤 짜임새와 얼개를 가지고?

첫 문제부터 곤혹스러웠다. 우리에게 과연 세계사 교육은 있는가? 대학 입학 시 험에서 세계사 문제지를 펼쳐 놓고 있는 학생은 매우 드물다. 통계상으로 보면, 세 계사 응시자는 전국적으로 10퍼센트를 밑돈다. 어려운 고유 명사에 생전 들어보지 도 못한 낯선 사람과 낯선 나라들, 사건 투성이의 교과서는 일찌감치 학생들의 전의 를 앗아가 버린다. 정말로 이해할 수 없는 것은 어느 때인가부터 세계화를 부르짖으 며 코흘리개조차도 외국어 학원을 드나드는데, 정작 세계사 교육은 갈수록 퇴화하 고 있다는 점이다. '세계화 시대'에 '세계인'을 만나 말을 건네려 해도, 서로의 '세 계'를 알지 못한다면 도대체 무슨 이야기를 나눌 수 있을까?

게다가 현행 세계사 교과서는 '유럽 중심주의'라는 문제점에서 여전히 벗어나지 못한 것이 사실이다. 워낙 오래된 문제인지라 조금이라도 보완하기 위하여 이런저 런 내용이 추가되기는 하였다. 하지만 그 결과, 백화점식으로 이야기가 산만해져 세계사적 시야가 생기기는커녕 도무지 줄기를 잡을 수 없게 되어 버렸다. 이 나라 저 나라를 다 이야기한다고 해서 해결되는 문제가 아니라, '우리의 시각'으로 세계사를 재구성할 수 있어야 한다. 그런데 이것 참 감당하기 어려운 문제이다.

그렇다고 언제까지 뒷짐만 지고 있을 수는 없는 일. 그래서 무모하게 나선 것인지도 모른다. 역사 교사로서 한국사를 힘차게 가르치는 것도 중요하지만, 세계사를 소홀히 해서는 안 될 말이다. 이런 고민을 지니고 있던 각 지역의 세계사 연구모임 회원들이 팔을 걷어붙이고 밤낮없이 토론에 나섰다. 방학 때는 물론, 학기 중에도 주말을 포기한 채 만나서 의견을 나누었다. 깊은 고민과 심각한 토론은 세계사 교육의 바른 대안을 찾는 길잡이 구실을 하였고, 각기 다른 구상은 모임이 거듭될수록 조율되고 다듬어졌다. 누구도 응시하지 않았던 시험, 기출 문제도 응용할 모범 답안도 없는 막막함에 몇 번이나 좌절을 맛보면서도 작업을 포기할 수는 없었다.

2

초반 논의는 '주연 유럽, 조연 중국'이라는 현행 교과서의 문제점을 극복하고 우리 시각으로 세계사를 어떻게 재구성할 수 있는가'가 중점 사안이었다. 그중에서도 핵심은 바로 '우리 시각'이었다. 여러 가지 의견들이 쏟아졌다. 우리 역사와 구체적으로 관계되는 사실만 다루자는 의견도 있었고, 교류를 중심으로 세계사를 재구성하자는 의견도 있었다. 이에 대하여 우리 중심의 세계사도 좋지만, 엄연히 존재해 온 주요 흐름을 무시할 수 없다는 비판이 제기되었다. 한쪽에서는 '중요한 역사적 흐름'을 쫓다보면 지금처럼 강대국 위주의 역사 서술이 되기 쉬우니, 오히려 비슷한 길을 걸어온 우리 주변국들의 역사를 적극적으로 발굴해야 한다는 주장도 있었다.

수차례 난상 토론을 거치면서 서서히 가닥이 잡혔다. '객관적으로 진행되어 온 세계사의 주요 흐름을 살피는 가운데, 독특한 문화를 일구어 온 각 대륙 및 문화권에 골고루 시선을 주자. 그리고 지역에서 나라로, 다시 문화권으로 발전해 나가는 양상을 짚어 낸 다음, 문화권 간의 교류와 충돌을 살피고, 그 과정에서 우리와 교류한 장면이 눈에 잡힌다면 서로 견주어 보여 주자.'는 것이었다. 연구를 거듭하다 보니, 세계사의 흐름 속에서 한국사의 주요 대목을 꾸준히 떠올리는 식으로 구성할 수 있을 것 같았다. 다만 우리 역사도 한국사의 범위를 벗어나 동아시아라는 넓은 범위에서 중국, 일본과 아울러 살피는 지혜가 요구되었다. 특히 근현대로 접어들면, 그야말로 '세계화'가 진전되는 가운데 우리 역사와 직접적으로 만나는 지점이 훨씬 넓어진다는 사실도 확인할 수 있었다.

3

이렇게 가닥은 잡았지만, 이를 실제로 어떻게 구현해 낼 것인가는 또 다른 문제였다. 무엇보다 단원을 짜고 체제를 잡는 일이 우선이었다. 익숙해져 버린 기존 교과서나 개설서의 방식을 벗어나자고 마음을 다잡았다. 그 결과, 유럽사의 비중은 여러 지역사 중 하나로 축소되었고, 중국사도 동아시아 역사의 한 부분으로 자리 잡았다. 그동안 소외되어 온 지역에 최대한 눈길을 주면서도 산만하지 않고 자연스럽게 가닥을 잡을 수 있기를 바랐다. 이에 따라 이제껏 엑스트라 수준에 머물렀던 동남아시아와 인도, 서아시아, 아프리카, 라틴아메리카의 역사가 새롭게 보강되었다. 제각기 다른 자연환경 속에서 다양한 삶을 펼쳐 왔던 인류의 경험을 최대한 드러내면서도, 그 속에서 함께 공유할 수 있는 지혜를 찾아보려 하였다.

　과연 두 마리 토끼를 다 잡았는지에 대해서는 자신할 수 없지만, 지금까지와는 완전히 다른 방식으로 접근한 세계사 책이 나왔다고 말할 수는 있겠다. 이제껏 구색맞추기식으로 경시되어 온 근현대, 특히 현대사를 대폭 강화한 것도 큰 특징이다. 지금 우리가 서 있는 이 자리, 세계 속의 우리 위치를 명확히 하기 위해서는 현재의 세계 질서가 어떠한 역사적 연원을 타고 어떤 방식으로 작동하고 있는지 보여 줄 필요가 있다는 데 의견을 같이하였다. 그야말로 전 지구적 차원에서 맞물려 돌아간 복잡한 현대사를 하나의 역사 흐름으로 정리하는 작업은 2배로 어려운 작업이었다. 참고할 선행 연구가 거의 없기 때문이다. 그래서 결과물이 다소 거칠지는 몰라도, 충분히 의미 있는 시도였다고 생각한다.

본격적으로 원고를 쓰기 시작하면서부터 더 많은 어려움이 따랐다. 무엇보다 '읽힐 수 있는 책'을 만들어야 한다는 생각에, 한장 한장마다 생생한 인물과 사건을 담아 내려고 수없이 많은 자료를 뒤적거렸다. 하나의 사건이 영화의 한 장면처럼 생동감 있게, 그 속에 인물이 살아 있는 듯 꿈틀대도록 만들려 하였다. 한 호흡으로 편안하게 읽힐 수 있는 길이와 문체도 고민이었다. 하지만 글만 가지고 생동감을 채우는 데에는 한계가 있었다. 한 지면에 글과 그림, 사진이 잘 어울려 주제가 분명히 드러나고, 살아 있는 느낌이 전달될 수 있는 방법을 모색하였다. 글과 따로 노는 그래픽이나 글을 설명하는 그림이 아니라, 그래픽만 보고도 당시의 분위기를 알아차릴 수 있는 화면, 글과 하나가 되어 열변을 토하는 화면을 만들고 싶었다. 이 작업은 출판사의 전폭적인 지원과 노력 덕분에 가능한 일이었다.

4

———

우리는 항상 '21세기를 살아갈 한국의 청소년들'이 독자라는 사실을 염두에 두고 작업에 임하였다. 우리 청소년들이 보다 민주적이고 평화롭고 인간다운 세상을 만들어 갈 의지와 능력을 가지기 바랐고, 이런 바람에 힘이 실리는 데 우리의 작업이 조금이라도 보탬이 되었으면 싶었다. 보고 외우는 세계사가 아니라, 나와 세계를 연결할 화두를 던지는 세계사, 과거와 현재를 비판적으로 성찰할 수 있는 세계사, 그리하여 더 나은 미래를 함께 고민할 수 있는 세계사가 되려 하였다. 남이 만들어 놓은 세계 질서에 휘둘리지 않고 우리 스스로 당당히 그려 나가는 세계화는 올바른 세계사 교육 없이는 불가능한 일이라고 생각하였기 때문이다.

이 책이 과연 애초의 의도를 충분히 살려 세계사 교과서의 대안으로 자리 잡을 수 있을지에 대해서는 솔직히 자신이 없다. 처음 한 시도이니만큼 허점도 많을 테고, 특히 익숙한 세계사 책과 다른 부분이 많아 자칫 혼란스러울 수 있으리라고 예상한다. 그러나 언제까지나 익숙한 것에 안주해서는 새로운 것으로 나아갈 수 없는 일이니, 우리의 시도가 '새로운 세계사'를 만들어 가는 데 작은 밑거름이라도 될 수 있다면 충분히 보람을 찾을 수 있으리라.

3년 동안 서울과 부산, 대전을 오가며 머리를 맞댄 필자들의 고민, 출판의 역량을 십분 발휘하여 책의 지면을 역동적이면서도 풍성하게 꾸민 출판사의 노고가 만나 비로소 이 책이 나오게 되었다. 물론 그 뒤에는 전국의 수많은 역사교사모임 회원 선생님들의 지지와 성원이 있었고, 가족과 주변 분들의 격려와 양해가 있었다. 한편으론 정말 속 시원하게, 다른 한편으론 아쉬움을 남기며 3년 6개월 동안의 작업을 마무리하고 책을 세상에 내놓는다. 많은 비판과 지적을 바랄 뿐이다.

2005년 10월 전국역사교사모임

● 차 례 ●

1 새로운 삶의 방식, 근대

16세기에서 19세기로

마카오 반환식 중국은 영국으로부터 홍콩을, 포르투갈로부터 마카오를 반환받음으로써 과거 반식민지 역사를 완전히 청산하였다. 사진은 1999년 12월 19일 마카오의 역사적인 중국 반환식에 참석한 3만 명의 시민들이 베이징 톈안먼(천안문) 광장에 마련된 시계를 바라보며 환호하는 모습이다.

| **유럽이 아시아로 오는 길을 찾다** | 새로운 세기를 앞둔 1999년 12월, 중국은 포르투갈로부터 마카오를 반환받았다. 포르투갈 상인들이 마카오에 들어와 정착한 지 근 450년 만의 일이었다. 중국으로서는 역사의 큰 과제 하나를 매듭지은 셈이었다.

15세기부터 해외로 눈을 돌린 유럽은 16세기에 아시아까지 이르렀다. 척박한 땅, 낮은 농업 생산성은 유럽 사람들이 해외로 나갈 수밖에 없는 큰 원인이 되었다. 그들이 자랑해 마지않는 '대항해 시대'니 '신항로 개척'이니 하는 것은 사실 '빈곤'과 '필요'에 따른 것이었다. 그 과정에서 그들은 아메리카를 '빌건'하였고, 또 아시아로 가는 길을 찾았다. 총칼과 대포를 앞세워 빼앗은 아메리카의 황금과 은, 각종 플랜테이션 작물은 유럽이 번영하는 데 든든한 밑천이 되어 주었다.

그러나 아시아의 경우는 이야기가 달랐다. 포르투갈이 마카오를 차지할 수 있었던 것은 중국 관리에게 뇌물을 바치고 거주권을 얻었기 때문이다. 이곳을 거점으로 동아시아를 포르투갈의 세력권 안에 두는 것은 불가능한 시도였다. 포르투갈의 뒤를 이어 유럽 세력을 대표하게 된 에스파냐도 마찬가지였다. 1571년 마닐라를 점령하고 아시아 무역을 확장하려 하였으나 역시 큰 성과는 없었다.

중국이나 조선, 일본은 기본적으로 쇄국 정책을 굳게 지켰고, 실제 자급 자족적인 경제 운용에 별 문제가 없었다. 동남아시아도 세계적인 교역 중심지로 번성하고 있었기 때문에 유럽이 끼어들 틈이 별로 없었다. 유럽은 아시아 무역의 작은 부분을 차지하는 데 만족해야만 하였다. 당시 유럽은 아시아의 '풍요'를 오히려 부러워하고 있었다.

| 유럽과 아시아, 19세기의 역전 | 19세기에 유럽과 아시아의 이런 사정은 극적으로 바뀌었다. 예전에 중국은 교역을 요구하는 영국 사신에게 "우리는 땅이 넓고 물자가 풍부하여 따로 교역의 필요성을 못 느낀다."라며 거드름을 피웠다. 그러나 중국은 1840년 벌어진 아편 전쟁에서 영국 함대에 치욕적인 패배를 당하고 만다. 이후 중국은 유럽 열강들이 서로 나누어 먹으려고 다투는 먹음직스러운 파이 조각이 되어 버리고 말았다.

이런 사정은 다른 나라도 마찬가지였다. 일본은 1854년 대포로 무장한 미국 함대에 굴복하여 나라의 문을 열고 불평등 조약을 맺었으며, 한때 프랑스, 미국 함대와 싸우고도 문을 열지 않았던 조선도 결국은 1876년 일본의 강요로 강화도 조약을 맺게 된다. 인도나 동남아시아의 경우는 그보다 앞서 이미 유럽 열강의 식민지 신세가 되었고, 오스만 제국이 쇠퇴하면서 유럽 열강이 그 자리를 대신하게 된 서아시아 지역도 사정은 별반 다를 바 없었다.

이제 아시아의 거의 모든 나라에서 서양을 배워야 한다는 목소리가 터져 나왔다. 총과 대포를 앞세워 자신을 침략해 오는 적을 따라 배워야 한다는 사실은 퍽이나 난감한 일이었을 것이다. 그러나 다른 방법을 찾기도 쉽지는 않았다. "적을 배워 적을 제압하자."라는 구호가 요란하였다. 과연 저들의 강함은 어디서 오는 것인가? 불과 100년 전만 하더라도 서양 사람들 사이에서 동양을 따라 배워야 한다는 주장이 넘쳐났던 것에 비하면 실로 격세지감이 아닐 수 없다. 도대체 그동안 무슨 일이 일어난 것일까?

| **삶의 변화, 세계의 변화** | 세계 최초의 철도, 리버풀－맨체스터 철도의 경영을 맡은 헨리 부스는 다음과 같은 양자택일을 주장하였다.

"우리는 결정해야 한다. 한 나라가 한가롭고 농경민적인 고요한 삶의 기쁨을 계속 유지하는 것이 바람직한지, 아니면 상업과 공업의 혼잡과 흥분으로 나아가야 바람직한지."

그의 이야기는 매우 단순해 보였지만 핵심을 찌르고 있었다. 유럽은 18세기 이래로 '상업과 공업의 혼잡과 흥분'의 길로 나아갔고, 19세기에 이르러 그 시도는 일단 성공하였음이 드러났다. 철도만 보더라도 그 전환이 얼마나 극적이었는지 알 수 있다. 양이나 소가 한가로이 풀을 뜯던 들판 사이로, 농부들이 땀 흘려 곡식을 가꾸던 논밭 사이로, 강철의 선로가 놓이고 엄청난 무게의 쇳덩어리가 요란한 소리를 내며 질주하는 모습은 그 자체로 놀라움이었다.

철도가 연 새 시대 "철도는 그 자체가 혁명적 성취이다. 왜냐 하면 철도는 세계를 상호 작용하는 하나의 경제권으로 묶었기 때문이다." - 역사학자 홉스봄 -

철도가 등장하기 전까지 유럽의 교통로 수준은 형편없었다. 좁고 잡초가 우거진 길은 끊어지기 일쑤였고, 마차조차 다닐 수 없는 길이 더 많았다. 마을과 마을 사이에는 무섭도록 넓고 깊은 숲이 자리 잡고 있었고, 사람들은 자신이 태어난 고향을 벗어날 기회조차 거의 갖지 못하였다. 신분의 벽은 높기만 하였고, 자신이 해야 할 일은 태어나기도 전에 미리 정해져 있었다.

　그러나 철도는 이런 사정을 크게 바꾸어 놓았다. 원료와 상품이 철도를 따라 대규모로 이동하기 시작하였고, 철도역을 중심으로 도시가 형성되었으며, 사람들도 기차를 타고 도시로 몰려들었다. 기차의 출발과 도착을 통제할 수 있는 복잡하고 정교한 시간표가 만들어졌고, 사람들은 자신의 생활을 시계에 맞춰야만 하였다. 말 그대로 지금 우리에게 익숙한 삶, 바로 근대적인 삶이 시작된 것이다.

새로운 길을 찾아서

우리나라 최초의 기차 "경인 철도 회사에서 어저께 개업 예식을 거행하였는데, (중략) 화륜거 구르는 소리는 우레 같아 천지가
진동하고 기관차의 굴뚝 연기는 하늘에 솟아오르더라." - 《독립신문》 -

| **근대화, 찬양과 저항 사이** | 우리나라에 철도가 처음 개통된 1899년 9월 18일, 수
많은 사람들이 서울 노량진에서 인천 제물포까지 내달리는 기차를 보기 위하여 개통
식장으로 쏟아져 나왔다. 최초의 철도가 영국에서 탄생된 지 불과 60년 만에 아시아
의 먼 나라 조선에까지 철도가 놓인 셈이다.

기차가 달리는 속도는 신속하여 화륜선에 비길 바가 아니며, (중략) 그 신기하고 경이로운
규모와 신속 간편함이 족히 세상 사람의 이목을 놀라게 하였으며, 마음을 뛰게 하였다. (중
략) 이 차에 한 번 타기만 하면 바람을 타고 기기나 구름 위로 솟아오른 듯한 황홀한 기분을
맛보게 된다.

유길준은 《서유견문》에서 철도를 이렇게 찬양하였다. 유길준에게 철도는, 그리고 서

양은, 또 근대는 이렇게 '황홀한' 것이었으며, 당연히 따라 배워야 할 것이었다.

그러나 철도를 건설한 것은 사실 우리가 아니라 일본이었다. 일본은 왜 서둘러 조선에 철도를 놓으려 하였을까? 조선을 지배하기 위해서는 철도 건설이 필수적이라고 생각하였기 때문이다. 철도를 통하여 일본군이 조선으로 들어왔고, 곧이어 만주까지 이동할 수 있었다. 철도를 통하여 일본 상품이 조선 구석구석으로 파고들었으며, 조선 곳곳의 쌀과 금이 항구로 실려 나와 일본으로 팔려 나갔다. 산허리가 깎여 나가고 논밭이 파헤쳐졌으며, 조상의 무덤이 뭉개지고 마을이 두 동강 나기도 하였다. 이런 사정은 아시아의 다른 지역에서도 마찬가지였다. 간디는 인도의 철도에 대하여 이렇게 혹평하였다.

철도가 없었더라면 영국인들이 지금처럼 인도를 장악할 수 없었을 것입니다. (중략) 철도는 또 잦은 기근을 불러왔습니다. 이동 수단이 편리해지자 사람들이 곡식을 내다 팔았고, 이 곡식은 가장 비싸게 값을 받을 수 있는 시장으로 옮겨졌기 때문입니다. (중략) 선善은 느릿느릿 움직입니다. 따라서 선은 철도와 거의 관련이 없습니다.

철도는 유럽 강대국들이 세계를 침략하는 가장 빠른 길을 만들어 주었다. 식민지 곳곳에서 철도나 전신망에 대한 파괴와 공격이 일어난 것은 어찌 보면 당연한 일이었다. 이처럼 철도에 대한 상반된 시선은 근대화와 서구화에 대한 입장 차이로 나타났다. '개화파'와 '위정척사파'의 대립이 우리나라에만 있었던 것은 아니다.

영국인을 시중드는 인도인 식민지에서 철도는 근본적으로 본국인을 위한 것이었다. 일등칸에 탄 영국인을 위하여 인도인들이 시중을 드는 이 그림은 식민지에서 철도가 어떤 의미였는지를 잘 보여 준다.

| **'탈아입구' 프로젝트** | 유럽 강대국을 따라 배운다는 것도 그렇게 만만한 일은 아니었다. 일본의 후쿠자와 유키치는 다음과 같이 주장하였다.

우리는 아시아 국가들에서 벗어나 우리 자신의 운명을 서구의 문명 국가와 함께하는 것이 낫다. (중략) 나쁜 친구를 소중히 여기는 사람은 누구든지 그들의 나쁜 평판으로부터 도망칠 수 없다. 아시아의 나쁜 친구들을 우리 마음에서 아예 지워 버리자.

근대화를 할 것이라면 아시아의 '나쁜 친구'들로부터 벗어나 철저히 서구를 따라가자고 주장한 셈이다.

실제로 일본은 이런 길을 걷게 된다. 서양의 학문과 지식이 번역되었고, 기계와 물건이 수입되었으며, 서양인들이 몰려왔다. 서양 것은 합리적이고 이성적인 것으로 찬양되었으며, 전통이나 동양 것은 낡고 불합리한 것으로 천시되었다. '근대화'는 최고의 가치였고, 근대화란 곧 '서구화'를 의미하였다. '신新'이나 '양洋'자가 붙은 문물이 새로 넘쳐났다. 낯설었던 서구 문물이 사람들의 생활 속으로 알게 모르게 침투하였고, 삶의 방식 자체가 바뀌어 갔다.

일본의 근대화 일본이 근대화에 성공한 것은 서양 문물을 재빨리 받아들여 개혁에 성공하였고, 서양과 마찬가지로 주변 지역을 침략하였기 때문이다. 사진은 1904년 산업 박람회로 향하는 메이지 천황.

그보다 좀 늦기는 하였지만 중국이나 조선에서도 비슷한 움직임이 일어났다. "서양을 따라가자, 좀 늦었지만 우리도 열심히 배우고 노력하면 언젠가는 저 '문명 세계'에 도달할 수 있을 거야."라는 생각이 지식인들 사이에서 퍼져 나갔다. 근대화된 유럽은 이제 도달해야 할 지상 목표가 되었다.

| 다른 길은 없었나? | 중국 신해혁명의 아버지 쑨원은 1905년 러일 전쟁에서 일본이 승리하였다는 소식을 듣고, "일본이 러시아에 승리한 결과, 아시아 민족이 독립에 대한 커다란 희망을 품기에 이르렀다."라며 크게 기뻐하였다. 인도의 독립운동가 네루도 일본의 승리를 축하하였고, 심지어 안중근조차 "드디어 동양 중에 서양을 따라잡은 나라가 나왔구나!"라며 일본의 승리를 감격스러워하였다. 근대화에 성공하여 당당히 서양을 물리친 일본에 대한 선망이 아시아를 휩쓸었다.

그러나 이런 기대는 오판이었음이 곧 드러났다. 19세기의 세계 정세는 출발이 늦어 뒤처진 많은 나라들이 앞서가는 몇 나라를 쫓아가는 달리기 경주 같은 것이 아니었다. 오히려 몇몇 강대국들이 수많은 약소국을 짓밟고 올라가 모든 것을 차지하는 격투기 같은 것이었다. 서양을 따라 하는 것만으로 서양과 같아질 수는 없었다. 서양이 근대화에 성공할 수 있었던 것은 서양이 홀로 잘났기 때문이 아니었다. 서구의 근대화는 그 자체가 아시아를 비롯한 다른 지역에 대한 침략과 약탈의 결과였다.

일본도 곧 그 사실을 알아차렸다. '나쁜 친구'들을 지워 버리는 것에 그치지 않고 아예 '나쁜 친구'들을 침략한 것이다. 러일 전쟁은 조선을 침략하고 차지하기 위한 전쟁이었다. 일본은 억압받는 식민지 민중의 편이 아니라 또 하나의 제국주의 국가가 된 것이다.

근대화에 성공한다는 것이 이런 것이라면 과연 그것은 선망하고 본받을 만한 것이었을까? 만약 우리가 근대화에 성공하였다면 어떤 길을 걸었을까? 도대체 근대는 어떤 모습이었을까? 정말 다른 길은 없었을까?

2 유럽에서
근대가
시작되다

"시민 계급, 농민, 여자들까지 똑똑하고 자부심이 가득하며 생기발랄해 보인다. 멍에를 지고 허리를 숙이고 있던 인민들이 다시 곧바로 일어서서 걷기 시작하였다."

프랑스 혁명이 가져온 변화에 놀란 어느 귀족이 남긴 기록이다. 혁명은 억압받고 주눅들어 있던 수많은 사람들을 이렇게 바꿔 놓았다.

이런 변화는 어떻게 가능하였을까? 1000년을 이어 온 특권 계급의 지배를 무너뜨린 힘은 어디서 온 것일까? 그리고 그 자리를 대신한 것은 과연 무엇이었을까?

1 자본가와 노동자가 등장하다

근대는 '자본주의'와 함께 시작되었다. 자본주의란 생산 수단을 가진 자본가 계급이 노동자 계급의 노동력을 사서 생산 활동을 함으로써 이윤을 추구하는 경제 구조, 또는 사회 제도를 말한다. 그렇다면 자본가와 노동자는 어떻게 생겨났을까?

■ 가 볼 곳: 글래스고의 핀 공장 ■ 만날 사람: 애덤 스미스
■ 주요 사건: 공장의 등장, 울타리 치기

| 공장에 간 애덤 스미스 | 경제학자 애덤 스미스[1723~1790]는 당시 번창하던 핀 공장을 방문한 뒤, 그곳에서 받은 충격을 1776년 발간된 《국부론》에서 이렇게 썼다.

> 핀 만드는 일에 대하여 잘 알지 못하는 노동자는 제아무리 노력해도 하루에 핀 20개는커녕 단 1개도 만들 수 없다. 그러나 오늘날 핀 제조업은, 한 사람이 철사를 가져오면, 두 번째 사람이 그것을 바르게 펴고, 세 번째 사람은 그것을 자르고, 네 번째 사람은 그 끝을 뾰족하게 만들고, 다섯 번째 사람이 핀 머리를 붙이기 쉽게 다른 쪽 끝을 갈아 내어 만든다. 핀 머리를 만드는 공정도 몇 단계로 나뉘어 있고, 핀과 핀 머리를 붙이고, 색을 칠하고, 포장하는 과정도 다 나뉘어 있다. 결국 핀 하나를 완성하는 데 필요한 18회의 세부 작업을 따로따로 분담시킨다. 이렇게 하여 이 공장에서는 노동자 한 사람당 평균 4,800개의 핀을 생산하고 있다.

단지 일을 나누어 맡는 것만으로 능률이 이토록 향상되다니, 그야말로 마법 같은 일이 있다. 애덤 스미스는 《국부론》에서 분업이야말로 나라의 부를 키우는 원천이라고 결론지었다.

그렇다면 분업을 통하여 이런 마법을 실현한 공장들은 도대체 누가 세운 것일까? 그리고 그 공장에서 일하는 사람들은 또 어떤 사람들일까?

| 부르주아지, 근대의 주인공으로 등장하다 | 공장을 세우고 운영한 사람들은 바로 '부르주아지'들이었다. 이들은 신항로 발견으로 전 유럽이 흥청거리던 때를 틈타 장사와 무역에 나서 큰돈을 모으고, 그 돈으로 공장을 세운 사람들이다. 원래 낮은 신분이었지만 돈을 벌어 귀족 못지않게 떵떵거리게 된 사람도 있었다.

부르주아지들은 자부심이 대단하였다. 낡은 전통에 매달려 있던 귀족들을 비웃었을 뿐 아니라, 여전히 땅에 묶여 사는 농민들도 한심하게 여겼다. 주먹구구식으로 운영되던 수공업 작업장을 인수하여 대규모 공장으로 만들고, 분업의 이익을 일찌감치 알아차린 것도 이들이었다.

그러나 이렇게 생산한 물건이 팔리지 않는다면 분업이 무슨 소용 있겠는가? 부르주아지들에게는 시장이 필요하였다. 식민지는 그런 점에서 너무나 소중한 시장이었다. 모직물, 총과 대포 같은 유럽의 공업 상품이 아프리카와 라틴아메리카에 마구 뿌려졌다. 부르주아지들에

애덤 스미스 자유 방임주의를 주장한 근대 경제학의 창시자. 누구나 자유롭게 자신의 이익에 따라 행동하다 보면, 시장이라는 '보이지 않는 손'에 이끌려 사회 전체가 이익을 볼 것이라고 주장하였다.

▼ **공장의 등장** 동그라미 속의 그림은 중세의 수공업 작업장을 나타낸 것이고, 아래 큰 그림은 분업이 시작된 18세기의 한 놋쇠 가공 공장의 모습이다. 분업은 자본주의적인 대량 생산의 물꼬를 텄다. 그러나 우리에게 익숙한 본격적인 공장제 기계 공업은 산업 혁명 이후에나 가능하였다.

게 종자돈을 제공하였던 식민지가 이제는 거대한 시장이 되어 유럽을 살찌웠다.

부르주아지들은 나날이 부유해졌고, 공장은 계속 커져 갔다. 커져 가는 공장에서는 갈수록 더 많은 일손이 필요하였다.

| **양에게 잡아먹힌 농민, 노동자가 되다** | 커져 가는 공장의 일손이 된 것은 농촌에서 쫓겨난 농민들이었다. 가난해도 평화롭던 영국의 농민들은 어느날 갑자기 눈물을 삼키며 정든 고향을 떠나야 하였다. 지주들이 집을 비우고 떠날 것을 요구하였기 때문이다. 농사짓던 땅도, 가축을 기르던 풀밭도, 땔나무를 구하던 숲도, 이제 모두 울타리가 쳐져 들어갈 수 없게 되었다. 그 울타리 안에서는 양들이 풀을 한가로이 뜯고 있었다.

도대체 무슨 일이 벌어진 것일까? 16세기 영국에서는 양털을 원료로 하는 모직물 산업이 번성하고 있었다. "양의 발은 모래를 황금으

커피하우스의 부르주아지
라틴아메리카에서 들어온 커피가 유럽에서 크게 유행하면서 도시 곳곳에 커피하우스가 생겨났다. 커피하우스는 새로운 소식을 들을 수 있는 곳일 뿐만 아니라 부르주아지들의 정치 토론도 이루어지는 자유로운 공간이었다.

노동자와 자본가의 성장
울타리 치기가 계속되면서 농민들은 땅을 잃고 농촌을 떠나 노동자가 되어야만 하였다.
부르주아지들은 이들을 고용하여 공장을 운영하며 새로운 사회의 주인공인 자본가로 성장하였다.

울타리 치기 양을 기르기 위한 울타리 치기가 마무리된 후에도 대규모 상업적 농업을 위한 울타리 치기가 19세기까지 계속되었다.

로 만든다."라는 말이 있을 정도로 모직물 산업은 큰 이익을 보장해 주었다. 그에 비하여 농민에게 땅을 빌려주고 얻는 수입은 보잘것없었다. 땅을 가진 사람들은 더욱 큰 이익을 가져다 주는 양을 기르기 위하여 그곳에 살던 농민들을 쫓아냈다. 그야말로 '양이 사람을 잡아먹은' 것이다. 농업 공동체를 파괴하는 이런 '울타리 치기 인클로저 운동'는 19세기까지 계속되었다.

대대로 부쳐 먹던 땅을 빼앗긴 농민들은 반란을 일으키며 저항하였지만 대세를 돌이킬 수는 없었다. 이들은 먹고살 길을 찾아 떠돌아다녔다. 나라에서는 '구빈법', 즉 가난한 사람을 구하는 법을 만들어 이런 부랑자들을 작업장에 몰아넣고 강제로 일을 시켰다. 사람들은 이제 규율과 강제에 익숙해져야만 하였다. 톱니바퀴처럼 돌아가는 도시의 공장은 농촌처럼 여유로운 곳이 아니었기 때문이다. 이들이 바로 부르주아지들이 세운 공장에서 최소한의 임금을 받으며 지루한 반복 노동을 견디는 노동자들이 되었다.

영국의 노동력 구성 1810년대를 분기점으로 농업 인구는 급격히 감소하고 광공업 인구의 비중이 크게 늘어나고 있음을 알 수 있다.

○상업·운수업 ○농림·어업 ○광공업 ○기타

토지를 잃은 농민과 도시 노동자
이제껏 농사만 짓던 농민들은 특별한 기술도, 이렇다 할 재산도 없이 도시로 몰려와 노동자가 되어야 하였다. 그들에게 남은 것이라곤 일할 수 있는 몸뚱이밖에 없었기 때문이다.

자본가로 성장한 부르주아지
'부르주아지'는 원래 도시에 사는 시민을 가리키는 말이었으나, 나중에는 자본을 투자하여 산업을 운영하는 자본가를 가리키는 말이 되었다.

2 산업 혁명이 시작되다

로버트 필

"맨체스터는 아테네만큼이나 인간이 이룩한 위대한 업적이다." 영국 총리 디즈레일리는 맨체스터를 이렇게 찬양하였다. 수많은 유럽 도시 중 하나일 뿐이던 맨체스터는 어떻게 영국 사람들이 이렇게까지 뽐내는 도시가 되었을까?

- 가 볼 곳: 맨체스터의 면직물 공장 ▪ 만날 사람: 로버트 필
- 주요 사건: 산업 혁명, 부르주아지들의 성공

| 면직물 공업이 기계화를 이끌다 | "옛날에는 아이와 가난한 서민들말고는 아무도 입지 않던 인도산 면직물 따위가 요즘에는 귀부인의 드레스 옷감으로 쓰이다니……."

《로빈슨 크루소》로 유명한 디포는 면직물 유행을 이렇게 한탄하였다. 전통적으로 모직물 공업이 발달하여 '울타리 치기' 소동까지 일어났던 영국에서, 17세기 후반부터 수입된 인도산 면직물이 엄청난 인기를 끌었다. 부르주아지들은 면직물 공업이 엄청난 이득을 가져다주리라는 것을 금방 눈치챘다. 이들은 면직물을 대량 생산하기 위하여 소매를 걷어붙이고 나섰고, 생산성을 높여 줄 기계가 잇따라 발명되었다.

방적기의 발달

방적기는 짧은 섬유들을 길게 연결하여 실을 만드는 기계이다. 이전에는 이 일에 많은 일손이 필요하여 늘어나는 면직물 수요를 따라갈 수 없었으나, 방적기가 발명되면서 이런 문제가 해결되었다. 방적공들은 자신들의 일자리를 빼앗을 방적기의 보급을 막기 위하여 기계를 부수거나 발명가의 집을 습격하기도 했지만, 기계화의 흐름을 막을 수는 없었다.

1779

크럼프턴, 뮬 방적기 발명
실이 잘 끊어지는 이전 방적기의 단점을 개량하여 방적 효율을 높였다.

1768

아크라이트, 수력 방적기 발명
사람 손으로 움직이던 방적기를 수력으로 움직일 수 있게 개량하였다.

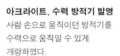

1764 **하그리브스, 제니 방적기 발명** 하그리브스는 한 사람이 여러 개의 물레추를 조작할 수 있는 최초의 방적기를 만들었다. '제니' 방적기는 그의 아내 혹은 딸 이름을 딴 것으로 알려져 있다.

카트라이트, 방직기 발명
방직기를 이용하여 면실이
대량 생산되자 옷감을 짜는
일도 기계화가 이루어져
방직기가 발명되었다.

1785

1764년 여러 개의 물레추를 한 사람이 움직일 수 있는 방적기제니 방적기가 발명되었고, 얼마 후에는 수력으로 움직이는 방적기도 발명되었다. 면사 생산량은 이전보다 최고 300~400배나 늘어나, 가히 혁명이라 할 만하였다. 이런 발전은 공업에 대한 투자를 더욱 부추겼다. 대규모 공장들이 곳곳에 들어섰고, 노동자들이 기계 앞에 줄지어 서서 연신 실을 뽑아냈다. 이렇게 만들어진 실로 천을 짜는 방직 공업도 더불어 발전하였다. 맨체스터에서 생산된 면직물은 1830년에 개통된 철도를 통하여 리버풀 항구로 옮겨져 전 세계로 팔려 나갔다.

기계가 널리 사용되면서 동력의 개량이 절실해졌다. 수력 방적기는 아무 데나 설치할 수가 없었기 때문이다. 제임스 와트1736~1819는 효율적인 증기 기관을 만들어 냄으로써 이런 문제를 해결하였다. 증기 기관은 수력을 대신할 새로운 동력원이 되었다. 기계를 대량으로 만들기 위해서는 값싸고 질 좋은 철 생산도 필수적이었다. 코크스를 이용한 새로운 제철 기술은 이런 문제를 해결해 주었다. 연기를 내뿜으며 움직이는 거대한 쇳덩이들은 산업 혁명의 상징이 되었다.

▲ **기계를 이용한 대량 생산** 산업 혁명이 가져온 가장 큰 변화는 기계를 이용한 대량 생산이었다. 산업 혁명이 일어나면서 공장의 중심은 기계가 차지하게 되었고, 이제 노동자들은 기계에 딸린 존재가 되었다.

와트의 증기 기관 이전에도 증기 기관은 있었지만 와트는 더욱 실용적이고 효율이 높은 증기 기관을 발명하여 수력을 대체하였다. 증기 기관을 발명하면서 인류는 석탄과 같은 재생 불가능한 에너지 자원에 의존하게 되었다.

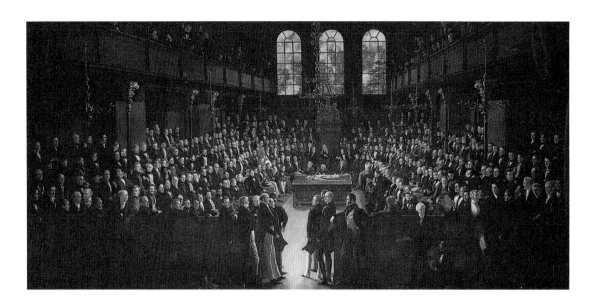

의회에 진출한 로버트 필
일찍이 몇 차례의 정치적 격변을 거치면서 의회 제도가 확립된 영국에서는 18세기 이후 구귀족 세력과 새롭게 진출하는 부르주아지 세력 간의 갈등이 드러났다. 이런 가운데 스물한 살에 하원 의원이 된 부르주아지 출신의 로버트 필은 30대에 내무장관이 되었고, 나중에는 총리까지 올라갔다. 특히 내무장관으로 있던 1829년에는 영국 경찰을 창설하였다.

| 로버트 필, 성공한 부르주아지 | 산업 혁명이 단순히 기계화와 생산력 증대만을 가져온 것은 아니었다. 1809년, 스물한 살의 청년이 영국 하원에 당당히 입성하는 사건이 일어났다. 그의 이름은 로버트 필.

로버트 필의 할아버지는 원래 부유한 농민이었다. 그러나 공업이 발전하고 있는 것을 보고, 땅을 담보로 은행에서 돈을 빌려 면직물 공장을 세웠다. 로버트 필의 아버지는 이 공장에 산업 혁명의 성과로 발명된 기계들을 대량으로 들여놓았다. 그 후 이 공장은 무려 1만 5,000명의 노동자를 거느린 대공장으로 발전하였다. 갑자기 커진 공장에 필요한 노동력은 대부분 빈민 구제소나 고아원의 소년, 소녀들로 채웠다.

정치에 관심이 많았던 그의 아버지는 로버트 필을 정치가로 키우기 위하여 어릴 때부터 교육을 시켰다. 매주 일요일마다 교회에서 들은 설교를 다시 외우게 할 정도였다. 이런 아버지의 열성적인 지원 덕분에 로버트 필은 젊은 나이에 하원 의원이 될 수 있었다.

귀족이 아닌 사람이, 그것도 농민 출신의 젊은 청년이 하원 의원이 된다는 것은 이전에는 상상조차 하기 어려운 일이었다. 산업 혁명은 로버트 필과 같은 '성공한 부르주아지'들을 만들어 냈다.

| '자유'가 부르주아지의 구호가 되다 | 산업 혁명이 진행됨에 따라 공장은 점점 더 커졌고, 생산량도 늘었다. 부르주아지들은 더 크고 더 자유로운 시장을 원하게 되었다. 산업 혁명으로 자신감을 얻은 영국 부르주아지들은 중상주의의 보호막 아래 성장하였던 과거를 애써 잊고, 이제 자유 무역을 소리 높여 외치게 되었다. 이윤이 있는 곳이면 어디든 투자하고 상품을 팔 수 있는 자유, '자유'는 이제 부르주아지들의 구호가 되었다.

곡물법 폐지 구호가 적힌 모자 곡물법 폐지 운동을 벌이던 사람들은 모자에 "영국의 번영은 자유 무역을 바탕으로 이루어진다."라는 구호를 붙이고 다녔다.

　로버트 필은 하원 의원에 그치지 않고 승승장구하여 총리를 두 번이나 역임하였다. 그가 총리로 있는 동안 영국은 곡물법 논쟁이 한창이었다. 곡물법이란 지주들을 보호하기 위하여 값싼 외국산 곡물의 수입을 금지하는 법이었다. 그러나 좀 더 낮은 임금을 위하여 좀 더 값싼 곡물을 원한 부르주아지들은 이 법에 반대하였다. 이들이 내세운 명분은 역시 '자유 무역'이었다. 자유는 부르주아지들의 자신감에서 나온 구호였다.

　1846년 로버트 필은 낡은 지배층인 지주들의 반발을 무릅쓰고 새로운 계급인 부르주아지들의 손을 들어 주었다. 바로 곡물법을 폐지시킨 것이다. 산업 혁명을 거치면서 부르주아지들은 이제 명실상부한 지배 계급으로 성장하였다. 그들은 나날이 부유해졌고, 소유권은 '신성한 것'으로까지 찬양되었다.

▼ **철도의 개통과 증기선의 등장**
산업 혁명이 진행되면서 석탄, 철 같은 무거운 화물이나 원료, 상품을 더 많이, 더 빨리 실어 나를 수 있는 교통수단이 필요해졌다. 스티븐슨이 증기 기관차를 발명하면서 이런 문제가 해결되었고, 뒤이어 증기선도 등장하였다. 이제 영국 공장에서 생산된 면제품은 전 세계로 팔려 나갔다. 그림은 19세기 초 리버풀 항구의 모습이다.

애덤 스미스에서 데이비드 리카도까지 자유주의 경제학자들을 만나다

고전 경제학은 자본주의가 산업 혁명으로 확실하게 자리를 잡던 시기에 나온 이론으로, 그 바탕에는 부르주아지들의 '자유주의'가 깔려 있었다. 그러나 약자에 대한 배려 없이 시장에 모든 것을 맡겨 두자는 자유주의는 결국 약육강식의 다른 이름일 뿐이었다. 여우와 닭에게 똑같은 자유를 준다면 어떻게 될까? 자유주의 고전 경제학자들은 애써 이런 점을 외면하였다.

애덤 스미스 《국부론》 저술

분업이 모든 부의 원천입니다. 다들 자기 욕망에 따라 경제 활동을 하다 보면 보이지 않는 손, 시장에 의하여 모든 일이 잘 될 것입니다.

반론 분업은 생산 효율을 높였지만 인간을 기계에 종속시키는 결과도 가져왔지요. 당신이 신처럼 떠받드는 시장은 제대로 작동하는 경우보다 제대로 작동하지 않는 경우가 더 많았어요. 거대 기업과 같은 '큰손'들은 쉽게 시장을 좌지우지할 수 있고, 소비자들은 이런 농간에 놀아나는 경우가 많죠.

데이비드 리카도 《경제학과 과세의 원리》 저술

모든 물건을 자기 나라에서 다 만들려고 하지 말고, 각자 가장 잘 만들 수 있는 것을 전문적으로 만들어야 합니다. 그리고 이것을 서로 자유롭게 사고파는 것이 두 나라 모두에게 이익이지요. 자유 무역은 서로에게 축복입니다.

반론 당신 이론을 그대로 받아들이면, 후진국은 선진국이 만들지 않는 물건만을 만들어야 한다는 이야기가 됩니다. 선진국은 계속 기술력을 바탕으로 이윤이 높은 제품을 생산할 것이고, 후진국은 계속 돈 안 되는 제품을 선진국을 위하여 만들어야 한다는 거죠. 그래서는 후진국이 선진국을 절대 따라잡을 수 없지요. 자유 무역론은 높은 곳에 먼저 올라간 선진국이 후진국을 따돌리기 위하여 '사다리를 걷어차는 것'과 같아요.

토머스 맬서스 《인구론》 저술

인구는 기하급수적으로(2-4-8-16-32……) 늘어나는 데 비하여 식량은 산술급수적으로만(2-4-6-8-10……) 늘기 때문에 인류는 파멸할 것입니다. 이런 사태를 막기 위해서는 노동자들에게 임금을 되도록 적게 줘야 합니다. 여유가 생기면 자녀를 더 많이 낳아 그만큼 파멸을 앞당길 테니까요. 빈민 구제도 마찬가지 이유로 바보짓입니다.

반론 무작정 자식을 낳는 사람은 없습니다. 그리고 식량 생산은 예상보다 훨씬 빠르게 증가했지요. 당신의 예언은 자본가들이 노동자들을 쥐어짜는 것을 합리화하기 위하여 만들어진 것 아닌가요? 이후 역사를 보더라도 당신 예언처럼 인류가 인구 폭발, 기아, 전쟁으로 멸망하지는 않았습니다.

3 프랑스 혁명, 낡은 질서를 허물다

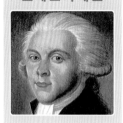

로 베 스 피 에 르

"무기를 들어라, 시민들이여. 너희의 군대를 만들어라. 나아가자, 나아가자. 더러운 피를 물처럼 흐르게 하자!" 프랑스의 국가 '라 마르세예즈' 가사에는 이런 내용이 있다. 프랑스인들은 왜 이렇게 살벌한 노래를 국가로 부르게 되었을까?

■ 가 볼 곳: 바스티유 광장 ■ 만날 사람: 막시밀리앙 드 로베스피에르
■ 주요 사건: 프랑스 혁명

| 프랑스에서 혁명이 일어나다 | 1789년 6월, 베르사유 궁전의 테니스 코트에서는 이런 외침이 터져 나왔다.

"우리는 헌법이 제정되기 전에는 총칼의 위험에도 결코 해산하지 않을 것이다."

우렁찬 외침이 터져 나오자 테니스 코트 안은 환호성으로 가득 찼다. 제3 신분의 대표들이 국민의 대표 기관을 자처하면서 '국민 의회' 를 스스로 선언한 것이다. 영국에서 산업 혁명이 일어나고 있던 때에 프랑스에서는 또 다른 혁명이 이렇게 시작되고 있었다.

프랑스 왕 루이 16세는 악화된 재정을 메우기 위하여 세금 문제를 다룰 전국 신분회를 소집하였다. 제1 신분인 성직자 대표, 제2 신분인 귀족 대표, 제3 신분인 평민 대표들이 왕의 세금 정책에 손만 들어주는 역할을 하기 위하여 소집된 것이다. 그러나 부르주아지들로 구성된 평민 대표들은 이런 거수기 역할을 거부하고 나섰다. 등골이 휘도록 세금을 바치는 그들은, 전체 농지의 40퍼센트 이상을 차지하고 있으면서도 세금 한 푼 안 내는 귀족과 성직자들의 횡포를 더는 참을 수 없었던 것이다.

낡은 질서의 실상 성직자와 귀족들은 전체 인구의 2퍼센트에 불과하였지만 전체 농지의 40퍼센트를 차지하고 있었고, 게다가 세금도 내지 않았다. 이러한 신분은 세습되었고, 영주의 각종 특권과 교회의 십일조 등은 농민들을 무겁게 내리누르고 있었다.

부르주아지를 중심으로 한 평민 대표들이 이렇게 독자적으로 국민 의회를 구성하자, 왕은 이를 진압할 계획을 세웠다. 무참한 학살이 있을 것이라는 소문이 나돌았다. 그러나 파리 시민들은 밤사이 무기고를 습격하고 무장을 갖추어 이에 대항하였다. 시민들은 구체제의 상징이었던 바스티유 감옥으로 쳐들어갔다. 총격전 끝에 바스티유 감옥이 함락되었고, 파리는 시민들의 함성으로 가득 찼다.

파리의 봉기 소식은 삽시간에 지방으로 퍼져 나갔고, 혁명의 불길은 전국으로 번졌다. 곳곳에서 영주의 성이 습격당하였다. 이에 힘입어 국민 의회는 봉건적 특권을 폐지한다고 선언하였다. 결국 왕과 귀족들은 물러설 수밖에 없었다. 의회가 인정되고, 헌법을 제정하기 위한 작업이 시작되었다.

▲ **전국 신분회 개최**
1789년 5월 5일, 베르사유 궁에서 전국 신분회가 소집되었다.

▼ **테니스 코트 선언** 루이 16세는 전국 신분회가 자신의 뜻대로 되지 않자 회의장을 봉쇄하였지만, 평민 대표들은 테니스 코트에 모여 스스로 국민의 대표 기관임을 선언하였다.

▼ **바스티유 함락** 국왕에 반대하는 정치범들을 가두는 바스티유 감옥은 낡은 체제의 상징으로 여겨졌다. 파리 시민들이 바스티유를 함락시킨 이후, 혁명의 불길은 지방에까지 번져 나갔다.

인권 선언문을 든 시민

프랑스 인권 선언문

국민 의회로 모인 우리 프랑스 인민의 대표들은 인권에 대한 무지와 경시, 멸시가 공공의 불행과 정부 부패의 원인이라는 점을 잘 알기 때문에, 이 엄숙한 선언을 통하여 인간은 태어나면서부터 누구에게도 넘겨 줄 수 없는 신성한 권리가 있다는 점을 명백히 하기로 결의하였다.(중략) 그러므로 국민 의회는 절대자의 존재 앞에, 그리고 그 보호 아래 다음과 같은 인간과 시민의 권리를 승인하고 선언한다.

| 인권 선언, 그 이상과 현실 | "인간은 태어나면서부터 자유와 평등의 권리를 가진다." 인권 선언 제1조

국민 의회는 혁명 정신을 '인권 선언'으로 정리하였다. 모든 사람은 무엇으로도 침해받을 수 없는 신성한 권리를 가지고 태어난다는 사실을 분명히 하였다. 사상과 언론의 자유, 압제에 저항할 권리도 명시되었다. 이런 생각은 특권 신분을 없애고 모든 사람이 자유롭고 평등한 인간으로 존중받아야 한다는 부르주아지들의 '자유주의'를 현실화한 것이었다.

그러나 이런 이상이 글자 그대로 실현된 것은 아니었다. 부르주아지들은 왕과 귀족, 성직자의 특권에 저항하여 민중과 함께 혁명을 일으켰지만, 능력에 따른 차별은 정당할 뿐만 아니라 당연한 일이라고 생각하였다. 신성한 소유권에 대한 강조는 이런 생각을 뒷받침하였다.

이들은 '가난한 민중은 무식해서 합리적 판단을 할 수 없다.'고 믿었다. 그래서 선거권을 가지고 정치에 참여하는 것은 교양이 있고 일정한 금액 이상의 세금을 낼 수 있는 자신들 같은 사람의 몫이라고 생각하였다. 부르주아지들과 함께 낡은 세력에 맞서 싸웠던 가난한 민중과 여성은 여전히 '자유롭고 평등한 인간과 시민의 권리'를 누릴 수 없었다.

혁명이 바꿔 놓은 것 이제껏 억압받던 평민들이 오히려 귀족과 성직자들을 부리고 있는 이 그림은 프랑스 혁명 직후에 인권과 자유, 평등의 이상이 넘쳐나던 분위기를 잘 보여 준다. 그러나 진정한 평등은 먼 훗날의 일이었다.

| 혁명을 사수하라 | 국민 의회가 입헌 군주제 헌법을 만들고 있었지만, 루이 16세와 특권층은 이런 타협을 거부하고 호시탐탐 복귀의 기회만을 노리고 있었다. '왕이 곧 국가'라는 생각에서 벗어나지 못한 루이 16세는 외국 군대를 동원해서라도 혁명을 진압하려고 하였다. 루이 16세는 오스트리아 군대를 이용하여 파리를 탈출하려고 시도하였다. 그러나 이 시도는 실패로 돌아갔고, 분노한 민중은 왕을 처단하라고 외쳐 댔다.

당시 주변 나라들은 프랑스 혁명에 경악하고 있었다. 혁명의 불길이 번지는 것을 두려워한 것이다. 이들은 오스트리아와 프로이센을 중심으로 반혁명 연합군을 꾸려 프랑스로 쳐들어왔다. 혁명 전쟁이 시작된 것이다. 혁명을 지키려는 부르주아지와 민중은 스스로 무기를 들고 파리를 지키기 위하여 몰려들었다. 이 의용군들은 포탄이 쏟아지는 속에서도 〈라 마르세예즈〉를 부르며 반혁명 연합군에 맞서 용감히 싸웠다.

1791. 6.
루이 16세의 탈출 시도

1792. 4.
혁명 전쟁 발발

1792. 8.
파리 봉기,
혁명 정부 수립

1792. 9.
반혁명파 숙청

1793. 1.
루이 16세 처형,
공포 정치 시행

처형당하는 루이 16세와 무기를 든 의용군 외세를 끌어들여 혁명을 되돌리려 한 루이 16세는 결국 분노한 시민들에 의하여 단두대의 이슬로 사라졌다. 공화정이 수립된 뒤, 혁명을 지키기 위한 전쟁에서 누구보다 열렬히 싸운 것은 가난한 평민들로 이루어진 의용군이었다.

단두대 '혁명의 적'을 손쉽게 처형하기 위하여 의사 기요틴이 만들어 낸 이 도구는 루이 16세를 비롯한 수많은 성직자와 귀족들을 처형함으로써 공포 정치의 상징이 되었다.

혁명 전쟁에 나선 사람들은 여전히 낡은 질서와의 타협을 꿈꾸고 있는 무기력한 의회를 무너뜨리고, 혁명 정부를 선포하였다. 급진파가 중심이 된 혁명 정부 아래서 혁명의 적으로 간주된 성직자와 귀족들은 무자비한 숙청의 대상이 되었다. 결국 루이 16세도 파리 한복판에서 단두대에 올랐다.

이제 프랑스는 왕이 없는 나라, 곧 공화국이 되었다. 공화정의 지도자 로베스피에르는 혁명을 지킨다는 명분을 내걸고 공포 정치를 시행하였다. 국민 총동원령이 내려져 18세부터 40에 해당되는 모든 남자가 징집 대상이 되었고, '혁명의 적'으로 간주된 사람들은 처단되었다. 1년 만에 50만 명이 투옥되고 3만 5,000명이 처형당할 정도였다. 이제 혁명은 혼란에 빠졌다. 혁명은 지킬 수 있었지만, 자유와 평등의 이상은 빛이 바래 갔다.

마라의 죽음

공포 정치가 시작되던 1793년, 혁명 세력 내 급진파의 지도자 장 폴 마라가 암살당하는 사건이 벌어졌다. 암살자는 온건파의 열렬한 지지자였던 스물다섯 살의 젊은 여성. 그녀는 '가난한 인민의 벗'을 자처해 온 마라에게 "저는 아주 가난한 사람입니다. 이 한 가지 이유만으로도 당신은 저를 만나 줄 것이라고 믿습니다."라고 적은 쪽지를 건넸고, 아무런 의심 없이 그녀를 집 안으로 들였던 마라는 결국 욕조에서 살해되었다.

혁명이 길어지면서 혁명파 내에서도 정세에 대한 의견이 여러 가지로 갈렸고, 이에 따른 대립은 서로를 '혁명의 적'으로 몰아 죽이는 지경에까지 이르렀다. 공화정에 반대하고 의회주의와 부르주아지의 소유권을 강조하는 온건파와 공화정 수립과 민중의 정치 참여, 사회 전반에 걸친 급진적 개혁을 주장하는 급진파 간의 다툼은 결국 마라의 죽음을 불러왔고, 권력을 잡은 급진파는 공포 정치를 펼쳐 또다시 무수한 반대파를 만들어 냈다.

〈마라의 죽음〉 마라의 친구였던 화가 다비드는 마라를 혁명 과업에 열중하다 희생된 고귀한 순교자처럼 묘사하여 급진파의 입장을 지지하였다. 소박한 배경과 숭고한 표정, 가슴과 손의 상처, 늘어뜨린 팔은 십자가에서 내려진 예수를 연상시킨다.

혁명에 앞장선 여성들

베르사유 궁전으로 행진하는 여성들

"우리에게 빵을 달라!"

"배고파서 못 살겠다!"

"남자들은 뭐해? 빨리 나오지 않고!"

여기저기서 여자들의 고함 소리가 들리더니, 어느새 큰길이 여성들의 시위 행렬로 가득 찼다.

프랑스 혁명 초기에는 여성들이 시위를 주도하는 경우가 많았다. 그러나 혁명이 무르익으면서 여성들이 시위에 참가하는 일이 드물어졌다. 남성들이 혁명을 주도하게 되면서 선동자 역할을 한 여성들이 불필요해졌기 때문이다. 남성들은 혁명을 통하여 변화를 꿈꾸었지만, 여성들이 변하는 것은 원하지 않았다.

프랑스 혁명의 정신이나 인권 선언과는 달리 여성들의 각종 정치 활동은 금지되었다. 그러나 여성들은 이에 아랑곳하지 않고 여성 전용 살롱이나 단체를 만들어 정치를 논하였다. 또한 각종 청원서를 의회에 제출하기도 하였고, 무리를 지어 의회 방청석으로 들이닥치기도 하였다.

이런 여성들의 행동에 가장 선구적인 역할을 한 사람은 올랭프 드 구즈였다. 그녀는 직접 작성한 〈여성과 여성 시민의 권리 선언〉에서 여성도 인간과 시민으로서의 권리를 법적으로 보장받아야 한다고 주장하였다. 그녀는 선언문 제10조에서 "여성도 남성과 마찬가지로 단두대에서 처형당할 수 있는 것처럼, 의회의 연단에서 연설할 권리도 남성과 똑같이 가질 수 있다."라고 주장하였다. 구즈는 여성의 권리를 찾기 위하여 맹렬히 투쟁하다가 결국 단두대의 이슬로 사라져 이 선언을 몸소 실천하였다.

4 국민 국가의 씨앗이 뿌려지다

나폴레옹

프랑스 혁명의 계승자를 자처한 나폴레옹은 다음과 같이 선언하였다. "혁명은 모든 특권의 폐지, 즉 영주의 재판권 폐지, 낡은 농노제의 폐지, 봉건적 의무의 폐지를 뜻하며, 동시에 국가가 전 시민, 전 재산에 대하여 세금을 매기는 것을 의미한다."

■ 가 볼 곳: 파리의 개선문 ■ 만날 사람: 나폴레옹
■ 주요 사건: 국민 국가의 등장

| 혁명의 사생아, 나폴레옹 | 공포 정치 이후 혁명의 주도권을 놓고 엎치락뒤치락이 거듭되면서 혁명은 혼란에 빠졌다. 낡은 질서는 한순간에 무너질 만큼 호락호락하지 않았다. 사람들은 힘겨워하면서, 강력한 지도자가 나타나 모든 문제를 빨리 해결해 주기를 바랐다. 바로 이런 상황에서 나폴레옹이 등장하였다. 반혁명군을 물리친 전쟁 영웅, 쿠데타로 권력을 잡은 군인, 계속되는 혼란을 끝내고 프랑스의 영광을 되찾겠다며 황제가 된 사나이.

나폴레옹1769~1821은 혁명 전쟁을 방어전에서 정복전으로 바꾸어 놓았다. 이탈리아에 주둔한 오스트리아군과 싸우기 위하여 알프스 산맥을 넘으면서 나폴레옹은 "나의 사전에 불가능이란 단어는 없다!"라고 외쳤다. 풍요의 땅, 이탈리아에 가면 모든 것을 가질 수 있을 거라며 추위와 굶주림에 지친 병사들을 재촉하였다. 자유와 혁명 정신을 전파하기 위하여 전쟁을 시작한다던 애초의 명분은 이미 자취를 감추었다.

나폴레옹 군대는 가는 곳마다 승승장구하였다. 징병제를 통하여 병력을 충분히 확보하였을 뿐만 아니라, 병사들이 '프랑스 국민'이라는 자각과 애국심에 불탔기 때문이었다. 게다가 전쟁에서 공을 세우면 신분에 관계없이 승진할 수 있었고, 실제로 많은 지휘관들은 평민 출신이었다. 지방까지 아우르는 단일한 세금 징수 체제를 갖추고 전쟁에 필요한 경비를 마련한 것도 큰 장점이었다. 대규모 병력을 한꺼번에 투입하여 승부를 결정짓는 나폴레옹식 전격 작전은 이렇게 혁명의 성과에 기대고 있었다.

이집트 영국을 굴복시키기 위하여 이집트를 침략한 나폴레옹은 영국의 봉쇄를 뚫고 상륙에 성공하였으나, 보급로가 차단되어 귀국길에 올라야 하였다. 이때 약탈해 온 로제타석은 이집트 상형 문자 해독의 단서가 되었다.

러시아 1812년, 러시아는 식량과 보급품을 넘겨 주지 않기 위하여 모든 것을 불태우고 후퇴하는 초토화 작전을 펴 나폴레옹 군대를 패배로 몰아넣었다.

☆ 주요 전투지
→ 나폴레옹의 진로
■ 1812년의 프랑스
■ 나폴레옹이 정복한 국가
■ 나폴레옹의 동맹 국가

⊙ 나폴레옹과 유럽

코르시카 출신의 촌뜨기였던 나폴레옹은 1796년 이탈리아 원정군 사령관이 되어 정복지 곳곳에 공화국을 세우면서 명성을 떨쳤다. 이후 나폴레옹은 이집트 원정, 이탈리아·오스트리아 원정을 강행하였고, 영국을 제외한 유럽의 대부분을 장악하며 권력의 핵심으로 떠올랐다. 1804년, 그는 형식적인 국민 투표를 통하여 마침내 황제의 자리에 올랐다. 그러나 1805년 트라팔가르 해전에서 영국에 패배하여 위신이 꺾였고, 1812년 러시아 원정에 실패하면서 몰락하여 엘바섬으로 유배당하는 처지가 되었다.

나폴레옹 1세 황제 대관식 나폴레옹을 위하여 〈영웅 교향곡〉을 작곡하는 중이었던 베토벤은 그가 황제에 올랐다는 소식을 듣고, "그 역시 소인이었구나."라고 탄식하였다고 한다.

| **혁명이 바꾸어 놓은 것** | 프랑스는 혁명의 시작부터 나폴레옹의 집권까지 엄청난 변화를 겪었다. 영지마다 제각각이던 도량형이 통일되었고, 지방이 국가의 행정 체제 속으로 들어왔다. 단일한 세금 징수 체제가 갖추어졌으며, 잘 짜여진 법전도 마련되었다. 나폴레옹 법전에 따르면, 법 앞에서는 모든 사람이 평등하며, 소유권은 절대적으로 보호되었다. 국립 은행과 프랑 화폐가 만들어져 화폐 가치가 안정되었고, 산업 활동은 더욱 활발해졌다.

한편 사람들을 '프랑스인'으로 만들 '국민 교육'도 실시되었다. 혁명 전에는 지방마다 언어가 달라 프랑스어 사용자가 전체 국민의 절반에 지나지 않았으나 혁명 후에는 프랑스어가 공용어로 되었다. 프랑스 역사도 정리되어 '잔 다르크'와 같은 영웅이 국민을 통합시키는 상징으로 부활하였다. 반혁명 연합군에 맞선 전쟁을 벌이면서 프랑스 국민이라는 애국심은 더욱 강화되었다.

예전의 국가가 왕과 귀족만의 '신성한 동맹'이었다면, 이제 국가는 모든 국민을 국가 안으로 아우르려 하였다. 당연히 영주들의 봉건적 특권은 폐지될 수밖에 없었다. 바야흐로 '국민 국가'가 탄생한 것이다. 그러나 이 국민 국가 안에서도 정치에 참여할 수 있는 선거권을 가진 사람은 여전히 극소수의 부유한 부르주아지들뿐이었다.

공화국의 상징, 마리안 프랑스어로 '공화국'은 여성 명사이기 때문에 '자유의 여신', 또는 '마리안'(프랑스에서 가장 흔한 여성의 이름)이 혁명을 상징하게 되었다.

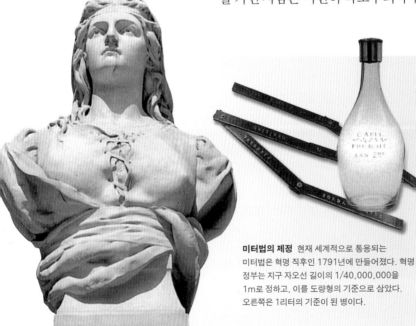

미터법의 제정 현재 세계적으로 통용되는 미터법은 혁명 직후인 1791년에 만들어졌다. 혁명 정부는 지구 자오선 길이의 1/40,000,000을 1m로 정하고, 이를 도량형의 기준으로 삼았다. 오른쪽은 1리터의 기준이 된 병이다.

나폴레옹 법전 나폴레옹은 "나는 나의 법전을 받아들이는 모든 곳에 자유의 씨를 뿌리려 한다."라며 정복지에서 신분제와 농노제를 폐지하였다.

| **나폴레옹 이후, '자유'와 '민족'의 확산** | 유럽의 부르주아지와
민중은 처음에 프랑스군을 혁명군으로 환영하였다. 그러나 프랑스군
은 갈수록 혁명군이 아니라 정복군, 학살자임을 드러냈다. 에스파냐
를 점령한 나폴레옹은 주민들의 요구와 상관없이 자신의 형을 왕으
로 앉힐 정도였다. 그러자 점령 지역 주민들의 환호는 저항으로 바뀌
었다. 특히 에스파냐에서 일어난 격렬한 게릴라 투쟁은 나폴레옹을
계속 괴롭혔다. 여기에 발목을 잡힌 나폴레옹은 러시아 원정에 실패
하면서 결국 몰락하였다. [1814년]

메테르니히 나폴레옹이 몰락한 뒤에
복귀한 유럽 여러 나라의 지배자들은 빈에
모여 '혁명 이전 상태로 돌아갈 것'에
합의하였다. 빈 회의를 주도한 사람은
오스트리아의 총리인 메테르니히였다.

　나폴레옹이 몰락하자 그동안 숨죽이고 있던 구세력들이 다시 고개
를 들고 옛 영광을 되살리기 위하여 동분서주하였다. 프랑스에서 왕가
가 다시 부활하였으며, 에스파냐와 이탈리아 곳곳에서도 왕정이 복구
되었다. 이들은 혁명 이전, 즉 '좋았던 옛날'로 되돌아가려고 하였다.

　그러나 그것은 불가능한 일이었다. 비록 나폴레옹은 몰락하였지
만, 전쟁 기간 동안 드러난 국민 국가의 위력은 대단한 것이었다. 각
국의 부르주아지들은 이 새로운 국가 체제를 적극적으로 도입하려
하였다. 이러한 움직임은 '자유'와 '민족'의 이름으로 널리 퍼져 나
갔다. 프랑스군을 따라 '자유'라는 프랑스 혁명의 정신이 유럽에 퍼
져 나갔고, 프랑스군과 맞서면서 '민족 의식'이 싹트게 된 것이다.

1808년 5월 3일의 학살 나폴레옹 군대의
침략과 학살은 여러 민족의 각성과 민중의
저항을 불러왔다. 에스파냐 화가 고야는
에스파냐 민중을 학살하는 프랑스군을 그려
이런 현실을 고발하였다.

어린 노동자의 힘겨운 일상

"오물과 먼지가 골목 곳곳에 잔뜩 쌓여 있다. 집 바로 옆을 흐르는 액체는 악취가 코를 찌르는 물 웅덩이에 고인다. 여기에는 빈민 중의 빈민, 즉 가장 싼 임금을 받는 어린 노동자가 도둑, 건달, 매춘부 등과 함께 너저분하게 살고 있다."

산업 혁명이 한창이던 때, 영국의 자본가들은 값비싼 기계를 사는 데에 돈을 아끼지 않는 대신, 노동자들에게는 터무니없이 낮은 임금을 지급하였다. 이 임금만으로는 도저히 살 수 없었던 노동자 가족은 여성이나 아이까지 공장에 나가야 하였다. 공장주들도 어른보다 어린 노동자들을 더 좋아하였다. 왜냐 하면 그들의 임금은 어른의 절반도 안 되기 때문이었다. 그러다 보니 어린 아이들을 공장주에게 팔아넘기는 중개인까지 생겨났다. 열악한 환경에서 고된 노동에 시달리던 아이들은 곧잘 병에 걸렸고, 어린 나이에 슬픈 죽음을 맞는 경우도 허다하였다. 다음은 1840년, 영국 아이들의 노동 실태를 알아보기 위하여 열린 국회의 특별 위원회에서 어떤 사람이 증언하고 있는 내용이다. 당시 꼬마 노동자들의 생활을 단적으로 보여 주는 사례라고 할 수 있다.

문 이 지역의 레이스 공장은 모두 몇 개인가?

답 약 30개이다.

문 공장에서 노동 시간은?

답 보통 새벽 4시부터 밤 12시까지 하루 20시간 정도이다. 어떤 공장에서는 24시간 계속 일하기도 한다.

문 공장에서 일하는 소년 노동자들의 나이는 대략 몇 살 정도인가?

답 10세에서 15세 정도이다.

문 아이들을 계속 공장에 붙잡아 두는가?

답 대부분 그렇다. 필요할 때 언제든지 부려먹기 위하여 밤새도록 잡아 두는 공장이 많다.

문 작업을 하지 않은 채 붙잡혀 있는 아이들은 무얼 하는가?

답 보통 침상에 누워 잔다.

문 토요일 저녁은 보통 8시에 작업을 끝낸다는데, 맞는가?

답 그렇다.

문 그러면 나머지 4시간분의 손실은 어떻게 채우는가?

답 금요일에 철야 작업을 한다.

문 이런 식이라면 아이들의 건강이 몹시 안 좋을 텐데?

답 물론 그렇다.

문 이런 조건이라면 아이들이 교육을 받을 시간이 있는가?

답 일요일말고는 전혀 없다.

문 일주일에 120시간이나 일을 하고도 일요일에 공부를 할 수 있을까?

답 없을 것이다.

방적 공장의 소녀 노동자(왼쪽)와 런던의 뒷골목(오른쪽) 열악한 공장에서 온종일 기계처럼 일하는 사람들은 대부분 어린 아이나 여성들이었다. 그러나 이들의 임금은 터무니없이 낮았고, 쉴 수 있는 보금자리라고는 컴컴하고 지저분한 뒷골목밖에 없었다.

3
유럽 국민 국가의 발전과 제국주의 침략

"각 개인이 자아를 완성하는 유일한

길은 국가에 봉사하고 국가를 재건하며

자기와 국가가 일체가 되는 것이다.

개인은 조국애를 가지고 국가에 헌신할

수 있어야 한다.

모든 국민이 이러한 애국심을 가지게

하려면 학교를 설립하고 사회적 봉사와

협동의 분위기 속에서 아동을 교육할

필요가 있다."

- 피히테, 〈독일 국민에게 고함〉 중에서 -

1820 — 1819 피털루의 학살
1830 프랑스, 7월 혁명
1834 독일, 관세 동맹 맺음
1837 영국, 차티스트 운동 시작

1840 — 1848 마르크스와 엥겔스,
〈공산당 선언〉 발표
유럽 전역에서 혁명이 일어남
1859 이탈리아, 통일 전쟁 시작
다윈, 《종의 기원》 출간

1860 — 1861 이탈리아 왕국 성립
러시아, 농노 해방령 발표
1869 수에즈 운하 완성
1871 독일 제국 성립
파리 노동자들, 코뮌을 결성하여
프로이센에 저항

1880 — 1886 미국, 헤이마켓 투쟁
1889 제1회 메이데이
1892 시베리아 철도 건설 시작

1 1848년 혁명과 독일의 통일

비스마르크

프랑스 혁명을 통하여 자유의 공기를 맛본 사람들은 더 이상 낡은 체제를 참고 받아들이려 하지 않았다. 1848년, 유럽 곳곳에서 잇따라 혁명이 일어났다. 이 혁명이 이전의 혁명과 다른 점은 이제 노동자를 비롯한 민중이 혁명의 주인공으로 등장하였다는 점이다.

■ 가 볼 곳: 베를린의 브란덴부르크 문 ■ 만날 사람: 오토 폰 비스마르크
■ 주요 사건: 1848년 혁명, 독일의 국민 국가 건설

| **1848년, 유럽 전체가 혁명의 불길에 휩싸이다** | 1848년 2월, 프랑스 파리의 총리 집 앞은 분노한 시민들의 구호 소리로 요란하였다.

"무능한 정부는 물러나라!" "우리에게 빵을 달라!" "선거권을 확대하라!"
나폴레옹의 몰락 이후 몇 번의 우여곡절 끝에 수립된 왕정은 소수 대자본가의 이익을 위하여 민중을 억압하고 있었다. 흉년으로 식량 사정이 악화되자 민중의 불만은 더욱 커졌고, 이 틈을 타 부르주아지들도 선거권 확대를 요구하고 나섰다. 시위대는 점점 불어났다. 어느 순간 갑자기 총소리가 들려왔다. 군인들이 시위대를 향하여 방아쇠를 당겼던 것이다. 거리는 순식간에 피와 시체로 뒤덮였다.

1830년 7월 혁명

혁명의 시대

나폴레옹이 몰락한 뒤, 유럽은 다시 낡은 체제로 돌아가는 듯하였다. 그러나 혁명의 불꽃은 그렇게 쉽게 사그라지지 않았다. 1830년 프랑스에서 또다시 혁명이 일어났고, 1848년에는 전 유럽이 혁명의 불길에 휩싸였다. 그것은 낡은 체제가 무너지고 새로운 체제, 즉 국민 국가가 자리 잡기 위한 진통이었다.

1848년 2월 혁명

바리케이드

분노한 시민들은 "동포가 살해당했다!"라며 시체를 떠메고 다니면서 봉기를 호소하였다. 그동안 억눌려 왔던 민중의 분노가 다시 폭발하였다. 무능한 왕정은 불과 하루 만에 무너졌고, 새로운 혁명 정부가 구성되었다.

혁명은 나폴레옹 전쟁 이후 얼어붙었던 전 유럽으로 삽시간에 번져 나갔다. 이미 석 달 전 스위스에서는 내전이 발생하였고, 1월에는 이탈리아에서 봉기가 일어났다. 그리고 프랑스에서 2월 혁명이 성공하자, 3월에는 전 유럽이 혁명의 불길에 휩싸였다. 오스트리아에서도 3월에 국회와 왕궁이 습격당하였고, 결국 빈 회의를 주도하였던 메테르니히가 쫓겨났다. 독일도 베를린을 비롯한 곳곳에서 혁명이 일어났고, 영국에서는 차티스트 운동이 재개되어 무려 500만 명이 선거법 개정 서명 운동에 나섰다. '모든 국민의 봄'이 온 듯하였다.

| 혁명이 좌절되다 | 2월 혁명의 화약 냄새가 채 가시지 않은 6월, 파리에는 다시 바리케이드가 설치되었다. 2월 혁명의 동지들이 이제는 서로 총구를 겨누고 있었다. 무슨 일이 벌어진 것일까?

▲ **유럽을 휩쓴 1848년 혁명** 1848년 혁명으로 유럽 각지에서 왕정이 무너졌고, 낡은 체제는 더는 유지될 수 없다는 사실이 분명해졌다. 또한 혁명은 '민족'의 독립과 통일에 대한 기대도 부추겼다. 특히 오스트리아의 지배를 받던 동유럽 각지에서 독립운동이 일어났는데, 그중 헝가리는 오스트리아군을 물리치고 독립을 선언하기도 하였다. 그러나 헝가리의 독립은 '유럽의 헌병' 러시아에 의하여 좌절되었다.

1848년 6월 혁명

파리 코뮌 비스마르크의 프로이센군이 쳐들어오자, 프랑스 정부는 항복을 결정하였다. 그러나 파리의 노동자와 민중은 스스로 총칼을 들고 프로이센에 맞섰다. 이들은 최초의 노동자 권력인 코뮌(공동체) 정부를 구성하고 사회주의적인 정책을 실시해 나갔다. 그러나 결국 프로이센의 지원을 받은 프랑스군에게 무참히 학살당하였다.

관세 동맹 독일이라는 하나의 통일 국가를 누구보다 절실히 원한 사람은 부르주아지들이었다. 그들은 안정되고 통합된 시장을 원하였다. 라인강을 따라 하류까지 내려가는 데 무려 37명의 영주에게 관세를 내야 한다면, 산업 발전은 꿈도 꿀 수 없는 일이었다. 1834년 마침내 봉건 영주들의 반발을 물리치고, 독일 내의 거래에는 관세를 물지 않는 관세 동맹이 체결되었다. 독일이 경제적으로 통일되었을 뿐만 아니라, 부르주아지들이 경제의 주도권을 잡은 것이다.

2월 혁명으로 수립된 혁명 정부는 노동자들의 요구대로 노동 시간을 1시간 30분 줄이고, 실업자들을 위하여 국영 작업장을 만들었다. 그러나 이후 선거를 통하여 새롭게 구성된 정부는 이런 성과를 무효로 돌렸다. 선거로 권력을 잡은 사람은 부르주아지들이었고, 이들은 교양과 재산을 가진 사람만이 제한적으로 참여하는 온건한 공화정을 주장하였다. 이에 분노한 노동자들은 다시 무기를 들고 바리케이드를 설치하였다.

정부는 '질서와 안정'을 내세우며 봉기군을 무자비하게 진압하였다. 곳곳에서 학살이 벌어졌다. 수천 명이 죽고 수만 명이 체포되었으며, 체포된 사람들은 알제리 강제 노역소로 추방되었다. 특권 귀족에 맞서 자유와 혁명을 부르짖던 부르주아지들이 이제는 민중의 요구를 억누르는 압제자가 되었음이 만천하에 드러났다.

민중이 정치에 참여하는 것은 부르주아지들에게도 공포 그 자체였다. 그래서 부르주아지들은 차라리 왕이나 귀족과 손을 잡았다. 이런 사정은 다른 나라에서도 마찬가지였다. 혁명은 시작될 때만큼이나 순식간에 사그라졌고, 쫓겨났던 왕정이 다시 복귀하였다. 변한 것은 아무것도 없는 듯하였다.

│ 철과 피로 독일 제국을 선포하다 │ 1848년 혁명의 불길은 독일의 중심지 베를린에서도 거세게 타올랐다. 그 결과, 통일 헌법을 만들 의회가 만들어졌다. 그러나 혁명의 기운에 놀란 독일 연방의 여러 정부들은 곧 이런 노력을 짓밟고 혁명을 진압하며 낡은 체제를 지키려 하였다. 헌법은 무시되었고, 의회는 해산되었다.

그러나 왕과 귀족의 통치가 언제까지나 지속될 수는 없었다. 부르주아지들이 이미 경제적으로 크게 성장하고 있었고, 이들에게 밀리지 않으려면 낡은 체제의 지배층도 스스로 변하는 수밖에 없었다. 토지 귀족은 땅을 팔거나 담보로 삼아 은행이나 공장에 투자하였다. 오토 폰 비스마르크^{1815~1898}도 그런 사람 중의 하나였다.

1862년 프로이센 총리가 된 비스마르크의 취임 연설은 놀랄 만큼 대담하고 단호하였다.

"지금 우리의 문제는 언론이나 다수결로는 해결할 수 없다. 오직 철과 피, 곧 무기와 병력만으로 해결할 수 있다."

부르주아지들이 대다수였던 의회는 지주와 군부의 지지를 받는 이 반혁명파 정치가의 뻔뻔함에 온갖 비난을 퍼부었다. 그러나 비스마르크가 '철과 피'로써 강력한 군사력을 확보하여 덴마크를 손에 넣고 통일의 방해자인 오스트리아를 물리치자, 부르주아지들의 비난은 곧 환호로 바뀌었다.

비스마르크는 이제 안으로 선거권을 확대하여 '국민'을 포섭해 나갔다. 프로이센은 이런 자신감을 바탕으로 프랑스를 자극하여 전쟁을 일으켰다.

전쟁은 독일인들에게 '국민 의식'과 '애국심'을 심어 주었다. 전쟁에서 승리한 프로이센은 1871년 마침내 독일 제국을 선포하였다.

비스마르크 프로이센 귀족의 아들로 태어난 비스마르크는 1848년 혁명 당시 반혁명파로 활동하였고, 이후 프랑크푸르트 국민 의회에도 참여하였다. 1862년 프로이센의 빌헬름 1세에 의하여 총리로 임명된 그는 의회의 반대를 물리치고 군비 확장 정책, 즉 철혈 정책을 실시하여 독일 통일의 발판을 다졌다.

독일의 통일 과정

1806	피히테, 〈독일 국민에게 고함〉이라는 연설문을 통하여 나폴레옹의 침략에 맞서 민족 정신을 강조
1834	프로이센 중심의 관세 동맹 결성
1848	베를린에서 3월 혁명 발발
1849	프랑크푸르트 국민 의회, 헌법 초안 작성
1862	비스마르크, 프로이센 총리 취임
1864	덴마크 침공
1866	오스트리아와 전쟁
1870	프랑스와 전쟁(~1871)
1871	베르사유 궁전에서 빌헬름 1세가 독일 황제로 즉위

1866년 이전의 프로이센령
---- 1867년 성립된 북독일 연방의 남쪽 경계
━━ 1871년 성립된 독일 제국의 경계

독일의 통일 프로이센이 이루어 낸 통일은 위로부터 진행된 국민 국가 건설 과정이었다. 독일의 예는 러시아를 비롯한 동유럽 여러 나라 일본 같은, 자본주의 발전이 더딘 나라들에게 하나의 모델이 되었다. 한편 이탈리아도 독일과 비슷한 시기에 통일을 이루었다.

2 유럽 각국, 산업화를 추진하다

알렉산드르 2세

7명의 노동자로 출발한 철공소가 8,000명의 노동자를 거느린 대공장이 되다니…… 국가의 지원과 새로운 기술의 결합은 이렇게 놀라운 일을 현실로 만들어 냈다. 영국에서 시작된 산업 혁명은 19세기에 이르러 전 유럽에 퍼져 나갔고, 이것을 주도한 것은 각국의 정부였다.

■ 가 볼 곳: 에센의 크루프 공장 ■ 만날 사람: 알렉산드르 2세
■ 주요 사건: 독일의 산업화, 러시아의 농노 해방

| **국가가 앞장선 산업화** | 신생 독일이 막강 오스트리아와 싸워 이길 수 있었던 비결은 무엇일까? 그것은 바로 철도를 바탕으로 한 앞선 기동력과 소총, 대포 같은 성능이 뛰어난 무기 때문이었다.

1835년에 불과 6킬로미터였던 독일의 철도는 1850년대에 이미 6,000킬로미터를 넘어, '증기를 내뿜는 말'인 증기 기관차가 전국을 누비게 되었다. 철도 건설에는 막대한 자본이 필요하였다. 그러나 대지주들은 여전히 안정적인 사업에만 투자하려고 하였고, 철도 건설과 같은 모험에는 돈을 쓰려고 하지 않았다. 부족한 자본을 제공하는 것은 국가의 몫이었다. 관료들이 산업 발전의 계획을 짜고 자본을 끌어모으는

베를린의 제철 공장과 아에게(AEG) 기계 공장 독일의 석탄과 철강·생산은 프랑스로부터 알자스·로렌 지방을 넘겨받으면서 급속도로 늘어났다. 이에 따라 독일은 영국을 제치고 유럽 최고의 철강 생산국으로 발전하였다. 기계 공업도 급속도로 발전하여 1880년대에 이미 독일이 만든 기계는 튼튼하고 실용적인 것으로 큰 인기를 끌었다.

데 앞장섰다. 이에 따라 독일에서는 처음부터 계획적으로 대규모 공장과 중화학 공업이 발달할 수 있었다. 철도, 도로, 운하, 항만 역시 국가 주도로 만들어졌다.

예를 들어 크루프 공장은 처음에 7명의 노동자로 시작하였으나 철도용 차량을 만들기 시작하면서 크게 발전하여 1873년 무렵에는 8,000여 명이 일하는 거대한 공장이 되었다. 크루프 공장은 새로운 강철 제조법을 개발하여 총과 대포도 생산하였다. 이 공장에서 생산된 무기의 성능은 놀라운 것이었다. 그래서 비스마르크 정부는 크루프 공장을 전폭적으로 지원하였다. 크루프 공장의 대포는 프로이센군의 정규포가 되었고, 이것은 오스트리아, 프랑스와의 전쟁에서 위력을 발휘하였다.

프랑스와의 전쟁에서 이긴 대가로 받은 알자스-로렌 지방의 풍부한 자원과 50억 프랑의 전쟁 배상금은 독일의 산업 발전을 더욱 가속화하였다. 비스마르크는 '사회주의자 탄압법'을 만들어 노동자들의 투쟁을 철저히 억압함으로써 부르주아지들을 노골적으로 도왔다.

무기를 만드는 크루프 공장
크루프 공장은 대포, 장갑차 등 군수 물자를 생산하여 제1차 세계 대전 중 최대 호황을 누렸다. 독일이 패전한 후 군수 물자 생산이 금지되어 어려움에 빠지자 크루프 집안은 히틀러를 지지하고 나섰다. 그 대가로 제2차 세계 대전 중에는 히틀러의 지원을 받으면서 다시 군수 물자를 대량 생산하였다.

독일의 산업 발전
영국과 프랑스처럼 산업 혁명을 먼저 거친 선진국들이 면직물 공업 같은 전통적인 공업에 안주하는 동안, 독일은 후발 주자의 강점을 살려 국가 주도로 중화학 공업 등 새로운 공업을 발전시켰다.

독일의 철도 관세 동맹 이후 본격화된 독일의 산업 혁명은 철도 교통의 발전 과정과 일치한다. 한편으로 독일의 산업 혁명은 정책적으로 기술 교육을 강화한 결과이기도 했다.

농노 해방령 발표 이 조치로 4,700만 명의 농노가 자유의 몸이 되었다. 그러나 지주들은 국가로부터 토지에 대한 보상금을 받았고, 농노들은 그 돈을 49년에 걸쳐 갚아야 했기에 당장 농노의 처지가 좋아지지는 못하였다.

체포되는 나로드니키 나로드니키는 '인민주의자'라는 뜻. 농민들과 함께 일하며 그들을 진보의 길로 인도해야 한다는 브나로드(인민 속으로) 운동을 벌이기도 하였다. 이 운동은 1930년대 우리나라에서도 재현되었다.

| **러시아도 농노를 해방하다** | 1861년, 러시아 황제 알렉산드르 2세는 '농노 해방령'을 선포하였다. 러시아 농민들은 이 놀라운 소식에 환호하였다. 마침내 러시아에서도 농노제가 폐지된 것이다.

나폴레옹 전쟁을 겪으면서 러시아에서도 근대적인 개혁에 대한 요구가 높아졌다. 이들은 유럽에 비하여 크게 뒤떨어진 러시아의 현실을 깨닫고, 차르^{러시아 황제} 체제를 무너뜨리고 공화정을 수립하는 것이 급선무라고 생각하였다. 그러나 차르 체제는 쉽게 무너지지 않았다. 산업화가 더딘 러시아에서는 차르의 절대적 권력에 저항할 새로운 세력, 즉 부르주아지의 힘이 너무 미약하였던 것이다.

그러나 러시아에서도 산업화는 꾸준히 진전되었고, 이에 따라 낡은 체제도 점차 거추장스러운 것이 되어 갔다. 특히 농노제는 산업 발전을 가로막는 큰 걸림돌이었다.

국민 대다수가 농노로 묶여 있는 상황에서 공장에서 일할 노동자를 자유롭게 구하기는 어려운 노릇이었다. 이에 알렉산드르 2세는 농노제 폐지를 단행하였다. 차르 체제를 유지하기 위해서라도 개혁이 필요하였던 것이다.

순탄하지 않았지만 러시아에서도 산업화는 대세가 되었다. 차르 정부도 산업화를 적극적으로 추진하면서 지원하였다. 1838년 철도가 처음 개통된 이래, 철도 건설 속도가 점점 빨라져 1891년에는 시베리아 횡단 철도 건설이 시작되었다.

이에 따라 '얼어붙은 땅' 시베리아의 개발도 본격적으로 시작되었다. 시베리아 횡단 철도는 러시아가 아시아 쪽으로 팽창하는 수단이기도 하였으므로, 차르 정부의 지원은 어쩌면 당연한 것이었다. 은행이 설립되어 자본을 공급해 주고 풍부한 석탄과 철광석을 바탕으로 광산업과 방적 공업도 함께 발전하였다.

그러나 전체 농경지의 대부분은 여전히 왕실을 비롯한 소수의 대지주들이 차지하고 있었으며, 낡은 질서도 여전히 그 힘을 잃지 않고 있었다.

시베리아 횡단 철도 건설
1887년 조사를 시작하여 1891년 착공된 이 공사는 1903년에 주요 구간이 개통되었고 1916년에 완공되었다. 모스크바부터 블라디보스토크까지 총 9,334킬로미터에 이르는 세계에서 가장 긴 철도 구간이다.

카테린부르크
옴스크
러시아
시베리아
이르쿠츠크
하바로프스크
블라디보스토크
신의주
베이징

| 과학 기술의 발달이 가져온 변화 | 유럽 각국이 경쟁적으로 산업화에 힘쓴 덕분에, 19세기 후반에는 거의 모든 산업 분야에서 기계화가 빠르게 진행되었다. 18세기 산업 혁명은 섬유 산업에 머물러 있었지만, 19세기 들어 기계화가 모든 산업 분야로 확대된 것이다. 산업화의 필요에 따라 과학 기술도 크게 발전하였고, 과학 기술의 발달은 기계화를 촉진하였다.

러시아의 아시아 지배 야심 러시아는 시베리아 횡단 철도를 따라 아시아에 대한 세력 확대 정책을 본격화하였다. 결국 만주와 조선에 대한 러시아의 야심은 일본을 자극하여 1904년 러일 전쟁으로 이어졌다. 그림은 청에 이겨 조선을 점령한 일본을 러시아가 주시하고 있는 모습이다.

질 좋은 철을 만들 수 있는 새로운 용광로가 만들어졌고, 덩치가 큰 증기 기관을 대신할 디젤 기관과 가솔린 기관이 발명되었다. 발전기가 만들어져 전기가 '무색의 석탄'으로 환영받았으며, 밤을 비춰 줄 백열등도 발명되었다. 전신, 전화도 발명되어, 철도와 함께 세계를 하나로 이어 주었다. 노벨상으로 유명한 노벨이 화약을 발명한 것도 이 시기였고, 옷감에 화려한 색과 무늬를 입힐 염료를 만드는 대규모 화학 공장도 생겨났다.

과학 기술 혁명은 사람들의 생활을 혁명적으로 바꾸어 놓았다. 사

뭉크의 〈절규〉 미래에 대한 낙관적인 전망과는 별개로 세기말에 대한 불안감이 유행하기도 하였다. 그것은 어쩌면 자신들의 오만한 낙관주의가 가져올 암울한 미래를 예언하는 것이었다.

람들은 이런 성과에 도취되어 세계가 계속 번영하고 발전하리라 낙관하게 되었다. 산을 파헤치고 숲에 불을 질러 철도를 놓고 공장을 세우면서 인간은 자연을 '이용'할 권리가 있으며, 자연을 '극복'하는 것이 진보라고 생각하였다.

과학 기술이 진보의 유일한 척도가 되면서 유럽인들은 이런 과학 기술이 발달하지 못한 다른 지역을 업신여기게 되었다. 과학 기술은 다른 지역을 침략하는 수단이 되었을 뿐만 아니라, 이런 침략을 정당화하는 구실이 되기도 하였다. 침략과 수탈은 '후진 지역'을 '문명화'하고 과학 기술을 전파하는 일로 미화되었다.

과학 기술의 발달과 생활의 변화

80일 만에 세계를 한 바퀴 돌 수 있는지를 놓고 2만 파운드의 내기를 벌이는 《80일간의 세계 일주》가 출판된 것은 1873년이었다. 곳곳에 철도가 개통되고 증기선이 바다를 누비면서 가능해진 이야기였다. 곧이어 1895년에는 자동차가 발명되었고, 1903년에는 비행기가 발명되면서 전 세계는 다시 한번 획기적으로 작아지게 되었다.

교통과 함께 통신 기술도 급속도로 발전하였다. 1837년 모스 통신이 발명된 후, 1858년에는 대서양 밑으로 전신선이 연결되어 미국과 유럽이 실시간으로 소식을 주고받을 수 있게 되었다. 1876년에는 벨이 전화를 발명하여 목소리를 전할 수 있게 되었으며, 1890년대에는 마르코니가 무선 통신을 성공시켰다.

발명왕 에디슨이나 화약왕 노벨이 활동하던 것도 이 시기였고, 뢴트겐이나 파스퇴르, 마리 퀴리가 끊임없이 연구에 몰두하던 것도 비슷한 시기였다. 이런 발명과 발견은 사람들의 생활 방식을 근본적으로 바꾸어 놓았다.

전화를 거는 벨과 에디슨이 발명한 전구

스티븐슨, 증기 기관차 발명	모스, 통신 성공	노벨, 다이너마이트 발명	벨, 전화 발명	에디슨, 백열등 발명	뢴트겐, X선 발견	자동차 발명	최초의 영화 상영
1825	1837	1867	1876	1879	1885	1895	1895

화려한 인형의 집, 지저분한 노동자의 집

▼ **어느 노동자 가족의 집 안 풍경** 자녀가 여럿인 부부가 지저분한 살림살이 속에서 어렵게 살고 있다. 이들을 돕기 위하여 방문한 여성이 조심스레 인사를 건네고 있다.

▲ **부르주아지 가족의 아침 식사** 살이 통통하게 찐 아이는 어머니 품에 안겨 있고, 아버지는 신문을 읽으며 아침을 먹고 있다. 풍성한 식탁 옆에는 하녀가 이들을 시중 들고 있다.

"당신은 언제나 저에게 무척 친절하셨어요. 하지만 이 집에서 나는 당신의 장난감 인형 같은 존재였어요. 마치 친정에서 아버지의 아기 인형이었듯이. 그것이 우리의 결혼이었어요."
                                                                                    - 입센, 《인형의 집》(1879) -

산업 혁명으로 경제력을 장악한 부르주아지들은 '스위트홈'을 꿈꾸었다. 능력 있는 남편과 순종적인 아내, 귀엽고 말 잘 듣는 아이들, 그리고 이들을 시중 드는 하인들. 이처럼 부르주아지 가정은 겉보기에 매우 단란해 보였다. 《인형의 집》의 주인공인 노라도 전형적인 부르주아지 가정의 아내였다. 그러나 노라는 가정에서 자신의 가치가 장식용 인형 이상의 것이 아니라는 사실을 깨닫고는 결국 집을 나간다. 남편에게 무작정 종속된 아내가 아닌 자신의 참모습을 찾기 위하여 나서는 것이다.

한편, 노동자 가정의 아내들은 더욱 힘든 처지에 놓여 있었다. 이들은 돈을 벌기 위하여 공장에 나가야 했을 뿐만 아니라, 집에 오면 수많은 가정 살림도 도맡아 해야만 하였다. 집은 매우 비좁았으며, 여기저기 가재도구들이 널려 있고 지저분하였다. 어린아이들은 계속 울고 보챘지만, 아이들을 돌볼 충분한 시간과 힘이 없었다. 물은 집 밖에서 힘들게 길어 왔고, 식사를 간신히 준비해도 먹을 것은 늘 부족하였다. 운이 나쁘면 남편의 폭력이 이어지기도 하였지만, 달리 해결할 방법이 없었다. 이들에게는 자신의 참모습을 찾아 나선 노라가 매우 사치스럽게 여겨졌을지도 모른다.

3 노동자들, 권리를 주장하다

마르크스

1848년 무렵, 유럽에는 공산주의라는 유령이 떠다니고 있었다. 그러나 마르크스와 엥겔스는 〈공산당 선언〉을 통하여 그것이 유령이 아니라 실체임을 선언하였다. "만국의 노동자여, 단결하라! 그대가 잃을 것은 쇠사슬뿐, 그대가 얻을 것은 온 세계이다."

■ 가 볼 곳: 시카고의 헤이마켓   ■ 만날 사람: 카를 마르크스, 오거스트 스파이스
■ 주요 사건: 노동 운동의 성장과 사회주의의 발달

| 도시, 그 빛과 그림자 | 연기를 뿜으며 돌아가는 거대한 공장과 일자리를 찾아 몰려든 노동자들로 활기가 넘치는 곳. 증기를 내뿜는 기관차가 머무는 철도역이 있고, 도로 위로 마차와 자동차가 다니며, 거리에 상가나 노동자 주택이 줄지어 서 있는 곳. 잘 차려 입은 멋쟁이들이 마차를 타고 야외로 소풍을 가고, 신사 숙녀들이 자전거를 타고, 챙 모자를 쓴 노동자들이 피곤한 얼굴로 떼를 지어 출근을 하는 곳. 그곳은 바로 '도시'였다.

빅토리아 시대의 런던
1800년대 후반 들어 영국은 이미 농민보다 노동자들이 더 많았고, 이들은 대부분 도시에서 살았다. 도시는 이전과는 다른 삶의 방식을 대표하는 새로운 공간이었다.

도시 건축 베르사유 궁전 같은 어마어마한 규모의 궁전이 절대주의를 상징한다면, 넓은 도로와 높은 건물은 산업 혁명 이후 근대 건축의 핵심을 이루게 된다. 무분별한 확장으로 몸살을 앓던 도시는 도시 계획 이후 효율성을 중시하는 공간으로 재설계되었다.

경찰 노동자, 가난한 사람, 범죄자들로부터 자본가들의 재산과 안전을 지키기 위해 경찰이 도시의 치안을 24시간 담당하게 되었다. 셜록 홈스와 같은 추리 소설의 주인공이 등장하는 것도 이 시기였다.

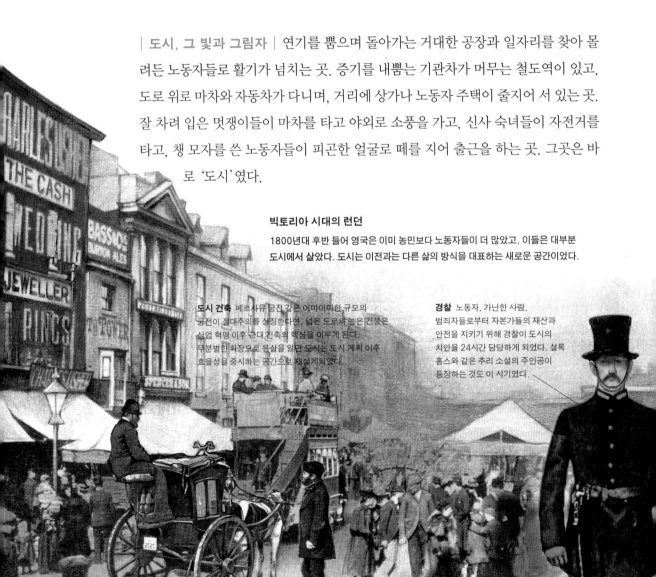

산업 혁명은 도시라는 새로운 삶의 공간을 만들어 냈다. 질서 있고 활기차 보이는 도시, 도시는 번성하는 자본주의를 상징하는 곳이었지만, 노동자의 비참한 현실을 감추고 있는 곳이기도 하였다.

19세기에 접어들면서 도시는 밀려드는 구직자들로 이미 몸살을 앓고 있었다. 그러다 보니 런던의 경우 화장실 하나를 무려 380명이 사용할 정도로 노동자들의 주거 환경은 형편없었다. 썩은 물웅덩이 사이로 오물과 폐기물이 나뒹구는 노동자 거주 지역은 전염병의 온상이 되었다. 콜레라를 비롯한 각종 전염병이 주기적으로 도시를 덮쳤다. 공장 굴뚝에서 나오는 매캐한 연기가 해를 가려 낮에도 어두웠고, 대기 오염이 심해져 천식이나 폐렴 같은 질병이 나날이 늘어 갔다. 부유한 사람들은 이제 오히려 복잡하고 지저분한 도시를 떠나 전원생활을 즐기려 하였다.

스모그 연료와 동력 자원으로 석탄이 널리 이용되면서 도시에서는 스모그 현상이 자주 발생하였다. 1874년 런던에서 스모그로 사망한 사람이 무려 243명에 이르렀다.

근대적 시간 여유로운 농촌과는 달리 도시에서는 엄격한 공장의 규율이 요구되었다. '시간은 금'이라는 생각이 강조되었고, 시계탑이 곳곳에 들어섰다. 영국 의사당의 빅벤은 1859년에 만들어졌다.

도시의 노동자들 이제 노동은 '의무'이자 '신성한 것'이 되었다. 일하지 않는 실업자나 부랑자들은 격리 수용되어 노동을 강요당하였다. 그러나 신성한 노동에 대한 대가는 그렇게 크지 않았다.

1848년 〈공산당
선언〉을 발표하고 혁명에 참가했다가
독일에서 추방당한 마르크스는, 평생
친구이자 동지인 엥겔스의 지원을 받으며
영국에서 자본주의 체제를 연구하였다.
그는 《자본론》에서 자본주의는 자체적인
결함 때문에 붕괴될 수밖에 없으며, 그
이후에는 사회주의 사회가 필연적으로
찾아오리라고 예언하였다. 마르크스와
엥겔스는 전 세계의 노동조합과
사회주의자들을 모아 국제 노동자 협회,
즉 '인터내셔널'을 창설하여 사회주의
운동을 지도하였다.

| **노동자들, 계급으로 뭉치다** | 산업 혁명은 폭발적인 생산성 증대를 가져왔지만, 노동자들의 처지는 여전히 비참하였다. 임금은 낮았고 작업 환경은 열악하였으며, 자신의 대표를 뽑을 선거권도 없었다.

일부 노동자들은 기계에 매인 신세를 한탄하며 기계를 파괴하는 것으로 불만을 표시하기도 하였다. 선거권 확대를 요구하는 운동도 계속되었으나 이들의 요구는 폭력으로 진압되기 일쑤였다.

갈수록 커지는 빈부의 격차와 비참한 노동 현실은 평등과 노동자의 권리에 대한 열망을 낳았다. 억눌린 노동자들의 불만은 '사회주의 사상'을 탄생시켰다. 사회주의는 공장이나 토지 같은 생산 수단을 사회가 공동으로 소유하고 생산함으로써 빈부 격차를 없애고 모두가 잘 살 수 있다고 주장하였다. 전 유럽이 혁명으로 몸살을 앓던 1848년, 마르크스와 엥겔스는 〈공산당 선언〉을 발표하여 자본주의는 필연적으로 망할 수밖에 없으며, 곧 사회주의 세상이 오리라고 예언하였다.

이러한 예언은 자본가들에게 불길하기 짝이 없었지만, 노동자들에게는 희망의 복음이 되었다. 이제 노동자들은 술집에서 울분을 토하는 것을 넘어 하나의 계급으로 뭉쳐 노동조합을 결성할 뿐 아니라, 노동자 정당, 사회주의 정당을 만들어 자신의 권리를 찾으려 하였다.

메이데이의 기원, 헤이마켓 투쟁 1886년 5월 1일, 시카고에서 하루 8시간 노동을 요구하는 파업이 일어났는데, 갑자기 폭탄이 터져 여러 명이 죽고 다치는 사고가 발생하였다. 경찰은 폭탄 테러 혐의로 스파이스를 비롯한 노동 운동 지도자들을 체포하여 사형시켰다. 5월 1일은 노동자의 꿈과 투쟁을 생각하는 날, '메이데이'가 되었다.

| **확대되는 국민** | 1837년, 영국에서 노동자들에게도 선거권을 달라는 차티스트 운동이 시작되었다. 수많은 사람들이 이 운동에 호응하여 탄원서에 서명하였지만, 영국 정부는 이를 무시하고 지도자들을 체포하며 운동을 탄압하였다.

그러나 이들이 주장한 내용은 조금씩 현실이 되었다. 1858년에는 의원 출마자의 재산 자격이 철폐되었고, 1928년에는 남녀 평등의 보통 선거가 실시되었다. 지배층은 자신들이 규칙을 정하는 한 '민주주의'가 그렇게 위험하지 않으며, 노동자들을 국민으로 끌어안지 않고서는 국가를 이끌어 나가기 어렵다는 사실을 깨달았던 것이다.

'위험한 계급'인 노동자들을 국가 체제 안으로 끌어들이기 위한 양보는 다른 형태로도 나타났다. 곳곳에 학교가 세워져 노동자 자녀들도 교육 혜택을 누리게 되었다. 도시에는 무료 진료소가 설치되기도 하였고, 노동조합 활동도 차츰 합법화되었다. 이런 변화는 노동자들의 투쟁이 가져온 성과이기도 하였지만, 한편으로는 노동자들을 다독거려 갈등을 덮으려는 국가 정책이기도 하였다. 이런 양보가 가능하였던 것은 식민지에서 막대한 이윤이 들어오기 때문이었으며, 그 이윤은 식민지 민중의 피와 땀에서 나온 것이었다.

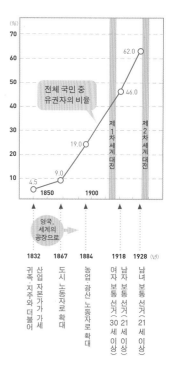

선거권의 확대 노동자와 민중은 끊임없이 투쟁하여 선거권을 쟁취해 나갔다.
그러나 선거권을 갖는 것만으로 민주주의가 완성된 것은 아니었다.

19세기 후반의 무료 진료소 노동자와 같은 가난한 민중을 국가 체제 안으로 끌어들이려는 노력은 다양한 방법으로 진행되었다. 부유한 자들의 자선 사업으로 시작되었던 무료 진료를 국가가 떠안으면서 나중에는 공공 의료의 개념으로 발전하였다.

뉴래너크 공장 영국 스코틀랜드의 뉴래너크에 있는 방적 공장의 모습을 담은 그림이다. 오언은 자신이 생각하는 협동조합적인 이상향을 미국에도 건설하려 하였다. 그러나 모든 사람에게 높은 수준의 도덕과 절제를 강용하는 그의 시도는 결국 실패하였고, 곧이어 뉴래너크 공장에서도 공동 경영자와 분쟁이 생겨나 결국 손을 떼게 되었다.

오언의 뉴래너크 공장을 가다

사회주의자들은 땅이나 공장 같은 생산 수단을 사회가 공동으로 소유하고 관리해야 한다고 주장한다. 그렇게 해야만 무분별한 생산으로 인한 자원 낭비나 과잉 생산을 막고 빈부 격차도 줄일 수 있다는 것이다.

오늘 우리는 사회주의자로 유명한 로버트 오언 씨가 경영하는 글래스고 근교의 뉴래너크 공장을 찾아갔다. 얼마 전까지 그곳은 고아원에서 데려온 아동 노동자가 500명이 넘을 정도로, 가난하고 황폐한 공업 도시였다. 그러나 최근 오언 씨가 공장을 인수하면서 여러 가지 변화가 일어나고 있다고 한다.

우리가 공장에서 가장 먼저 찾은 곳은 유치원이었다. '성격 형성 학원'이라는 간판을 달고 있는 이 유치원에서는 2~6세의 노동자 자녀들이 교육을 받고 있었다. 유치원 아이들은 호기심 어린 눈으로 여러 가지 장난감을 가지고 재미있게 놀고 있었다. 마침 한 어머니가 아이를 데리러 왔으나, 놀이에 열중하고 있던 아이는 더 놀겠다고 떼를 써서 어머니를 곤란하게 만들었다.

공장은 매우 컸고, 방적 기계는 최신식이었다. 이곳에서 일하는 노동자들은 모두 2,000명이 넘었다. 이들은 대단히 활기차 보였고 자기 일에 만족하고 있었다. 다른 공장 노동자들이 13~14시간 노동에 시달리고 있는 데 비하여 이곳 노동자들은 10시간 반만 일하면 되니 당연한 일인지도 모른다.

음주와 도박, 싸움이 끊이지 않는 다른 공업 도시의 노동자 주거지에 비하면 뉴래너크는 정말 깨끗하고 평화로웠다. 공장에서 운영하는 상점에는 술을 제외한 값싸고 질 좋은 물건들이 쌓여 있었다. 노동자들의 집은 다른 곳과 비교할 수 없을 정도로 쾌적하고 편리하게 개량되어 있었다.

다른 공장보다 짧은 노동 시간, 노동자 복지를 위한 많은 지출. 그런데도 어떻게 공장이 유지될 수 있을까? 오언 씨는 "노동자들을 인격적으로 대우해 주고 그들에게 쾌적한 환경을 제공하면, 노동 의욕이 높아지고 자발적으로 열심히 일하기 때문에 오히려 이익"이라고 대답하였다.

그의 주장은 많은 것을 다시 생각하게 한다. 이제까지 우리는 '자유'를 중시하였다. 누구나 욕망이 있으며 그 욕망을 채우기 위하여 자유롭게 경쟁하여 얻은 부는 신성하다고 가르쳤다. 그 때문에 빈부 격차나 노동자의 비참한 현실은 어쩔 수 없는 일이라고 생각하였다.

그러나 오언 씨는 '모든 사람이 함께 일하고 골고루 나누어 가지는 평등 세상'이라는, 인류 시작부터 있어 왔던 이상을 뉴래너크 공장에서 시험하고 있다. 사람들은 오언 씨나 그 추종자들을 '사회주의자'라고 부른다. 사회주의자들은 땅이나 공장 같은 생산 수단을 사회가 공동으로 소유하고 관리해야 한다고 주장한다. 그렇게 해야만 무분별한 생산으로 인한 자원 낭비나 과잉 생산을 막고 빈부 격차도 줄일 수 있다는 것이다.

사회주의가 자본주의의 대안이 될 수 있을지는 더 두고 볼 일이지만, 더 나은 세상을 향한 뉴래너크의 도전은 의미 있을 것이다.

로버트 오언 10대에 점원으로 출발하여 나중에는 맨체스터에서 방적기 제조업자로 성공하였다. 1799년 뉴래너크 공장을 인수하여 인도주의에 입각한 새로운 공장 경영 방식을 선보였고, 최소한의 노동 조건을 법으로 정하자는 공장법 제정 운동에도 앞장섰다.

4 국민 국가, 제국주의로 치닫다

세실 로즈

"유럽이 이룩한 성취, 그 하나하나에 얼마나 많은 인류의 고통이 스며 있는지 우리는 이제 알고 있다."라는 프란츠 파농의 말처럼, 유럽의 번영은 식민지 민중의 피땀이 배어 있는 것이었다. 그런데도 유럽은 자신의 침략 행위를 진보를 위한 '신성한 의무'라고 강변하였다.

■ 가 볼 곳: 파리 만국 박람회　■ 만날 사람: 허버트 스펜서, 세실 로즈
■ 주요 사건: 제국주의의 등장

| 자본, 세계를 시장으로 삼다 | 1889년, 프랑스 혁명 100주년을 기념하는 박람회가 파리에서 열렸다. 600만 명의 관람객이 수정궁에 모였던 런던 만국 박람회 이후, 박람회는 산업화의 성과를 자랑하고 확인하는 행사로 자리 잡았다. 기계와 산업의 힘을 상징하는 거대한 에펠탑이 파리를 내려다보는 가운데 치러진 파리 박람회에는 특이하게도 식민지관이 따로 있었다. 식민지관은 '미개한 식민지'의 갖가지 볼거리를 전시하였는데, 원주민들을 직접 '전시'하기도 하였다. 관람객들은 원주민들을 자신과 동등한 인간이 아니라 동물원의 동물처럼 보았던 것이다.

유럽 각국은 세계를 자신의 식민지로 만들어 나갔다. 원료를 공급받고 상품을 팔 시장이 필요하였기 때문이다. 새로운 식민지를 위하여 탐험가, 선교사, 상인, 군인들이 앞다투어 길을 떠났다.

20세기가 가까워지고 자본주의가 발달하면서 식민지를 활용하는 방식도 차츰 달라졌다. 갈수록 치열해지는 경쟁 때문에 이윤이 떨어지고 있었던 자본가들은 식민지에서 탈출구를 발견하였다. 식민지에 공장을 세우고, 현지의 값싼 노동력과 원료를 동원하여 물건을 만들어, 이를 전 세계에 파는 방식이 확산되었다. 이러한 경영에 방해가 되는 식민지의 관습이나 전통은 야만적이고 미개한 것으로 취급되었고, 식민지 민중의 저항은 총칼로 진압되었다.

⊙ '진보'와 '번영'의 선전장, 만국 박람회

과학 기술과 산업의 발달에 도취되어 있던 유럽인들은 자신들의 성과를 과시하고 보급하는 방안으로 '만국 박람회'를 개최하였다. 박람회는 18세기 이래 산업화를 '진보'와 '번영'으로 치장하였고, 유럽은 이를 통하여 스스로를 세계의 중심으로 자처하였다.

만국 박람회에 참가한 조선 1889년 파리 박람회에는 갓, 도포, 가마 등 우리나라의 물품도 소개되었다. 우리나라가 공식적으로 박람회에 참가한 것은 1893년 시카고 박람회 때부터이다. 1900년 파리 박람회에는 고종의 초상화가 인종 전시장에 전시되기도 하였다.

최초의 박람회와 수정궁 최초의 본격적인 박람회는 1851년 런던에서 개최되었다. 박람회를 위하여 건설한 하이드파크의 유리 건물인 수정궁에는 무려 600만 명이 몰려들어 대성황을 이루었다.

에펠탑과 파리 박람회
에펠탑은 파리 만국 박람회 때 프랑스 혁명 100주년을 기념하여 세워졌다. 철골 구조의 에펠탑은 근대화의 힘을 상징하는 것이었다. 건립 직후부터 파리의 경관을 해친다는 비판을 많이 받았으나 지금은 파리의 명물이 되었다.

▼ **식민지관과 인종 전시** 1889년 파리 만국 박람회에는 인류학 연구라는 미명 아래 식민지관이 따로 마련되었다. 인류학자들은 식민지관에 전시된 원주민들을 보고 "인간 문화의 아주 초기 단계에 그대로 머물러 있는 아주 역겨운 존재이며, 도무지 우리와 같은 인간이라고 생각하기 힘들다."라고 평하였다. 아래 사진은 1889년 파리 만국 박람회의 앵발리드 식민지관과 전시된 식민지 원주민을 구경하는 관람객의 모습이다.

다윈과 진화론 다윈의 진화론은 스펜서에 의하여 사회 진화론으로 확장되었고, 사회 진화론은 제국주의 침략을 합리화하는 이론이 되었다. 그림은 진화론 발표 당시 '원숭이의 후손'이라고 조롱받는 다윈을 풍자한 것이다.

| 국가의 영광을 위하여 | 다윈이 《종의 기원》을 통하여 진화론을 발표한 것은 1859년이었다. 진화론은 격렬한 찬반 논란을 가져왔지만 서서히 상식이 되어 갔다. 경쟁을 통하여 가장 적합한 종만이 살아남는다는 '적자생존' 이론은 이후 자본주의 사회를 설명하는 이론으로 이용되었다. 사회적으로도 "우월한 사회나 국가가 열등한 사회나 국가를 지배하는 것은 당연하다."라는 '사회 진화론'이 등장한 것이다. 인간 사회를 약육강식의 '밀림 왕국'으로 만들어 버리는 이 이론은 강한 나라가 약한 나라를 식민지로 삼아 착취하는 제국주의를 정당화하였다. 사회 진화론은 다시 인종주의로 발전하였다. 백인은 당연히 우월한 인종이고, 황인이나 흑인은 미개하고 열등한 인종이라는 연구가 이루어졌다.

제국주의는 식민지 전쟁에 나선 나라들 안에서 높은 지지를 받았다. 식민지에서 들어오는 높은 이윤이 산업을 발전시키고 계급 간의 갈등을 달래 주는 역할을 하였기 때문이다. 유럽 각국은 다른 나라와의 경쟁에서 뒤처지지 않으려면 식민지 전쟁에 나설 수밖에 없다고 국민들의 애국심에 호소하였다. 이런 상황에서 제국주의 국가의 노동자들은 식민지 민중과 노동자의 편이 아니라 자기 나라의 지배층, 즉 자본가의 편에 섰다.

| 제국주의, 세계를 나눠 가지다 | 유럽 각국은 세계 곳곳에서 식민지를 확대하기 위하여 경쟁하였다.

제국주의자 세실 로즈 "다이아몬드는 영원히"라는 광고 문구로 유명한 '드비어스'사를 창립한 세실 로즈는 남아프리카의 다이아몬드 광산을 독점한 뒤 이 지역의 총독이 된 인물이다. 그는 영국의 영광을 위해서는 식민지를 확대해 나가는 것이 불가피하다고 생각한 제국주의자였다.

> 영국은 국토가 좁아 3,600만 명의 인구 가운데 600만 명만 생활할 수 있을 정도이다. 그래서 우리 영국의 생산품을 팔 수 있는 지구상의 영토를 조금이라도 더 장악해야 할 필요가 있다. 나는 영국인이 세계 제1의 인종이고, 우리 영국인이 지배하는 세계가 넓으면 넓을수록 인류가 행복해지며, 모든 전쟁을 종식시킬 수 있다고 믿는다.
> — 세실 로즈 —

초기에는 영국과 프랑스가 곳곳에서 대립하였고, 나중에는 독일, 벨기에 등이 끼어들어 사정은 더욱 복잡해졌다. 백인들은 이런 침략을 마치 자신들이 짊어져야 할 사명인 양 '백인의 짐'으로 표현하였다. 진보와 문명의 백인이 후진과 야만의 유색 인종을 다스리고 깨우쳐야 한다는 것이었다. 식민지를 침략하고 약탈하는 짓이 야만을 일깨우고 진보를 가져오는 '신성한 의무'로 미화되었다.

제국주의 국가들의 탐욕은 끝이 없었다. 세계가 분할되어 더 이상 '비어 있는 땅'이 없게 되자, 다른 나라가 차지한 식민지까지 넘보게 되었다. 식민지 쟁탈전은 유럽을 전쟁의 구렁텅이로 몰아넣고 있었다.

19세기 말의 '무장 평화' 풍자화 영국은 잘 길들여지지 않는 아일랜드를 줄로 묶어 위협하고 있다. 에스파냐는 포르투갈에 기대 쉬고 있다. 또 프랑스는 프로이센을 한 대 치려는 기세이다. 한 손은 네덜란드에 올려놓고 한쪽 무릎으로는 오스트리아를 내리누른 채 포만감에 젖어 있는 것은 프로이센이다. 이탈리아는 코르시카나 샤르데냐에 손을 대면 가만두지 않겠다는 기세이다. 스웨덴은 이제 막 뛰어오르려 하고 있다. 러시아는 구걸하는 신세이다. 오스만 제국이 차지하고 있던 발칸반도는 비명을 지르기 시작하였는데, 오스만 제국은 이런 상황을 아는지 모르는지 물담배에 취해 있다.

학교는 꼭 가야 해!

의무 교육 포스터 1885년 프랑스에서 만든 "교육은 곧 희망이다."라는 제목의 이 포스터는 교육은 인간의 권리이자 의무이며, 인간이 발전할 수 있는 유일한 방법이라고 주장하였다.

1882년 3월 28일, 프랑스에서는 남녀를 가리지 않고 만 6세에서 13세의 아이들은 모두 의무적으로 학교에 가서 교육을 받아야 하는 법이 발표되었다.

이 법에 따르면 '교육 자치 위원회'의 감독 아래 학생들이 정당한 이유 없이 한 달에 4일 이상 결석하면 아버지가 학교로 불려와 그 이유를 설명해야만 하였다. 그리고 같은 일이 반복되면 학생의 이름이 벽보에 게시되며, 벌금형에 처해지기까지 하였다.

프랑스어와 프랑스 역사를 가르쳐 프랑스인으로서 자부심과 애국심을 갖도록 하는 일은 그야말로 '국민'을 만드는 일이었으므로 매우 중요하였다. 이를 위하여 모든 민중을 무상으로 교육시켜야 한다는 주장이 나왔다.

이러한 생각은 당시로서는 매우 혁신적인 것이었다. 이전에도 국가가 교육을 강조한 적은 있었으나 무상으로 모든 아이들을 교육시킨다는 개념은 전혀 없었다. 그리고 교육이라는 것도 대부분 《성경》과 관련된 것이었고, 그나마 성직자나 왕, 영주의 명령에 순종하도록 하기 위한 교육이었다.

그러나 실제 무상으로 학교에서 아이들을 교육시키는 것이 그리 쉬운 일만은 아니었다. 많은 아이들이 집안일 때문에 학교에 오지 못하였다. 결국 이러한 문제를 해결하기 위하여 '무상' 교육뿐만 아니라 '의무' 교육이라는 새로운 개념이 등장하였다.

물론 이 법이 발표되었다고 해서 학교에 출석하는 학생들이 갑자기 늘어난 것은 아니었다. 그러나 무상 의무 교육 제도가 시행됨으로써 국가가 모든 국민을 학교 틀 안에서 체계적으로 교육시킬 수 있게 되었고, 이것은 오늘날까지도 교육 제도의 핵심이 되고 있다.

이제 아이들은 하루도 빠짐없이 학교에 나와야만 하였다. 그리고 아이들의 일과 중에 학교에서 보내는 시간이 점점 많아지게 되었다. 우리에게 익숙한 그런 학교는 불과 100여 년 전부터 시작된 셈이었다.

감독관 뒤퐁	피에르 씨, 아드님께서 무려 일주일 동안이나 학교에 안 나왔군요?
아버지 피에르	예. 앙리가 아파서…….
감독관 뒤퐁	아픈 게 사실인가요? 저번에도 이런 일이 있었는데…….
아버지 피에르	예. 앞으로는 이런 일이 없도록 하겠습니다.
감독관 뒤퐁	음, 자꾸 반복되면 앙리 학생의 이름을 벽보에 올리겠습니다. 그렇게 되면 벌금도 내셔야 합니다. 주의하십시오.
아버지 피에르	예……. (에이! 언제부터 아이들을 매일매일 학교에 보내게 된 거야? 앙리가 없으면 집안일은 누가 하라고.)

1884년에 그린 파리의 초등학교 수업 풍경 이 시기 프랑스에서는 무상, 의무, 비종교적 교육을 주장한 새로운 교육 체제가 도입되었다. 이는 지역과 계급을 뛰어넘어 프랑스 국민들을 하나로 묶는 데 크게 기여하였다.

4

아메리카의
독립과
미국의 탄생

미국인들은 크리스트교도인 자신들이 이교도인 '인디언'을 몰아내고 아메리카를 개척하고 지배할 '명백한 운명'을 신에게 부여받았다고 생각하였다.

인디언들을 학살하며 서부로 서부로 내달릴 때에도, 온갖 침략과 간섭을 통하여 라틴아메리카를 자기 앞마당처럼 지배할 때에도, 태평양을 가로질러 아시아로 침략의 손길을 뻗칠 때에도,

그것은 신이 부여한 '명백한 운명'을 충실히 따르는 것일 뿐이었다.

1600
1606 제임스타운 건설
1617 흑인 노예들의 반란

1650
1675 필립 왕 전쟁

1750
1776 미국, 독립 선언
1780 투팍 아말의 반란

1800
1804 아이티 독립
1810 멕시코, 이달고 신부의 봉기
1819 볼리바르, 대콜롬비아 수립
1821 산마르틴, 페루 독립 선언
1823 미국, 먼로 선언
1846 미국, 멕시코와 전쟁
1848 골드러시

1850
1861 미국, 남북 전쟁
1863 미국, 노예 해방 선언
1898 미국, 에스파냐와 전쟁

1900
1914 파나마 운하 개통
1902 쿠바 독립
1903 미국의 공작으로 파나마 독립
1910 멕시코 혁명

1 아메리카, 영국에서 벗어나다

토머스 페인

원주민을 몰아내고 아메리카를 차지한 유럽인들은 이제 본국의 지배마저 거부하고 나섰다. "우리가 우리의 정부를 갖는 것은 당연한 권리이다. 우리의 문제를 가장 신속히 해결할 수 있는 길은 오직 공개적이고 확고 부동한 독립 선언뿐이다." 토머스 페인의 이러한 주장은 점차 '상식'이 되어 갔다.

■ 가 볼 곳: 보스턴   ■ 만날 사람: 토머스 페인, 조지 워싱턴
■ 주요 사건: 미국 독립 전쟁

| '인디언'의 땅에 찾아온 이방인 | 평화롭던 '인디언 ^{아메리카 원주민}' 마을에 긴장이 감돌았다. 갑자기 나타난 백인들과 어떻게 지낼 것인가를 두고 논란이 벌어진 것이다. 침입자 백인을 몰아내야 한다는 주장도 있었지만, 살 길을 찾아 온 불쌍한 사람들을 매정하게 내칠 수 없다는 의견도 많았다. 사소한 충돌도 있었지만 인디언들은 통나무집 짓는 법과 옥수수, 담배 기르는 법을 백인들에게 가르쳐 주었다. 몇 년 전 겨울을 넘기지 못하고 떼죽음을 당했던 백인들은, 이들의 친절 덕분에 겨우 목숨을 부지할 수 있었다. 그러나 몇 년 사이 사정은 급속도로 달라졌다. 백인들은 점점 많아졌다. 유럽인에게 아메리카는 풍요로운 지상 낙원으로 선전되고 있었다.

'인디언'의 땅에 찾아온 이방인들 영국인들의 아메리카 이주는 17세기 초 국가의 지원을 받아 시작된 이후 그 수가 계속 늘어났다. 처음에는 인디언의 도움을 받거나 인디언과 교역을 하는 등 우호적인 관계가 유지되었지만, 이주민의 숫자가 많아지면서 원주민인 '인디언'들과의 충돌이 불가피해졌다.

필립 왕 전쟁 유럽에서 온 백인들이 인디언들을 학살하고 땅을 빼앗자, 인디언들도 저항에 나섰다. 특히 1675년 '필립 왕 전쟁'은 가장 격렬하고 조직적인 저항이었다. 필립 왕은 이 전쟁을 이끈 메타콤의 세례명이다. 그의 아버지는 백인과 우호 관계를 유지하며 크리스트교를 받아들였으나, 그는 백인들의 횡포에 맞서 동족들과 함께 전쟁을 일으켰다. 이 전쟁으로 뉴잉글랜드 백인의 16분의 1이 죽었으며, 인디언들은 거의 몰살당하였다.

펜실베이니아는 식품이 쌉니다. 땅이 비옥하기 때문에 농사가 잘 됩니다. 살찐 소에 좋은 말, 또 벌들도 많습니다. 누구나 집에서 돼지, 닭, 오리, 칠면조를 키웁니다.

아메리카에서 들려오는 이런 소식은 가난한 유럽인들의 마음을 부풀리기에 충분하였다. "아메리카로 오라, 무한한 땅이 그대를 기다리고 있다. 이곳에는 악독한 지주나 관리, 탐욕스러운 교회, 심지어 제대로 된 정부도 없다. 모든 것이 '자유'이다. 아메리카로 오라!"

유럽 각지에서 사람들이 농사지을 땅과 일자리, 또는 종교의 자유를 찾아, 험난한 대서양을 건너왔다. 유럽에서 건너온 백인들은 이제 인디언들을 총으로 몰아내고 그들의 땅을 차지하였다. 인디언들은 백인에게 베푼 친절의 대가로 목숨을 잃거나 땅을 빼앗기고 서쪽으로 쫓겨나야만 하였다.

초기 이주민 유치 광고 땅도 없고 가난한 유럽인들에게 아메리카는 기회와 풍요의 땅으로 여겨졌다.

| **우리는 영국의 지배를 거부한다** | 이민자들이 많아지면서 동부 해안을 중심으로 13개의 영국 식민주가 생겨났다. 인구는 꾸준히 늘어났고 면화나 담배 수출도 활발해졌다. 면화나 담배 농사에 필요한 노동력은 수많은 흑인 노예들을 아프리카에서 끌고 와 해결하였다. 수출로 벌어들인 돈은 새로운 영토를 개척하는 데 투자되었다.

북아메리카의 주도권을 놓고 영국과 프랑스가 전쟁을 벌였을 때만 하여도 식민지 주민들은 영국 편에 서서 싸웠다.^{1755~1763} 그러나 전쟁이 끝난 뒤, 전쟁 비용을 메우기 위하여 영국 정부가 세금을 더 거두려고 하자 사정은 순식간에 바뀌었다. 식민지 부르주아들은 "대표 없이 과세 없다."라는 논리를 펴며 영국에 저항하고 나섰다.

특히 영국의 동인도 회사가 차를 수입하여 들어오자, 그동안 밀수를 통하여 막대한 이익을 남기고 있던 부르주아들이 격렬히 저항하였다. 급기야 보스턴에서는 동인도 회사의 배에 실린 차를 바다에 던져 버리는 사태가 벌어졌다.^{1773년, 보스턴 차 사건}

그동안 양보를 통하여 문제를 해결하려던 영국도 이번만큼은 강력히 대응하고 나섰다. 더는 물러설 수 없었던 것이다. 결국 분쟁은 전면전으로 치닫고 말았다.

▼ **영국의 세금 징수에 대한 풍자 그림**
영국의 무리한 세금 징수는 많은 아메리카 사람들이 독립을 주장하는 계기가 되었다. 그림은 납세를 거부하고 오히려 영국 세관원을 괴롭히는 보스턴 주민들의 모습이다.

보스턴 차 사건 보스턴의 상인들은 인디언 복장을 하고서 동인도 회사의 배를 습격하여 차를 바다에 던져 버렸다.

| **'독립 전쟁'에서 승리하다** | 부르주아들은 독립을 '상식'이라고 주장하며 여론을 부채질하여 마침내 대영 제국 탈퇴를 선언하였다.

우리 연합된 식민지들은 자유롭고 독립된 주이며, 대영 제국과의 정치적 연결은 전면적으로 해지되었다. ― 〈독립 선언서〉 ―

마침내 전쟁이 시작되었다. 전쟁 초기 상황은 그렇게 좋지 못하였다. 대영 제국의 함대는 그 명성만으로도 위력적이었고, 아메리카의 의용군은 대부분 오합지졸이었다. 그러나 대서양을 건너온 영국군은 본국의 정치가나 자본가와 달리 이 전쟁에서 꼭 이겨야 할 까닭이 없었다. 아메리카 주민, 특히 전쟁을 이끌었던 부르주아지들은 영국으로부터 반드시 벗어나야 한다는 의지를 갖고 있었다. 게다가 영국의 경쟁자였던 프랑스, 에스파냐가 아메리카를 지원하고 나섰다. 우여곡절 끝에 결국 워싱턴이 이끄는 독립군은 영국군을 물리치는 데 성공하였다. 영국은 아메리카를 직접 지배하는 정책을 포기해야만 하였다. 이제 삼권이 분립되고 대통령이 다스리는 최초의 민주 공화국, 미국이 탄생하였다.

토머스 제퍼슨 〈독립 선언서〉를 작성한 것은 제퍼슨이었다. 〈독립 선언서〉는 "모든 인간이 평등하게 창조되었음을 자명한 진리로 받아들인다."라고 선언하여, 프랑스 혁명에 큰 영향을 끼쳤다. 그러나 제퍼슨은 대농장을 소유한 지주였으며, 한편으로 백인의 흑인 지배를 당연하게 생각한 인종 차별주의자이기도 하였다.

미국 독립 전쟁 워싱턴이 이끄는 미국 독립군은 1781년 요크타운 전투에서 영국군을 물리쳐 승리의 계기를 잡았다. 이 전투에서 프랑스 함대는 미국군을 도와 영국 함대를 막아 주었다. 영국에서 독립한 미국은 1787년 13개 주를 연방으로 묶고 삼권 분립을 강조하는 세계 최초의 성문 헌법을 제정하였다.

2 라틴아메리카도 독립을 선언하다

볼리바르

멕시코시티에는 에스파냐 식민지 시절에 아스텍 신전을 무너뜨리고 세운 교회가 있다. 지금은 그 교회 뒤로 현대식 아파트가 들어서 있어, 라틴아메리카의 굴곡 많은 역사를 한눈에 보여 준다. 에스파냐의 침략과 약탈이 집중되었던 이곳에서도 독자적인 국민 국가를 세우려는 노력이 서서히 싹텄다.

- 가 볼 곳: 아이티, 볼리비아 ■ 만날 사람: 볼리바르, 산마르틴
- 주요 사건: 라틴아메리카의 독립

| 크리오요와 메스티소의 성장 | 수은 중독에 시달리며 은 광산에서 힘겹게 일하는 원주민 인디오_{라틴아메리카 원주민}. 열대의 뜨거운 태양 아래서 사탕수수와 씨름하는 플랜테이션 농장의 아프리카 흑인 노예들.

에스파냐와 포르투갈의 침략은 라틴아메리카의 전통을 철저히 파괴하였다. 파괴된 것은 전통만이 아니었다. 학살과 전염병으로 인구가 급격히 줄었다. 유럽인들은

크리오요 라틴아메리카에 정착한 에스파냐인인 크리오요는 점차 본국의 지배에서 벗어나려 하였다.

인디오(원주민) 원주민들은 은 광산이나 플랜테이션 농장에서 노예처럼 일해야만 하였다.

빼앗을 수 있는 모든 것을 빼앗아 갔다. 황금을 약탈하였고, 은광을 파헤쳤으며, 플랜테이션을 통하여 땅에서 나는 모든 것을 가져갔다. 또한 플랜테이션을 운영하기 위하여 아프리카의 흑인 노예를 사들여 왔고, 원주민들을 노예처럼 부려먹었다.

당연히 이런 비인간적인 대우에 맞서 메스티소나 인디오, 흑인들의 저항도 꾸준히 이어졌다. 이미 18세기에는 라틴아메리카 각지에서 이런 반란이 계속되고 있었다. 메스티소와 원주민은 유럽의 침략 이전에 번성하였던 잉카 제국을 다시 세우겠다며 백인들에게 저항하였고, 흑인들은 노예 노동으로부터 탈출하여 자신들의 공동체를 세우려고 하였다.

한편 식민지 지배가 장기화되면서 현지에 정착하거나 현지에서 태어난 에스파냐인도 많아졌다. 이들을 '크리오요'라고 한다. 크리오요들은 메스티소, 인디오, 흑인을 지배하는 특권을 가지고 있었지만, 에스파냐에서 온 관리들의 지배를 받아야 하는 처지였다. 이들은 이런 처지에 불만을 갖고 있었다. 게다가 에스파냐와 대결하고 있던 영국은 이들의 움직임을 은밀하게 지원하고 나섰다.

처형당하는 투팍 아말 잉카의 마지막 황제를 자칭하며 봉기하였던 이 메스티소 사내는 사지가 찢기는 형벌을 받았다. 18세기 라틴아메리카에서는 이런 반란이 끊임없이 일어나고 있었다.

크리오요와 메스티소의 성장

라틴아메리카에서는 인종이 사회적 신분과 거의 일치하였다. 에스파냐인이 최고 지배층이었고, 크리오요가 그다음을 차지하였으며, 메스티소는 중간 계급, 인디오와 흑인은 최하층에 속하였다.

흑인과 물라토 흑인과 백인 사이의 혼혈을 지칭하는 물라토는 '노새'를 뜻하는 모욕적인 말이었다.

메스티소 백인과 인디오 사이의 혼혈인 메스티소들은 크리오요에게 고용되어 최말단 지배층 노릇을 하는 경우가 많았는데, 점차 독자적인 목소리를 내기 시작하였다.

아이티 독립의 아버지 투생 루베르튀르
흑인 노예 출신의 투생 루베르튀르는
게릴라전을 지휘하여 라틴아메리카
최초로 아이티를 독립시키는 데
큰 공을 세웠다.

| **아이티, 흑인 노예들이 독립을 이끌다** | 독립의 기운은 이렇게 라틴아메리카에서도 싹트고 있었다. 그리고 그 결실을 처음 맺은 것은 카리브해의 섬나라 아이티였다. 아이티는 원래 에스파냐 차지였다가 프랑스의 식민지가 된 곳인데, 수많은 흑인 노예들이 사탕수수 재배를 위하여 고역에 시달리고 있었다.

당시 프랑스 혁명의 소식은 대서양 건너 이 외딴 곳에도 전해졌다. 흑인 노예들은 자유와 평등의 혁명 정신이 자신들에게도 적용되기를 기대하였다. 그러나 그것은 한낱 꿈에 지나지 않았고, 남은 길은 스스로 무기를 들고 싸우는 것뿐이었다. 백인들의 지배에서 벗어나기 위한 전쟁이 시작되었다.

카리브해 지역에 독립의 기운이 번지는 것을 막기 위하여 영국과 에스파냐가 먼저 진압군을 출동시켰다. 그러나 아이티의 흑인들은 게릴라전을 펼치며 저항하였다. 나폴레옹이 집권한 후에는 프랑스 군이 공격해 와 무차별적으로 흑인들을 학살하였다.

"12세 미만의 아이들을 제외하고 산 속의 흑인은 남녀를 가리지 말고 모두 말살해야 하며, 평지의 흑인도 그 절반은 죽여야 합니다."

그러나 아이티인들은 이에 굴하지 않고 끝내 프랑스군을 물리쳤다. 아이티는 라틴아메리카 최초의 독립 국가가 되었다. ^{1804년}

| **라틴아메리카 독립의 아버지, 볼리바르** | 나폴레옹이 에스파냐를 침략하여 왕실을 무너뜨리고 자신의 형을 새로운 왕으로 삼자, 라틴아메리카는 크게 동요하였다. 나폴레옹이 임명한 새로운 왕에게 굴복할 것인가, 아니면 예전의 에스파냐 왕실에 충성을 바칠 것인가, 그도 아니면 이 기회에 독립을 이룰 것인가?

크리오요들은 이제 무능한 에스파냐의 시배로부터 벗어날 때가 되었다고 생각하였다. 그 맨 앞에 볼리바르가 있었다.

우리는 인디오도 아니요, 유럽인도 아닌 중간 존재였다. 출생은 아메리카인이면서, 권리는 유럽의 것이었다. 이제 우리는 아메리카인으로서 권리를 가져야 하고, 침략자들에 대항하여 아메리카에서 살아야 한다.

— 볼리바르, 〈자메이카에서 보낸 편지〉 —

부유한 크리오요였던 볼리바르는 의용군을 조직하여 라틴아메리카 독립 전쟁에 나섰다. 그는 에스파냐와 전쟁을 치르면서, 몇 차례 패배와 망명의 쓴맛을 보아야 하였다. 그러나 볼리바르는 좌절하지 않고 안데스산맥 꼭대기의 얼음 계곡과 독거미가 우글거리는 적도의 밀림을 헤치면서 끝까지 에스파냐군과 싸웠다. 마침내 볼리바르는 카라카스_{베네수엘라}, 보고타_{콜롬비아}, 키토_{에콰도르}를 잇따라 해방시켜 '해방자'라는 별명을 얻게 되었다.

라틴아메리카를 미국과 같은 하나의 공화국으로 만들려는 생각을 가지고 있었던 볼리바르는 페루와 볼리비아의 독립에도 계속 힘을 쏟았다. 한편 라틴아메리카 남부에서도 비슷한 시기에 산마르틴이 독립 전쟁을 주도하며 에스파냐군을 물리치는 데 성공하여 라플라타_{아르헨티나}, 산티아고_{칠레}를 비롯한 여러 지역이 독립하였다.

라틴아메리카의 해방자 볼리바르 라틴아메리카를 하나로 묶으려던 볼리바르의 이상은 실패하였지만, 그의 명성은 지금도 라틴아메리카 곳곳에 살아 있다. '볼리비아'라는 나라의 이름에서도 그 흔적을 찾아볼 수 있다.

라틴아메리카 국가들의 독립
라틴아메리카에서는 19세기 초부터 크리오요를 중심으로 한 독립운동이 펼쳐져 유럽의 식민 지배로부터 벗어났다. 볼리바르와 산마르틴은 에스파냐와 전쟁을 이끌며 라틴아메리카 여러 지역을 독립시켰다.

쿠바 1898
아이티 1804
온두라스 1821
과테말라 1821
니카라과 1821
엘살바도르 1821
파나마 1903
코스타리카 1821
에콰도르 1822
영국령 기아나
베네수엘라 1811
네덜란드령 기아나
콜롬비아 1819
프랑스령 기아나
페루 1821
브라질 1822
볼리비아 1825
파라과이 1811
칠레 1818
아르헨티나 1816
우루과이 1828

안데스산맥을 넘는 산마르틴 라틴아메리카 독립의 또 다른 영웅 산마르틴은 라플라타를 독립시킨 여세를 몰아 에스파냐군이 전혀 예상하지 못하였던 험준한 안데스산맥을 넘어 산티아고로 향하였다. 결국 허를 찔린 에스파냐군은 크게 패하여 도망가기 바빴고, 칠레는 독립하였다. 곧이어 산마르틴의 군대는 페루까지 진격하였다.

브라질 민중의 환영을 받는 페드로 1세 브라질에서는 포르투갈 왕실이 피난 와 있는 동안 영국 자본이 대거 들어와 개발이 이루어졌다. '쇠약해진 어머니 대신 돈 많은 계모'를 얻은 셈이었다. 그러나 당시 영국은 브라질에서 막대한 금을 가져와 나폴레옹의 봉쇄에 맞서고, 산업 혁명을 성공시킬 수 있었다.

모렐로스 모렐로스 신부는 교회와 에스파냐 관리, 군인, 지주들에 맞서 게릴라 투쟁을 벌였다. 그러나 보수적인 크리오요들은 신분제 폐지와 공화제 실시를 주장한 모렐로스를 지지하지 않았다.

멕시코의 벽화 운동 착취와 억압 속에서도 끝내 굴복하지 않았던 멕시코 인디오와 흑인들의 역사는 20세기 들어 벽화 운동을 통하여 예술로 승화되었다.

| 브라질과 멕시코의 독립 | 에스파냐와 함께 라틴아메리카를 양분하고 있던 포르투갈도 1807년 나폴레옹의 침략으로 위기에 빠졌다. 포르투갈을 경제적으로 지배하고 있던 영국은 왕실에게 브라질로 피난 갈 것을 권하였다. 포르투갈 왕실과 귀족 등 1만여 명은 영국의 호위를 받으며 브라질로 옮겨 왔다. 이제 브라질은 영국의 간접적인 지배를 받게 되었다. 나폴레옹 몰락 후 포르투갈로 다시 돌아간 왕실이 브라질을 예전처럼 지배하려 하자, 브라질 사람들은 이에 크게 반발하였다. 결국 브라질에 남아 있던 포르투갈 황태자는 독립을 선언하였다.

한편 멕시코에서도 독립을 주장하는 크리오요들이 점차 목소리를 높이고 있었다. 멕시코는 에스파냐 식민지 중 가장 많은 인구가 살고 있고 경제력이 집중된 중심지였기 때문에 에스파냐의 감시와 통제도 가장 심한 곳이었다. 1810년 이달고 신부가 이끄는 수만 명의 군중들이 에스파냐에 대항하여 시위를 벌이다 무참히 진압된 후에도, 모렐로스 신부가 게릴라 부대를 이끌고 독립 투쟁을 계속 이어 나갔다. 1821년 우여곡절 끝에 에스파냐로부터 독립한 멕시코는 곧 혁명을 거쳐 공화국으로 거듭났다.

이제 라틴아메리카는 크리오요들이 지배하는 새로운 나라로 다시 태어나게 되었다.

시대의 벽을 뛰어넘는 고통

독서 중인 크루스 수녀 크루스 수녀는 수많은 책을 통하여 세상을 깊고 넓게 바라볼 수 있었다.

"아무런 이유 없이 여자를 괴롭히는 고집스러운 남성들이여, 죄를 묻는 당신들이 똑같은 잘못을 범하는 것은 보지 못하는가. 무작정 경멸하고 그녀들로 하여금 죄를 짓게 만들면서 그녀들이 잘하길 바라는가."

유럽이 한창 아메리카 대륙을 노략질하던 1651년, 에스파냐 식민지 멕시코에서 한 여자 아이가 태어났다. 그녀의 이름은 '후아나 이네스 데 라 크루스'.

어려서부터 공부를 좋아하고 10대에 벌써 천재로 소문났던 그녀는, 결혼보다는 학문을 연구하고 싶다는 소망으로 수도원에 들어갔다. 당시 여성들이 공부할 수 있는 곳은 수도원밖에 없었기 때문이다. 크루스 수녀는 수도원에 소장된 4,000여 권의 책을 읽고서 주옥 같은 시와 희곡, 수필을 발표하였다.

그러나 여성의 지적 활동에 완강히 반대하는 대주교를 만나면서 그녀의 저작 활동은 점차 어려워졌고, 그녀는 결국 억울하게 이단으로 몰려 글을 쓸 수 없게 되었다. 그녀는 종교 재판소에서 '나는 모든 여자 중에 가장 형편없는 여자'라고 진술한 후에야 풀려날 수 있었다. 소중히 모아 온 책과 작품을 쓸 펜과 잉크를 빼앗긴 채 그녀는 침묵과 고통의 세월을 보내야만 하였다.

여성을 인간으로 인정하지 않았던 당시의 인습에 맞서 빛나는 작품을 남긴 그녀는 "여성 역시 교육받을 권리가 있으며 남성과 마찬가지로 여성에게도 이성의 정신이 깃들어 있다. 여성을 소외시키는 것은 인간이 만든 인위적인 구분이다."라고 주장하여 라틴아메리카 최초의 여성 운동가로 평가받고 있다.

3 미국, 또 하나의 거인이 되다

링컨

"이제 곧 우리 조상들의 무덤 위로 백인들의 넓은 도로가 날 것이며, 조상들이 안식을 취하던 자리는 영원히 사라져 버릴 것입니다. 우리 모두 한 몸, 한마음이 되어 한 사람의 전사가 남을 때까지 우리 부족, 우리 집, 우리의 자유, 우리 조상들의 무덤을 지킵시다."

— 쇼니족 추장 테쿰세 —

■ 가 볼 곳: 캘리포니아, 게티즈버그 ■ 만날 사람: 테쿰세, 에이브러햄 링컨
■ 주요 사건: 서부 개척, 남북 전쟁

| **프론티어, 또는 학살** | 이민자들은 미국으로 계속 쏟아져 들어왔다. 이들은 농토를 찾아 총 한 자루, 도끼 한 자루, 옥수수 한 웅큼을 들고 서쪽으로, 서쪽으로 몰려갔다. 동부 해안에서 이미 백인들에게 밀려났던 인디언들은 또다시 '눈물의 길'을 따라 쫓겨나야만 하였다. 체로키 인디언 1만 4,000명 중 강제 이주 후 살아남은 자는 겨우 1,200명에 불과하였다. 무기를 들고 결연히 백인에 저항하였던 인디언들은 무

'눈물의 길'을 따라 쫓겨나는 인디언들 "인디언들의 시체가 갈가리 찢기어져 곳곳에 널려 있는 것을 보았는데, 그렇게 끔찍한 광경은 처음 봅니다. 머리 가죽이 벗겨지고 골이 부서졌습니다. 두세 살 난 아이들도 있었지요." "대체 누가 시체의 손발을 잘라 내는 그런 짓을 저질렀단 말입니까?" "미합중국 군대의 병사들입니다." 〈사이엔족 학살 조사 기록〉(1865) —

참히 학살당하였다. 이런 과정을 거쳐 1840년쯤 동부 지방은 모두 백인들의 차지가 되었다.

미국은 이에 그치지 않고 나폴레옹에게서 루이지애나를, 그리고 에스파냐로부터 플로리다를 사들였다. 또 얼마 후 멕시코로부터 텍사스와 캘리포니아, 뉴멕시코를 강탈하는 데도 성공하였다. 나중에 노른자위 땅으로 밝혀진 알래스카를 '세계에서 가장 비싼 냉장고'를 샀다는 비아냥을 들으면서 러시아로부터 사들인 것도 이때였다. 이제 미국의 영토는 엄청나게 늘어났다. 중부 대평원이 쓸모없는 사막이 아니라 대규모 목축에 적합한 곳임이 알려지자, 이곳에서 살고 있던 인디언과 들소 등은 또 한 번 떼죽음을 당해야만 하였다.

1848년에는 캘리포니아에서 금이 발견되었다는 소문이 퍼져 나갔다. 이 소문은 사람들을 일확천금의 열풍으로 몰아넣었다. "일확천금이냐, 파산이냐"라고 써 붙인 마차들이 줄지어 대평원을 지나 로키산맥을 넘었다. 이들을 따라 새로운 길이 났고, 도시가 생겼다. 이제 비어 있는 땅은 남지 않게 되었다. 땅과 황금에 대한 욕망이 미국이라는 거대한 나라를 탄생시켰다.

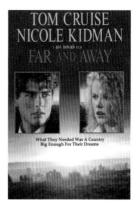

'아메리칸 드림' 〈파 앤드 어웨이〉라는 영화에는 아일랜드에서 이민 온 가난한 청년이 말을 달려 깃발을 꽂고는 땅을 차지하는 장면이 나온다. 먼저 차지하는 사람이 임자라니! 그러나 그것은 역사적 사실이었다. 미국에서는 1862년 농장법을 만들어 서부에 정착하여 5년간 농사를 짓는 사람들에게 각각 160에이커의 땅을 무상으로 나누어 주었다.

'서부 개척'과 영토 확장 19세기 들어 미국은 서부로 영토를 크게 넓혀 나갔다. 국제 정세를 이용하여 프랑스로부터 루이지애나를 헐값에 사들인 경우도 있었지만, 멕시코로 처들어가 캘리포니아와 텍사스를 차지하고 인디언을 학살하며 평원 지대를 빼앗는 등 침략과 약탈도 서슴지 않았다.

영국령 캐나다

(1818)

(1842)

오리건 (1846)

루이지애나 (1803)

독립 당시의 미국 (1783)

캘리포니아 (1848)

인디언 강제 이주지 (1830)

텍사스 (1845)

가즈던 (1853)

→ 쫓겨 가는 인디언의 길

◀ 사금을 채취하는 사람

▲ 서부로 떠나는 개척자들

| **공업의 북부, 농업의 남부** | 늘어나는 영토만큼이나 미국의 경제도 비약적으로 발전하였다. 특히 동북부 지역에서 산업이 크게 발전하였다. 그러나 동남부 지방은 전통적인 면화 농업에 매달려 있었다. 그래서 '공업의 북부'와 '농업의 남부'의 이해관계는 매우 달랐다.

🎩 북부 대표: 우리나라의 산업을 보호하기 위하여 영국 제품의 수입을 규제하여야 합니다.

🎩 남부 대표: 반대요. 그랬다가 영국이 보복에 나서 우리 면화를 안 사겠다고 하면 어쩔 거요? 게다가 값싸고 질 좋은 영국산 제품을 놔두고 북부에서 만든 조잡한 물건을 사서 쓰란 말이오?

🎩 북부 대표: 아니, 당신들은 애국심도 없소? 불쌍한 흑인 노예들을 동원하여 면화 농사를 짓는 주제에…….

🎩 남부 대표: 뭐라고요? 우리 노예들은 최소한 일자리와 먹을 것 걱정은 평생 안 하오. 그렇지만 북부의 노동자와 실업자들은 어떻소? 그들이 흑인 노예보다 더 비참하다는 건 세상이 다 아는 일이오.

| **남북 전쟁, 연방의 유지와 그 대가** | 남북의 대립은 타협이 불가능할 지경에까지 이르렀다. 남북이 대립하고 있는 가운데, 북부를 대표하는 공화당의 링컨이 대통령에 당선되자, 남부 연합은 연방 탈퇴를 선언하였다. 이제 사태는 연방을 유지하느냐 마느냐의 문제로 바뀌었다. 링컨은 남부의 연방 탈퇴에 맞서 연방 수호를 다짐하였다. 남북 전쟁이 시작된 것이다. 1861~1865

4년간 군인만 60여 만 명이 전사하고 민간인 사상자도 수백만 명에 이르는 치열한 접전이 벌어졌다. 전쟁 초반에는 남부군이 우세하였으나 차츰 북부군이 주도권을 잡기 시작하였다. 남북 전쟁 중에 선포된 노예 해방 선언은 전세를 뒤집는 계기가 되었다. 그러나 무엇보다 북부가 승자가 될 수 있었던 것은 남부를 경제적으로 압도하고 있었기 때문이다.

에이브러햄 링컨 링컨은 남북 전쟁 중에 전사한 군인들을 추모하면서 '인민의, 인민에 의한, 인민을 위한 정부'를 주장하였다. 그는 노예제는 폐지되어야 한다고 믿었지만, 연방을 유지하기 위하여 이 문제를 덮어 둘 수도 있다고 생각하였다. 그에게 더 중요한 것은 노예 해방보다는 연방의 유지였다.

▲ **남북 전쟁 직전의 노예 주 분포 현황** 새롭게
생겨나는 주에서 노예제를 허용할 것인가 말 것인가를
두고 남과 북은 날카롭게 대립하고 있었다.

━━ 노예 인정 주
▨ 자유 주
▨ 중립 주
▨ 면화 재배지

⊙ 노예제와 남북 전쟁

《톰 아저씨의 오두막》같은 책은 인도주의적 관점에서 노예제의 참
상을 고발하여 미국 내에서 노예제 폐지 운동을 불러일으켰다. 그러
나 노예제는 단순히 도덕적인 문제가 아니라 남북의 경제적 이해관
계가 걸려 있는 대단히 정치적이고 사회적인 문제였다.

▲ **해리엇 터브먼** 노예제에 반대하는 사람들은 흑인 노예들을 자유주로
탈출시키는 일도 하였다. 이런 조직을 '지하 철도'라고 하는데, 터브먼(맨
왼쪽)은 300여 명의 노예를 구하여 '모세'로 불렸다.

게티즈버그 전투 남북 전쟁의 분수령은 게티즈버그 전투였지만,
승부는 이미 남북의 경제력 격차에 의하여 결정되어 있었다.
게다가 노예 해방 선언 이후 많은 흑인들이 북부군에 들어오면서
전세는 이제 되돌릴 수 없게 되었다.

남북 전쟁에서 사용된 카빈 총

KKK단 남부의 인종 차별주의자들은 KKK단을 조직하여 흑인들의 참정권을 방해하고, 백인들의 지배를 계속 유지하기 위하여 테러를 일삼았다. '큐 클럭스 클랜('집단'이라는 뜻)의 약자인 KKK단은 정치가나 경찰과도 결탁하여 1960년대까지 활동하였고, 지금도 그 명맥이 이어지고 있다.

마침내 노예제는 폐지되었다. 400만 명에 이르는 흑인들이 자유의 몸이 되었다. 그러나 그것으로 모든 문제가 해결된 것은 아니었다. 흑인에 대한 차별은 여전하였고, 먹고살 길도 막막하였다. 남부에서는 KKK단 같은 백인 우월주의 단체가 기승을 부렸고, 테러와 폭력이 난무하였다. 흑인에게도 선거권이 주어졌지만, 투표장에 가려면 목숨을 걸어야만 하였다. 사회적인 차별도 여전하였다. 흑인들은 이제 이민자들과 함께 가장 싼 값에 부려 먹을 수 있는 '자유로운' 노동력이 되었다.

남부는 북부의 내부 식민지와 같은 처지로 떨어졌다. 남북을 가리지 않고 미국 전역을 자본가가 지배하게 된 것이다. 남부는 울분을 터뜨렸다. 그러나 '서부 개척'과 급속도로 성장하는 공업이 가져다 준 경제적 성과는 그런 불만을 누그러뜨려 주었다.

│ '아메리칸 드림', 강한 자가 살아남는다 │ 남북 전쟁은 엄청난 피해를 가져왔지만, 동시에 산업 발달을 촉진시켰다. 예를 들어 전쟁 물자와 군인을 수송하기 위하여 대규모 철도 공사가 이루어졌으며, 공업의 발달을 가로막던 규제나 관습이 사라졌다.

J.P. 모건 철도 건설에 필요한 자본을 댄 것은 모건 가문이었다. 이들은 철도 건설 사업을 통하여 어마어마한 돈을 모아 나중에는 연방 정부가 모건 가에 대부를 요청할 정도였다. 모건 가문은 우리 귀에도 익은 국제적인 금융 회사 'J.P. 모건'과 '모건 스탠리'의 뿌리가 되었다.

> 못 하나에 세 번의 망치질, 레일 하나에는 20개의 못, 1마일을 가는 데 레일이 400개, 샌프란시스코까지는 총 1,800마일. 공사가 끝날 때까지 망치를 모두 4,320만 번 휘둘러야 한다. 새로운 미국을 건설할 4,320만 번의 망치 소리!

전쟁이 북부의 승리로 끝나자 산업 발전은 더욱 빨라졌다. 1869년에는 마침내

ALL FREIGHT
MUST
PASS HERE AND
PAY ANY TOLLS
WE DEMAND.

대륙을 횡단하는 철로가 놓였고, 농사일에 기계를 사용하는 것도 보편화되었다.

광대한 영토와 엄청난 자원이 뒷받침되자, 공업은 눈부시게 발전하였다. 1894년, 미국은 드디어 유럽을 제치고 세계 최대의 공업국이 되었다. 쏟아지는 이민자들과 해방된 흑인들이 값싼 노동력을 제공하였고, 규격화된 기계와 표준화된 작업 공정이 대량 생산을 가능하게 하였다. 주식회사 제도는 더욱 많은 투자를 부추겼다.

이에 따라 자수성가한 백만장자들이 생겨났다. 그러나 이런 성공은 무자비한 경쟁의 결과였다. '스탠더드 오일' 회사를 통하여 미국 정유 산업을 지배하였던 록펠러는 수단과 방법을 가리지 않고 경쟁 회사를 무너뜨렸다. 카네기의 '유나이티드 아메리카 스틸' 회사도 마찬가지였다. 그는 철 생산에 필요한 모든 것을 직접 사들였다. 철광, 탄광, 코크스 공장, 석회석 공장, 심지어 철도와 증기선까지 사들여 덤핑 공세를 폈기 때문에, 경쟁 업체는 무너질 수밖에 없었다. 정부는 독점을 제한하는 법을 만들었지만 별 소용이 없었다.

거대 자본가들은 막강한 경제력을 이용하여 정치에도 깊은 영향력을 행사하였다.

독점 자본가들의 등장 대규모 철도 건설을 기회로 막대한 이익을 불법적으로 챙기는 '날강도 귀족'들이 등장하였다. 이들은 사기와 협박, 공무원 매수, 독점 등 갖은 수단을 동원하여 어마어마한 폭리를 취하였다. 사진은 대표적인 '날강도 귀족'인 밴더빌트가 정치가들마저도 자신의 발로 부리며 철도 왕국을 지배하고 있는 모습이다.

카네기의 철강 공장 록펠러나 카네기가 크게 성공할 수 있었던 것은 덤핑 판매 등을 통하여 경쟁 기업을 철저히 무너뜨리는 독점 전략을 썼기 때문이다. 실제로 인류 역사상 최대 부자라는 록펠러의 스탠더드 오일 회사는 한때 미국 정유소의 95퍼센트 이상을 차지하였다. 사진은 1905년 무렵 펜실베이니아 주 홈스테드에 있던 카네기 소유의 철강 공장이다.

공존을 꿈꾼 인디언들

"형제여! 한때 우리의 자리는 컸고, 당신들의 자리는 작았습니다. 당신들은 이제 큰 민족이 되었고 우리는 이제 겨우 담요를 펼 자리만 갖게 되었습니다. 그러나 당신들은 만족하지 않습니다. 당신들은 당신네 종교를 우리에게 강요하려고 합니다. 형제여! 우리는 당신네 종교를 파괴하고 싶지도 않고, 그 종교를 당신들에게서 빼앗고 싶은 생각도 없습니다. 우리는 다만 우리 자신의 것을 누리고 싶을 뿐입니다."

세네카족의 추장 '붉은 윗도리'는 크리스트교를 강요하는 백인 앞에서 이렇게 말하였다. 공존의 지혜를 백인들에게 요구하였던 것이다. 그러나 총을 앞세운 백인들은 끝내 이런 요구를 거절하고 잔인한 침략으로 인디언의 삶을 부정하였다. 인디언들은 결국 뿌리가 뽑히고 전통을 잃은 채 명맥만 유지하게 되었지만, 자연과 함께하고 차이를 인정하려는 그들의 지혜는 오늘날까지도 많은 가르침과 감동을 준다.

물론 인디언들이라고 해서 모두 자연 친화적이고 평화 공존을 꿈꾸었던 것은 아니다. 부족 간 갈등 때문에 백인들을 끌어들이는 경우도 있었고, 백인들의 앞잡이 노릇을 하며 동족을 학살하기도 하였다. 그러나 인디언들은 분명 탐욕에 찌든 백인들에 비하여 인간과 자연의 소중함을 더 잘 알고 있었던 것 같다.

"형제여!
우리는 당신네 종교를
파괴하고 싶지도 않고,
그 종교를 당신들에게서
빼앗고 싶은 생각도 없습니다.
우리는 다만
우리 자신의 것을
누리고 싶을 뿐입니다. **"**

"워싱턴에 있는 대통령이 우리 땅을 사고 싶다는 말을 전해왔다. 하지만 어떻게 땅과 하늘을 사고팔 수 있나? 이 생각은 우리에게 생소하다. 신선한 공기와 물방울은 우리 것이 아닌데 어떻게 그것을 사가겠다는 건가? (중략) 우리는 안다. 땅은 사람의 것이 아니라는 것을, 사람이 땅에 속한다는 것을. 모든 사물은 우리 몸을 연결하는 피처럼 서로 연결되어 있다. 생명의 직물은 사람이 짜는 것이 아니다. 사람은 단지 한 가닥의 실일 뿐이다. 사람이 이 직물에 무슨 짓을 하든, 그것은 자기 자신에게 하는 것과 같다. (중략) 우리는 안다, 우리의 신은 당신들의 신이기도 하다는 것을. (중략) 우리는 안다, 신은 하나라는 것을. 빨간 사람이든 흰 사람이든 사람은 나뉠 수 없다. 우리는 결국 모두 형제들이다."

이 '시애틀 추장의 편지'는 많은 이들을 감동케 하였다. 200여 년이 지났어도 현대 문명에 대한 성찰을 요구하는 그 울림과 감동은 여전하다.

4 미국의 팽창과 라틴아메리카의 시련

판초 비야

"머지않아 미국의 영토는 크게 확대되어 성조기가 북극, 파나마 운하, 남극에서 각각 휘날릴 것이다. 우리가 인종적으로 우월하기 때문에 서반구 전 지역은 도의적으로 이미 우리 것이고, 실제로도 그렇게 될 것이다." 미국 대통령 윌리엄 태프트의 이 말은 미국의 침략·팽창 정책을 그대로 보여 준다.

■ 가 볼 곳: 파나마 운하, 멕시코시티 ■ 만날 사람: 시어도어 루스벨트, 판초 비야
■ 주요 사건: 미국의 태평양·라틴아메리카 침략, 멕시코 혁명

| **미국, 라틴아메리카를 앞마당으로** | 1823년 미국의 제임스 먼로 대통령이 "아메리카 문제에 유럽은 더 이상 간섭하지 말라."라고 선언하였을 때부터, 미국은 남북 아메리카 전체를 지배하겠다는 야욕을 이미 품고 있었다. 아메리카를 '개척'하라는 '명백한 운명'을 부여받았다고 생각한 미국인들은 제국주의의 길로 서슴없이 나아갔다.

미국의 팽창 방향은 태평양과 라틴아메리카를 향하고 있었다. 1854년 페리가 이끄는 미국 함대가 일본을 개항시켰다. 미국은 이어서 조선을 침략하여 신미양요를 일으키기도 하였다. 또 하와이의 독립 움직임을 제압하여 결국 하와이를 자신의 영토로 삼았으며, 서사모아를 점령하여 그곳에 해군 기지를 건설하였다.

미국은 라틴아메리카에 마지막으로 남은 에스파냐 식민지인 쿠바에도 눈독을 들였다. 이미 경제적으로 미국에 종속되어 있던 쿠바는 미국의 지원을 받으며 독립 투쟁을 벌이고 있었다. 때마침 쿠바에 있던 미국 군함 메인호가 폭파되어 미군 260명이 사망하는 사건이 터졌다. 이 사건에 에스파냐

라틴아메리카의 수호자 '엉클 샘' 먼로 선언은 유럽은 더 이상 아메리카에 개입하지 말라는 경고였다. 총을 든 엉클 샘 미국이 남북 아메리카 모두를 지배하겠다는 뜻을 나타낸 것이다.

지도 레이블:
(1867, 러시아에게 매입)
알래스카

(1871, 신미양요)
(1899, 문호개방 정책) **조선**
청 (1854, 개항)
일본
(1898, 합병)
(1898, 에스파냐에서 할양)
하와이
필리핀
(1898, 에스파냐에서 할양)
괌

미국·에스파냐 전쟁 카리브해의
요충지 쿠바를 차지하려는 미국의
전략에 따라 미국·에스파냐 전쟁이
벌어졌다. 압도적인 군사력과 물량
공세를 편 미국은 이 전쟁에서
손쉽게 승리하였다.

쿠바 (1898, 미국·에스파냐 전쟁)

파나마 운하건설(1907~1914)

태평양으로 팽창하는 미국
하와이, 서사모아에 이어 괌과 필리핀을 차지함으로써 미국의 태평양 지배는 더욱 굳어졌다.
미국은 일본과 가쓰라·태프트 밀약을 맺어 자신들의 필리핀 소유권을 인정받는 대신, 1905년
러일 전쟁에서 승리한 일본이 조선을 차지하는 것을 인정해 주었다.

파나마 운하 미국은 에스파냐와의 전쟁을
통하여 태평양과 대서양을 가로지르는 운하의
중요성을 다시 한번 깨달았다. 그리고
콜롬비아의 반정부 인사들을 부추겨 파나마를
독립시켰다. 이후 파나마 운하가
건설되었으며(1907~1914),
이 운하는 미국의 관리 아래 놓이게 되었다.
1999년 운하 관리권이 파나마로 돌아왔고,
2016년 확장 공사가 마무리되었다.

가 연관되었는지는 밝혀지지 않았지만, 미국 내에서는 "메인호를 기억하자."라며 전쟁을 주장하는 구호가 요란해졌다. 미국은 에스파냐에 전쟁을 선포하였다.1898년 그리고 그야말로 '소풍 같은 전쟁'을 치르며 승리를 거두었다. 그 대가로 미국은 쿠바를 자신의 보호국으로 삼았으며, 에스파냐 소유였던 필리핀과 괌도 차지하게 되었다.

| **라틴아메리카, 계속되는 시련** | 라틴아메리카의 시련은 계속되었다. 정치적으로는 독립하였으나 경제적으로는 여전히 영국과 미국에 종속되어 있었고, 사회 갈등도 계속되었다. 독립을 주도한 크리오요들은 자신들의 우월한 지위, 즉 메스티소와 인디오, 흑인을 지배할 수 있는 권한을 포기하지 않으려고 하였다. 백인의 이민이 늘어나면서 백인 아닌 사람들의 불만은 더욱 커져 갔다.

대농장을 소유한 지방의 유력자카우디요들은 이 소외된 계층을 사적으로 지배하면서 세력을 모으고, 군사력을 갖춰 정치에 개입하였다. 이 때문에 라틴아메리카 각국의 정치는 대단히 불안하였고, 정변이 수시로 일어났다.

19세기 중반 이후 유럽과 미국에서 과학 기술이 발전하고 산업이

파란만장한 멕시코의 근현대사

에스파냐로부터 독립하였으나 미국의 침략과 간섭에 시달렸고, 카우디요의 독재에 신음하였던 멕시코는 라틴아메리카 여러 나라의 운명을 집약적으로 보여 준다. 결국 멕시코 농민들은 자신의 가족과 땅을 지키기 위하여 무기를 들고 혁명에 나섰다.

▶ **처형당하는 막시밀리안** 왕정 복귀를 시도한 막시밀리안은 후아레스와의 대결에서 져 결국 총살당하였다.

◀ **안토니오 산타안나** 왕정을 무너뜨리고 공화국을 세운 영웅이었으나, 미국에 텍사스를 빼앗기는 무능한 모습을 보였다.

▶ **베니토 후아레스** 원주민 출신의 후아레스는 수구 세력의 반발에 맞서며 개혁을 추진하였다.

▶ **포르피리오 디아스** 후아레스가 죽은 다음 25년간 멕시코를 통치했다. 그는 외세의존적 정책을 펴며, 노동자와 농민들을 억압하였다.

급속도로 발전하자, 여기에 힘입어 라틴아메리카 경제도 한때 호황을 누렸다. 이전부터 수출되고 있던 설탕, 커피, 카카오 외에도 새롭게 밀, 쇠고기, 양모, 구리, 석유 등이 유럽이나 미국으로 수출되었다.

그러나 이런 단일 작물 수출 체제는 가격 변동에 민감하고 수입국의 수요에 철저히 종속된다는 문제를 안고 있었다. 예를 들어 커피 가격이 폭락하면 브라질 경제가 마비되는 식이었다. 게다가 수출 작물을 생산하기 위하여 대농장이 만들어지면서, 농민들이 몰락하고 빈부 격차가 엄청나게 커지게 되었다.

무능한 카우디요의 지배와 짧은 개혁, 외세의 개입, 장기간의 독재가 연이어졌던 멕시코의 사정은 이 시기 라틴아메리카의 현실을 잘 보여 준다. 그러나 사파타, 판초 비야 등은 광범위한 농민 봉기를 통하여 혁명을 성공시키기도 하였다.

◀ **멕시코 혁명의 두 주역 에밀리아노 사파타(왼쪽)와 판초 비야(오른쪽)**
수출 지상주의 정책에 희생당하던 농민들은 디아스의 장기 독재에 맞서 봉기를 일으켰고, 1911년에는 마침내 디아스를 몰아냈다. 이후 멕시코는 우여곡절 끝에 1917년에 헌법을 통하여 대토지 소유가 무너지고, 노동자 · 농민의 권리가 강화되었다. 그러나 외채 문제 등 종속적인 경제 구조는 해결하지 못하였다.

| **신은 너무 멀고, 미국은 너무 가깝고** | 라틴아메리카가 정치·경제적 혼란을 겪는 동안 미국은 영국을 대신하여 라틴아메리카를 지배하게 되었다. 이 '북쪽의 거인'은 라틴아메리카 여러 나라에 노골적으로, 또는 은밀하게 개입하면서 '헌병' 역할을 자임하였다.

특히 '유나이티드 프루트'나 '스탠더드 오일' 같은 다국적 회사, 'J. P. 모건'이나 '브라운 브러더스' 같은 월가의 큰 은행들은 라틴아메리카를 실질적으로 지배하고 착취하면서 엄청난 이익을 남겼다. 이들은 자신의 입맛에 맞지 않는 정부를 수시로 무너뜨리고 자신의 하수인을 민중의 의사와 관계없이 권력의 자리에 앉혔다.

나는 해병대의 병사로서 33년 4개월을 복무하였다. 그리고 그 대부분의 기간 동안 대기업이나 월가의 은행가를 위한 일급 살인 청부업자 역할을 하였다. (중략) 1903년에는 미국의 과일 회사를 위하여 온두라스를 진압하는 데 손을 빌려주었다. 1909~1912년에는 국제적인 은행 브라운 브러더스를 위하여 니카라과를 평정하는 임무를 맡았다. 1914년에는 멕시코가 미국 석유 회사에 순종하도록 애를 썼다. (중략) 더 나아가 1916년에는 미국의 설탕 회사를 대신하여 도미니카 공화국을 습격하였다.

— 미국 해병 원정대 지휘관이었던 스메들리 버틀러 장군 —

라틴아메리카인들은 이런 미국의 횡포에 맞서 '반미 투쟁'을 벌여 나갔다. 이런 반미 분위기는 나중에 제1차 세계 대전이 터졌을 때 상당수 나라들이 협상국 편에 서기를 거부하는 결과를 가져오기도 하였다.

플랜테이션 농장 지금도 플랜테이션 농업은 라틴아메리카 경제의 중요한 부분을 차지하고 있다. 단일 작물 재배 체제는 열대 밀림과 토지를 황폐화시키는 원인이기도 하다. 바나나를 예로 들자면, 유나이티드 프루트 같은 다국적 기업은 라틴아메리카에서 바나나를 거의 독점적으로 공급받아 세계에 수출하므로, 바나나 가격은 이 회사가 매겼고, 라틴아메리카 각국의 정치에도 깊숙이 개입하였다. '바나나 공화국'이라는 말은 이런 현실을 풍자한 것이다. 최종 소비자 가격 중, 생산자인 라틴아메리카의 농민에게 돌아가는 몫은 5퍼센트에 불과하다고 한다.

트러스트의 시작 독점(트러스트)을 통하여 막대한 부를 쌓은 미국의 거대 자본가들은 세계 각지에 회사를 세우고 '다국적 기업'으로 성장하였다. 이 다국적 기업들은 자신의 이익을 위하여 미국 정부를 움직여 라틴아메리카뿐만 아니라 아시아, 아프리카 여러 나라의 정치에 노골적으로 개입하였다. 그림의 주인공인 록펠러는 1880년 선거에서 공화당 후보가 대통령으로 당선되는 데 결정적 역할을 하였다.

허크 핀, 양심의 소리를 따르다

'하지만 어찌 된 일인지 짐에게 야속했던 기억은 하나도 떠오르지 않고, 그 반대의 경우만 머릿속에 떠오르는 거야. 자고 있는 나를 방해하는 게 미안해서, 당번을 끝내고서도 내 몫까지 대신해 주던 짐이 눈앞에 보이는 거야. (중략) 그러다가 마지막에 나는, 뗏목에는 마마에 걸린 사람이 있다고 속여서 짐을 살렸을 때의 일을 생각했어. 그때 짐은 정말 마음으로부터 고마워했어. 자기에게는 내가 누구보다 제일 좋은 친구라고 말했지.'

나는 잠시 생각하고는 혼자 마음속으로 말하였다.

"좋아, 그렇다면 난 지옥으로 가겠어."

— 마크 트웨인, 《허클베리 핀의 모험》 —

《허클베리 핀의 모험》은 도망친 어린 흑인 노예 '짐'과 자유분방하고 모험심 많은 친구 '허크 핀'을 주인공으로 한 소설이다. 허크 핀은 짐과 함께 모험을 하는 동안 당시 사람들이 가진 생각과는 달리, 인간은 모두 평등하고 존중받아야 한다는 사실을 깨닫게 된다. 그렇기 때문에 갈등을 겪으면서도 짐의 도망을 도와주어야 한다는 결론에 이른다.

어른들은 흑인 노예를 도망가게 도와주면 지옥에 가게 된다고 가르쳤다. 그러나 허크는 결국 지옥에 가겠다고 결심한다. 양심을 따르기로 한 것이다. 그리고 우여곡절 끝에 짐을 해방시킨다.

소설에서처럼 실제로 당시 미국 사회는 노예 해방을 찬성하는 사람들과 반대하는 사람들이 날카롭게 대립하고 있었다. 오랫동안 미국 사회의 최하층이었던 흑인 노예들은 인간이 아니라 말하는 짐승, 물건이었다. 어린 노예들도 힘든 노동과 끔찍한 매질에 시달려야 하였고, 서로 다른 곳으로 팔려 가 부모 형제들과 생이별하는 슬픔도 번번이 겪어야 하였다. 그러다 보니 소설 속의 짐처럼 목숨을 걸고 탈출을 시도하는 어린 노예들도 많이 생겨났다. 그러나 탈출은 쉽지 않았다. 탈출에 실패하고 다시 붙잡혀 온 어린 노예들은 심한 매질을 당하였고, 심지어 살해당하기도 하였다. 설사 탈출에 성공했다 하더라도 배운 것도 없고 할 줄 아는 것도 없었기 때문에 도시의 부랑자로 전락하는 경우가 많았다.

이제 노예제는 지구에서 완전히 폐지되었다. 그러나 아직도 세계 곳곳에서는 어린아이들을 터무니없는 임금으로 고용하여 노예처럼 부려 먹는 일이 벌어지고 있다. 짐은 아직도 완전히 해방되지 못한 것이다.

《허클베리 핀의 모험》 마크 트웨인은 이 소설을 단순히 아이들의 즐거운 모험을 보여 주려고 쓰지 않았다. 그는 이 소설을 통하여 인간의 잔인함을 비판하며 미국 사회의 인종 차별 문제를 공론화시켰다. 이후 반전 운동가로 살았던 마크 트웨인의 앞선 생각은 소설 속에도 은근이 나타나 있는 것이다.

5 제국주의 침략과
아시아·아프리카의
민족 운동

"아프리카는 금을 런던으로 보내오고 인도인들은 우리가 마실 차를 재배하고 있지."

영국인들에게 식민지는 부의 원천이자 자랑이었지만, 식민지인들에게 유럽 여러 나라들은 문명으로 포장된 괴물이었다.

아시아와 아프리카인들은 군함과 대포를 앞세운 '제국주의'라는 괴물에 맞서 싸우면서 민족의식을 키워 나갔고, 지금까지와는 다른 미래를 열기 위하여 분투하였다.

1750

1740 와하브 운동(~1818)
1757 플라시 전투

1800

1805 이집트, 무함마드
알리의 통치(~1840)
1830 세르비아 독립

1850

1851 타이, 몽꿋 즉위
1857 인도, 세포이 항쟁
1868 타이, 쭐랄롱꼰 즉위
1871 오스만 제국,
미드하트 개혁
1881 수단, 마흐디 항쟁
(~1898)
1885 인도 국민 회의 결성
베트남, 근왕 운동
1899 필리핀, 공화국 선포

1900

1905 인도, 벵골 분할령 공포
1905 이란, 입헌 운동 전개
1905 탄자니아, 킨지키틸레의
마지막 봉기(~1907)
1908 터키, 청년 튀르크당의 봉기

1 오스만 제국을 뒤흔드는 독립의 열풍

미드하트 파샤

세 대륙에 걸쳐 번성하던 오스만 제국은 17세기 후반에 그 화려한 빛을 잃고 해체의 길로 접어들었다. 독립의 기운이 각지에서 분출하였고, 오스만 제국 내부의 개혁은 수구 세력과의 힘겨운 싸움 속에서 진행되었다. 서아시아의 또 다른 강자 이란도 외세의 틈바구니 속에서 개혁을 모색해 나갔다.

■ 가 볼 곳: 아라비아반도 ■ 만날 사람: 무함마드 알리, 미드하트 파샤
■ 주요 사건: 이란의 입헌 운동

| 제국 질서가 해체되다 | 1804년 2월, 세르비아 농민들이 지켜보는 가운데 농촌의 지도자들이 공개 처형당하는 사태가 벌어졌다. 이들을 처형한 것은 오스만 제국의 진압군. 봉기를 일으켜 오스만 제국에 저항하였다는 이유 때문이었다.

서아시아를 중심으로 지중해를 싸안은 채 유럽의 심장부를 넘보던 강자, 오스만 제국. 그러나 이 늙은 제국은 러시아와의 전쟁에서 거듭 쓰디쓴 패배를 맛보았고, 유럽에 밀려 해체의 길을 걷고 있었다.

원래 오스만 제국은 튀르크족이 세운 나라로, 문화도 다양한 여러 민족을 지배하

오스만 제국의 해체

13세기 후반 조그만 나라에서 출발하여 세 대륙에 걸친 대제국으로 발전한 오스만 제국은 17세기 후반부터 서서히 기울기 시작하였다. 그러자 제국의 지배 아래 있던 다양한 민족들 사이에서 독립의 움직임이 활발해졌다.

오스트리아-헝가리

러시아

루마니아

보스니아

세르비아

콘스탄티노플

흑해

카스피해

이탈리아

그리스

지중해

다마스쿠스

바그다드

이란(페르시아)

알제리

모로코

수에즈

카이로

리비아

메디나

와하브 왕국

이집트

홍해

메카

리야드

사우드

☐ 오스만 제국의 최대 영역
☐ 영토 상실 (1815~1871)
☐ 영토 상실 (1871~1914)
☐ 1914년의 영역
☐ 와하브 왕국
→ 와하브 운동의 진로

고 있었다. 그런데 제국의 힘이 약해지자, 그 지배 아래 있던 여러 민족이 제각기 목소리를 내며 꿈틀대기 시작한 것이다.

발칸반도의 세르비아에서 독립의 함성이 터져 나왔다. 오스만 제국의 정예 군대인 예니체리의 폭정에 시달리던 세르비아 농민들 사이에서 저항의 기운이 퍼져 나갔다. 오스만 제국은 세르비아인의 봉기를 막기 위하여 본보기로 농촌 자치 조직의 지도자들을 공개 처형하였다. 그러나 이런 학살은 오히려 봉기를 더욱 부채질할 뿐이었다. 1830년, 세르비아는 기나긴 투쟁 끝에 결국 자치권을 얻어 냈다.

| 아랍 민족주의가 싹트다 | 오스만 제국의 쇠퇴를 눈치챈 아랍 세계에서도 독립의 움직임이 본격적으로 일어나기 시작하였다.

이슬람교가 일어난 땅, 아라비아반도에서는 18세기 중엽부터 이슬람교 초기의 순수함을 되찾자는 신앙 운동이 전개되었다. 오스만 제국은 이슬람교를 변질시켰을 뿐만 아니라, 아랍인도 아니기 때문에 그 지배를 인정할 수 없다는 것이었다. 와하브 운동이라 부르는 이 신앙 운동은 점차 오스만 제국에 반대하는 정치 운동으로 발전하였다. 게다가 사우드 가문의 후원을 받아 와하브 왕국을 탄생시키면서 아라비아반도 전역을 휩쓸었다. 오스만 제국은 결국 이집트의 힘을 빌려서야 와하브 왕국을 무너뜨릴 수 있었다.

또 다른 아랍 세계인 이집트에서는 총독인 무함마드 알리가 유럽식 학교를 세우고 공업화를 추진하는 한편, 오스만 제국으로부터 독립을 꾀하였다. 무함마드 알리는 군대를 강력하게 키워 와하브 왕국을 무너뜨리고 아라비아반도를 장악하면서, 아랍 세계의 새로운 패자로 떠올랐다.

이런 독립의 열기에 발맞추어 아랍 지식인들 사이에서 "찬란한 아랍 문화의 전통을 살리자."라는 운동이 일어났다. 아랍인의 자긍심을 드높이려는 아랍 문화 부흥 운동은 아랍 민족주의의 밑거름이 되었다.

사우디아라비아 국기 와하브 운동 당시 쓰였던 깃발이다. 와하브 운동을 지원하였던 사우드 가문은 20세기에 사우디아라비아('사우드 가문의 아라비아'라는 뜻)를 건국하였다. 깃발의 바탕인 녹색은 이슬람교의 창시자 무함마드가 가장 선호한 색으로, 이슬람교에서 신성시하는 색이다. 아랍어로 된 글씨는 "알라는 유일한 신이며 무함마드는 신의 사도이다."라는 《쿠란》의 한 구절이다. 그 아래의 칼은 이슬람교의 성지, 메카를 수호한다는 의미이다.

이집트의 근대화 무함마드 알리는 오스만 제국으로부터 독립적 지위를 보장받고 이집트의 근대화를 위하여 서구 문물을 적극적으로 수용하였다. 그는 공장과 철도 건설, 학교 설립, 근대적 군사 제도의 도입 등, 다양한 개혁을 추진하였다. 그림은 유럽인들과 대화를 나누는 무함마드 알리.

| **멀고도 험한 개혁의 길** | 유럽의 압력과 제국 각지에서 일어난 독립운동으로 막다른 골목에 처한 오스만 제국은 '개혁'이라는 승부수를 던졌다. 제국을 유지하려면 개혁이 필요하다는 것에는 누구나 공감하고 있었으나, 막상 개혁이 진행되자 곳곳에서 반발이 터져 나왔다. 유럽식 군대를 육성하려던 계획은 구식 군인들의 반발에 부딪혔고, 중앙 집권화 정책은 지방 세력의 반대에 부딪혔다. 엎친 데 덮친 격으로 유럽의 열강들도 개혁을 방해하고 나섰다.

이런 어려움 속에서도 개혁 세력은 재상인 미드하트를 중심으로 낡은 세력과 대결하면서 1876년에 헌법을 공포하고 의회를 만들었다. 아시아에서 최초인 이 헌법은 오스만 제국의 모든 인민에게 자유와 평등을 보장한다는 내용을 담고 있었다. 이제 개혁은 한 고비를 넘는 듯 하였다. 그러나 수구 세력들도 그렇게 호락호락하지만은 않았다. 수구 세력은 술탄을 움직여 미드하트를 유럽으로 추방시키고, 의회를 해산하였으며, 헌법을 정지시켰다. 전제 정치가 부활되었고, 언론·집회의 자유는 철저히 통제되었다.

그렇다고 이런 낡은 체제가 언제까지나 계속될 수는 없었다. 1908년에는 청년 장교들이 무장 봉기를 일으켰고, 자유와 평등을 외치는 소리가 각지에서 넘쳐났다. 결국 술탄은 헌법과 의회의 부활을 선포할 수밖에 없었다.

▼ **무스타파를 살해하는 예니체리** 1808년 무스타파가 군대를 유럽식으로 편성하자, 구식 군대인 예니체리는 개혁에 반발하면서 그를 살해하였다. 이처럼 수구 세력은 여러 차례의 개혁을 가로막았다.

탄지마트 개혁 선포 오스만 제국은 중앙 집권화와 교육·법률 제도의 개혁을 내용으로 하는 탄지마트 개혁을 추진하였다. 그러나 성과가 부진하자, 미드하트 중심의 개혁 세력은 국민의 기본권 보장과 의회 설치 등을 내용으로 담은 헌법을 제정하였다. 위 그림은 1839년 탄지마트 개혁을 선포하는 모습이다.

| 이란, 외세의 간섭에 맞서다 | 오스만 제국의 동쪽에는 페르시아의 후예, 이란이 이슬람 세계의 또 다른 강자로 자리 잡고 있었다. 그러나 찬란한 역사를 자랑하던 이란도 19세기에 들어서자 러시아와 영국의 틈바구니에서 각종 이권을 빼앗기는 처지가 되고 말았다.

1891년 이란 왕이 영국의 압력에 굴복하여 담배의 재배·판매·수출에 대한 독점권을 넘겨준다고 발표하자 민중은 크게 분노하였다. 이때 이슬람 최고 지도자에게 비밀리에 한 통의 편지가 전해졌다.

"왕이 나라를 팔아먹고 있습니다. 당신의 말 한마디가 민중을 하나로 만들 수 있습니다."

해외로 추방당한 이슬람의 혁명가 아프가니^{1838~1897}의 편지였다. 이것이 도화선이 되어 이란 사람들은 일제히 담배 불매 운동을 벌였고, 결국 영국으로부터 담배 이권을 지켜 낼 수 있었다.

담배 불매 운동을 통하여 성장한 이란 민중의 힘은 1905년 입헌 운동으로 터져 나왔다. 민중은 헌법 제정과 의회 설치를 요구하며 거리로 나섰다. 이슬람 사원에서는 대중 집회가 열렸고, 상인들은 가게 문을 닫았다. 결국 왕은 민중의 요구를 받아들일 수밖에 없었다. 그러나 수구 세력의 방해로 개혁이 난항을 겪는 가운데, 영국과 러시아가 이란의 내정을 간섭하며 개혁을 무산시키고, 각각 이란의 남부와 북부를 점령하였다.

영국 공사관에 모인 군중 수도 테헤란의 영국 공사관에 모여 시위하는 이란 민중의 모습이다. 이들은 영국의 제국주의 침략에 반대하였을 뿐만 아니라, 전제 정치를 비판하면서 헌법 제정과 의회 제도의 도입을 촉구하였다.

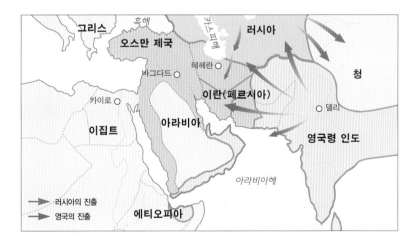

러시아와 영국의 간섭 이란에서는 입헌 운동의 결과 헌법이 제정되고 의회가 설치되었으나, 수구 세력이 반발하는 가운데 외세의 간섭이 노골화 되었다. 러시아는 영국의 묵인 속에서 이란에 침입하여 입헌파들을 학살하였다. 마침내 러시아는 이란의 북부 지방을 점령하였고, 영국은 이란의 남부 지방을 점령하여 자신들의 세력권으로 만들었다.

무슬림 형제들이여, 제국주의에 맞서자!

"왜 술탄은 나를 의심하는 것일까? 내 소원은 고통받는 우리 무슬림 형제들이 하나로 뭉쳐 서양 제국주의를 물리치는 것뿐인데. 아! 누가 내 마음을 알아줄까?"

제국주의의 침략으로 위기에 빠진 이슬람 세계를 돌아다니며 이슬람의 단결과 개혁을 위하여 싸우던 자말 알딘 알아프가니[1838~1897]는 답답하기만 하였다. 이란에서 태어나 어린 시절에 이라크에서 이슬람교를 공부한 그는 어느날 홀연히 인도로 떠났다. 인도에서 세포이 항쟁을 목격한 이후 제국주의에 대한 분노와 저항의 의지를 다지게 되었다. 이후 아프가니는 이집트로 건너가 왕성한 활동을 벌였다. 자기 주변으로 모여드는 수많은 이집트 청년들에게 '이슬람 공동체와 조국을 위하여 영국에 맞서 싸울 것'을 호소하였다. 결국 위험 인물로 지목되어 추방당하였지만, 추종자들은 이후 이집트의 민족 운동을 이끌어 나갔다.

아프가니는 프랑스에서 《강고한 연대》라는 신문을 펴내며 제국주의를 비판하는 활동을 계속하였다.

"한 마리의 하이에나(영국)가 2억의 민중(무슬림)을 잡아먹고 있다. 인도를 삼키고도 배가 부르지 않아, 남은 세계마저도 잡아먹으려고 입을 쩍 벌리고……."

마침내 고향인 이란으로 돌아온 아프가니는 왕이 영국의 요구에 굴복하는 모습을 보이자 이를 비난하였다. 이 과정에서 왕의 노여움을 사 이란에서 추방당하였고, 얼마 뒤 민중의 생활과 밀접히 관련된 담배의 이권을 영국에게 넘겨주는 일이 발생하자 이란 각지의 이슬람 지도자들에게 각성을 촉구하는 편지를 보냈다. 그의 편지는 이슬람 지도자들의 마음을 움직였고, 종교 지도자들을 중심으로 담배 불매 운동이 일어나 이란은 결국 담배 이권을 지켜 낼 수 있었다.

얼마 뒤 술탄의 초대를 받아 오스만 제국에 들어온 그는 '범이슬람주의'의 꿈을 실현하려 하였다. 협소한 아랍 민족주의를 벗어나 모든 이슬람 세력이 하나로 뭉쳐야 하며, 오스만 제국이 그 중심에 서야 한다고 역설하였다. 그러나 술탄은 오히려 그를 경계와 의심의 눈초리로 바라보았다. 결국 그는 술탄의 궁궐에 갇혀 "내 사상의 씨앗이 인민의 마음속 깊이 뿌려졌으면……." 하는 아쉬움을 간직한 채 숨을 거두고 말았다.

▶ **이란의 담배 불매 운동** 영국에게 각종 이권을 넘겨주려는 이란 왕을 비판하다 추방당한 아프가니는 이란 왕이 담배 이권마저 영국에 넘기려 하자, 해외에서 편지를 보내 반대 운동을 촉구하였다. 종교 지도자들을 중심으로 시작된 담배 불매 운동은 이란 전역으로 퍼져 나갔다.

◀ **세포이 항쟁** 1850년대 후반 인도로 건너가 활동하던 아프가니는 세포이 항쟁 때 무슬림들이 영국군에 의하여 학살당하는 것을 보고 난 후 영국에 대한 적대감을 가지게 되었다.

아라비의 반영 운동 1870년대 아프가니는 이집트에서 활동하였다. 그때 아프가니의 영향을 받은 아라비는 청년 장교들과 함께 '이집트인의 이집트'를 건설하자며 반영 운동과 개혁 정치를 전개하였으나, 영국은 이를 무력으로 진압하였다.

아프가니 범이슬람주의 사상가인 그의 원래 이름은 자말 알딘 알아프가니이다. 이슬람 세계에 대한 제국주의 침략에 맞서, 서아시아 지역을 주요 활동 무대로 이슬람의 단결과 개혁을 촉구하였다.

2 제국주의를 딛고 일어서는 아프리카

무함마드 아흐마드

아프리카 해안에서 원주민들을 잡아가던 유럽인들은 탐험가와 선교사들이 아프리카 내지로 들어가는 길을 열자, 이제는 아프리카를 나누어 가졌다. 유럽인들은 자기 땅을 지키기 위하여 저항하는 아프리카인들을 무참하게 살육하였다. 그러나 아프리카를 세우려는 그들의 꿈은 쉽게 꺾이지 않았다.

■ 가 볼 곳: 콩고강, 옴두르만 ■ 만날 사람: 무함마드 아흐마드
■ 주요 사건: 헤레로족의 봉기

| 유럽, 아프리카를 나누어 가지다 | "부아앙." 뱃고동 소리와 함께 검은 연기를 연거푸 내뿜으며 큼지막한 배 한 척이 밀림 속의 콩고강을 거슬러 올라왔다. 벨기에에서 온 이 배는 이곳에서 값비싼 고무와 상아, 족쇄를 찬 흑인들을 가득 싣고서 다시 벨기에로 향하였다.

유럽인들은 아프리카에서 자원을 약탈하였을 뿐만 아니라, 수많은 흑인들을 노예로 잡아갔다. 18세기에는 흑인 노예 무역이 최고조에 달하였다. 영국 상류 사회의 부인들이 흑인 소년을 애완용으로 기르는 일도 그다지 진기한 일이 아니었다.

아프리카 해안을 약탈하던 유럽인들은 19세기 들어 아프리카 내륙에도 눈독을 들이기 시작하였다. 각국 정부의 후원을 받은 탐험가들이 내륙으로 가는 길을 트자, 그 길을 따라 군대가 들어가면서 무력 정복이 이루어졌다. 1914년까지 아프리카 대륙은 단 두 나라를 제외하고는 모두 유럽인들에게 점령당하였고, 유럽인들은 제멋대로 아프리카에 분할선을 긋기 시작하였다. 그 과정에서 아프리카인들의 전통이나 생활 방식은 전혀 고려되지 않았고, 하나의 부족이 두 개로 쪼개지는 경우도 있었다.

분할된 아프리카는 유럽의 산업화에 윤활유가 되었다. 아프리카인의 강제 노동으로 생산된 각종 원료는 고스란히 유럽으로 실려 가 유럽의 공업 발전에 밑거름이 되었다. 특히 벨기에는 콩고 전역을 침략하여 원주민들을 잡아들인 다음 고무 채취를 강요하였다. 목표량을 채우지 못한 흑인들에게는 가혹한 고문이 뒤따랐다.

제국주의의 아프리카 분할

미지의 세계였던 아프리카 내륙의 사정이 소개되면서 유럽 나라들 사이에 아프리카 쟁탈이 본격화되었다. 에티오피아와 라이베리아를 제외한 모든 지역이 유럽의 식민지가 되었다.

◀ **리빙스턴(왼쪽 사진)** 탐험을 통하여 아프리카 내륙의 모습을 유럽에 알렸다. 리빙스턴은 노예 무역을 반대한 인도주의자였으나, 정작 그의 탐험은 유럽의 아프리카 침략과 분할에 길라잡이가 되었다.

| 창과 총이 맞서다 | 유럽의 식민지 분할에 맞서 아프리카 곳곳에서 크고 작은 저항이 이어졌다. 1830년 프랑스는 보름이면 정복할 수 있다고 호언장담하면서, 지중해를 건너 북아프리카의 알제리를 공격하였다. 그러나 알제리인들은 30여 년간 프랑스에 맞서 싸웠다. 프랑스는 당시 병력의 3분의 1인 10여만 명을 동원하고 나서야 알제리를 점령할 수 있었다.

프랑스와 경쟁 중이던 영국도 아프리카인들의 저항에 부딪혔다. 1881년, 나일강 상류의 수단 지역에서 마흐디 운동이 일어났다. 무함마드 아흐마드1844~1885가 스스로를 마흐디구세주라 주장하면서, 사악한 외국인들을 몰아내자고 호소한 것이다. 마흐디군을 오합지졸이라 얕잡아 보던 영국군은 크게 패하여 한 걸음 물러설 수밖에 없었다. 반면, 마흐디군은 수단 전역으로 세력을 넓혀 갔고, 영국이 간섭하던 이집트까지 공격하였다.

당황한 영국은 최신식 무기를 앞세워 수단을 공격하였다. 마흐디군과 영국군은 옴두르만에서 마주쳤다. 창과 활로 무장한 마흐디군은 목숨을 아끼지 않고 돌진하였지만, 퍼붓는 기관총 앞에서는 속수무책이었다. 마흐디군은 영국군 진영에 접근조차 하지 못한 채 한나절 동안 무려 1만여 명이 전사하는 비운을 맞았다. 결국 마흐디군은 전멸하였고, 수단은 영국의 손에 들어갔다.

모로코
알제리
리비아
이집트
라이베리아
나이지리아
옴두르만
수단
에티오피아
콩고강
콩고
탄자니아
앙골라
모잠비크
마다가스카르
나미비아
남아프리카공화국

외세 지배의 아프리카

프랑스령
이탈리아령
영국령
포르투갈령
벨기에령
독일령
에스파냐령

| 인종 청소가 진행되다 |
오늘날 나미비아 지역은 독일이 차지하고 있었다. 그러나 독일인들이 원주민의 가축과 땅을 마음대로 빼앗자, 수탈과 학대를 참다못한 헤레로족이 1904년 마침내 봉기하였다.

중무장한 독일군은 헤레로족을 무참하게 진압하였다. 독일군은 토끼를 몰듯이 삼면에서 포위하여 헤레로족을 사막으로 밀어 넣었다. 황량한 사막에서 죽음에 직면한 헤레로족은 백기를 들고 자신들의 땅으로 돌아가려 하였다. 그러나 독일은 항복을 받아들이지 않았고, 저항할 힘도 없는 이들에게 무차별 총격을 가하였다. 헤레로족의 봉기는 완전히 진압되었고, 헤레로족 인구의 80퍼센트인 6만 5,000여 명이 그 자리에서 살해되었다.

살아남은 20퍼센트는 수용소로 끌려가 중노동과 질병, 영양실조에 시달려야 하였다. 독일인들은 흑인의 열등함을 입증하기 위하여 수감자들에게 여러 가지 생체 실험을 하기도 하였다. 이후 실험의 결과는 책으로 나왔고, 나치 독일의 유대인 학살을 합리화하던 이론에 영향을 주었다.

아프리카인의 저항
압도적인 무력을 앞세운 유럽인들의 침략에 맞서 아프리카인들은 독립을 지키기 위하여 용감하게 싸워 나갔다. 부족장이나 주술사, 국왕을 중심으로 단결하여 싸우기도 하였고, 이슬람 신앙 공동체를 기반으로 하여 저항하기도 하였다. 아프리카의 거의 모든 지역이 유럽인들에게 점령되거나 분할된 이후에도 아프리카인들의 저항은 계속 이어졌다.

헤레로족의 저항 "형제들이여. 독일에 맞서 함께 싸우자."라며 헤레로족의 지도자 마하레로가 이웃 부족 지도자들에게 편지를 보내자, 여러 부족이 호응하였다. 이에 독일은 본국의 정예병을 파견하여 대대적인 학살을 자행하였다.

| **아프리카인의 아프리카를 위하여** | 탄자니아 지역의 주술사 킨지키틸레는 마법의 물을 마시면 총알을 피할 수 있다며 제국주의에 맞서 싸울 것을 호소하였다. 1905년에 일어난 봉기는 킨지키틸레가 잡혀 처형될 때까지 2년간 계속되었고, 그 과정에서 무려 10만 명이 넘는 아프리카인들이 희생되었다.

유럽인들은 아프리카인들의 저항을 무모하다고 생각하였다. 창을 쥐고 기관총을 향하여 돌격하는 그들을 '비이성적인 야만인' 또는 '피에 굶주린 자들'이라며 비아냥거렸다. 그러나 당시 각 지역에서 저항을 이끈 사람들은 그 후손들의 노래와 춤 속에서 되살아나 영웅으로 되새겨졌다. 킨지키틸레의 봉기는 비록 실패로 돌아갔으나, 탄자니아의 여러 부족들은 그의 이름을 떠올리며 점차 하나가 되었다.

저항의 물줄기는 끊이지 않고 흘러, 1920년대 이후에는 조직적인 민족 운동으로 발전하였다. 아프리카의 각 나라는 역사와 문화가 서로 다른 여러 종족들로 구성되어 있었다. 그러나 제국주의에 맞서 싸우는 과정에서 공감대가 형성되고 민족 의식이 싹터, '케냐인의 케냐', '가나인의 가나' 같은 구호가 등장하였다.

못이 박힌 조각 상 아프리카의 한 부족은 나무로 만든 조각에 못을 박으면 소원이 이루어진다고 믿었다. 유럽인들은 이러한 행위를 미신이라며 비난하였으나, 아프리카인들은 주술사들을 중심으로 유럽인들의 지배에 저항하였고, 이들의 투쟁은 본격적인 민족 운동의 디딤돌이 되었다.

아도와 전투 내분 중이던 에티오피아는 막상 이탈리아가 침략해 오자 국왕 메넬리크 2세를 중심으로 단결하였다. 11만 명의 군대를 조직한 에티오피아는 아도와 전투에서 크게 승리하여 독립을 지켜 낼 수 있었다.

3 영국에 맞서 탄생한 인도 민족주의

락슈미 바이

인도 전역을 아우르면서 성숙한 문화를 꽃피우던 무굴 제국이 시들어 가자, 인도에서는 분열의 조짐이 일어났다. 영국은 그 틈을 이용하여 지배 영역을 넓혀 나갔다. 영국에 대한 인도인들의 불만은 마침내 세포이 항쟁으로 터져 나왔고, 인도 민족 운동의 시발점이 되었다.

■ 가 볼 곳: 델리, 벵골　■ 만날 사람: 락슈미 바이, 발 강가다르 틸라크
■ 주요 사건: 세포이 항쟁, 인도 국민 회의 콜카타 대회

| 직물공들의 뼈가 들판을 뒤덮다 |

작년에 이 농부는 자신이 제일 아끼는 땅 4마지기를 당신(영국인)에게 빼앗겼고, 그 땅에서 강제로 쪽잎을 염료로 쓰는 한해살이풀을 재배하느라 엄청난 고생을 하였소. (중략) 한 집의 가장을 한 달 동안 드러누울 정도로 때리면 어떡하자는 말이오. 그 가족이 겪을 고통을 생각해 보았소? 당신은 가족도 없소?

—디나반두 미트라, 《인디고의 거울》—

오랫동안 인도양을 제 앞마당처럼 누볐던 인도가 왜, 어떻게 영국의 식민지로 전락하였을까?

1707년 무굴 제국의 황제 아우랑제브가 죽자, 인도 각지에서 지방 세력들이 우후죽순처럼 일어났다. 이제 제국은 수도인 델리와 그 주변을 다스리는 조그만 왕국에 지나지 않았다.

당시 영국과 프랑스는 인도에 동인도 회사를 설치하여 무역을 하고 있었다. 이들은 조각난 인도에서 주도권을 잡기 위하여 경쟁하였다. 그러던 1757년, 영국이 인도에서 프랑스 세력을 몰아내는 데 성공하였고, 인도 각지의 지방 정권을

차를 마시는 유럽 귀부인 영국 동인도 회사는 인도와 중국의 차를 유럽에 공급하였다. 차의 수요가 늘어나자 인도의 값싼 노동력을 동원하여 대규모로 차를 재배하였다. 인도는 차를 비롯하여 면화, 황마 등을 공급하였고, 이는 영국 자본주의 발전의 큰 동력이 되었다.

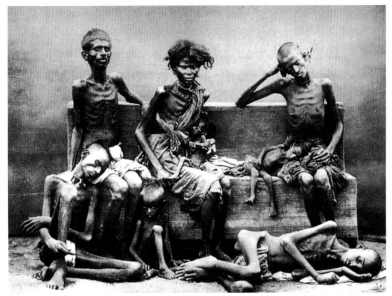

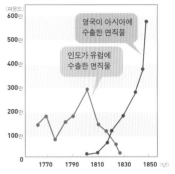

인도 면직물 산업의 몰락 영국은 인도에서 값싸게 사들인 면화로 면직물을 만들어 인도에 되팔았다. 기계로 대량 생산된 영국의 값싼 면직물은 인도 시장을 잠식하였고, 인도의 면직물 산업은 급격히 몰락하였다.

하나둘씩 격파해 나갔다. 19세기 중엽에는 마침내 인도의 거의 모든 지역을 점령하였다. 식민지 인도는 '영국의 젖소'가 되었고, 영국은 인도에서 막대한 부를 챙겼다.

영국은 인도에 쪽이나 면화의 재배를 강요하였고, 숲의 나무들을 엄청나게 베어갔다. 이 때문에 인도의 숲은 파괴되었고, 안 그래도 무거운 세금에 허덕이던 농촌에 엄청난 기근이 찾아와 수백만 명의 인도인이 희생되었다. 게다가 영국의 값싼 면제품이 인도에 대량으로 들어오면서 인도의 섬유 산업이 파괴되고 수공업자들은 일자리를 빼앗겼다. 당시 영국의 인도 총독은 처참한 현실을 이렇게 표현하였다.

"직물공들의 뼈가 인도의 들판을 하얗게 뒤덮고 있다."

| 인도 전역이 들고 일어서다 | 인도의 한 시골 마을에 밤사이 이웃 마을에서 빵이 전해졌다. 마을 사람들은 함께 그 빵을 나누어 먹었고, 다시 다른 마을로 빵을 구워 날랐다. 빵은 순식간에 인도 북부와 중부로 퍼져 나갔다. 빵을 나누어 먹는 것은 영국에 맞서 함께 일어나자는 다짐이었다.

한편 세포이의 부대에서도 심상치 않은 기운이 감돌고 있었다. 봉

락슈미 바이 인도 북부에 있던 한 왕국의 여왕으로, 세포이 항쟁에 참여하였다.

기를 약속하는 붉은 연꽃이 은밀하게 이 부대에서 저 부대로 전해지고 있었다. 세포이는 원래 영국의 동인도 회사가 고용한 인도인 용병으로, 영국의 인도 정복에 중요한 역할을 하였다. 그러나 영국은 막상 인도를 손에 넣자 세포이를 푸대접하기 시작하였고, 세포이의 불만은 쌓여만 갔다.

1857년, 세포이에게 돼지 기름과 소 기름을 바른 탄약통이 지급되었다. 이 일을 계기로 그 동안 쌓여 왔던 세포이의 불만이 폭발하였다. 돼지를 혐오하는 이슬람교도와 소를 신성시하는 힌두교도로 이루어진 세포이들은 영국의 이러한 처사에 분노할 수밖에 없었다.

인도 북부에서 시작된 세포이의 봉기는 삽시간에 들불처럼 중부 지역으로 번져 나갔다. 영국의 지배로 몰락한 농민과 수공업자, 옛 지배층도 봉기에 동참하였다.

그러나 각지에서 영국군을 무찌르며 인도를 후끈 달구었던 항쟁도 결국 2년 만에 막을 내리고 말았다. 항쟁을 통일적으로 지도할 조직이 없는 상황에서 자발적인 참여만으로는 한계가 있었던 것이다. 그러나 인도인들은 이 항쟁을 통하여 민족의식을 키우고 있었다.

재판정에 선 틸라크 틸라크는 벵골 분할 반대 투쟁의 중심 인물이었다. 재판정에 선 그는 자신이 무죄임을 당당히 역설하였다. 그러나 틸라크에게 6년의 징역형이 선고되자, 인도 최대의 도시인 뭄바이에서 노동자들이 6일간 항의 파업을 벌였다.

동벵골과 서벵골의 분할선

분할 전의 벵골 주

티베트

네팔

부탄

서벵골
(힌두교도)

비하르

콜카타

벵골만

버마

동벵골 (이슬람교도)

벵골 분할령 1905년 인도 총독은 벵골 지방을 동과 서로 분할한다고 발표하였다. 반영 운동의 중심지인 벵골 지방을 힌두교도가 많은 서벵골과 이슬람교도가 다수인 동벵골로 나누어, 종교 간의 갈등을 부추기고 민족 운동을 약화시키려는 의도였다. 벵골 분할령이 발표되자 인도 전역에서 반영 민족 운동이 일어났고, 결국 총독은 이 방침을 철회하였다.

| **민족 운동이 본격화되다** | 세포이 항쟁에 놀란 영국은 탄압만으로는 인도를 지배하기 어렵다고 생각하게 되었다. 영국은 인도인의 항쟁을 미리 막기 위하여, 영국에 우호적인 인도 지식인들을 지원하여 인도 국민 회의를 결성하였다.^{1885년}

1905년, 식민지 정부는 반영 운동의 중심지였던 벵골을 분할한다는 법령을 발표하였다. 동쪽의 이슬람교도 지역과 서쪽의 힌두교도 지역으로 나누어 종교 갈등을 부추기고 반영 운동을 약화시키려는 의도였다.

이 소식을 들은 인도인들은 영국산 면제품을 불태우고 시장과 가게, 공장 문을 닫으며 격렬하게 저항하였다. 인도 전역은 벵골 분할에 반대하는 목소리로 들끓었다. 영국에 호의적이던 인도 국민 회의도 콜카타^{캘커타} 대회에서 스와라지^{자치}, 스와데시^{국산품 애용}, 보이콧^{영국 제품 불매} 운동을 전개하는 한편, 민족 교육을 강령으로 채택하고 반영 운동에 적극적으로 참여하였다. 식민지 정부는 탄압으로 맞섰지만, 인도 민족 운동의 단결된 목소리에 밀려 결국 벵골 분할령을 취소할 수밖에 없었다.

4 외세를 딛고 나아가는 동남아시아

판보이쩌우

베트남인들은 "황제를 지키고 서양 오랑캐인 프랑스를 몰아내자."라고 외치면서 숲이 우거진 밀림 속으로 들어갔다. 세계 최강의 몽골군을 물리쳤던 조상들처럼 당당하게 싸웠다. 20세기 후반까지 이어질 기나긴 투쟁의 서막이었다.

■ 가 볼 곳: 자와섬의 사탕수수 농장, 베트남의 밀림
■ 만날 사람: 판보이쩌우, 쭐랄롱꼰 ■ 주요 사건: 근왕 운동, 카티푸난의 봉기

| 바다 건너 해적들이 몰려오다 | 동남아시아인에게 유럽인은 어떤 모습이었을까? 15세기 말부터 향료를 찾아 동남아시아로 온 유럽인들. 그들은 이곳을 차츰 식민지로 만들어 나갔고, 원주민의 땅을 빼앗아 강제로 커피나 사탕수수를 재배하게 하였다. 동남아시아인에게 유럽인은 흰 피부를 가진 해적이었다.

> 자와의 항구마다 높이 펄럭이는 네덜란드의 깃발! 정박 중인 배에는 네덜란드로 갈 농산물이 차곡차곡 쌓이고 있다. 그런데 이 풍요의 땅 자와의 사람들은 배고픔에 허덕이다니. 어떤 사람들은 먹을 것을 구하러 아이들을 내다 팔았고, 또 어떤 사람들은 아이들을 잡아먹었다.
> ─물타툴리, 《막스 하벨라르》─

동남아시아를 식민지로 만드는 데 앞장선 나라는 영국이었다. 영국은 인도를 점령하고 동쪽으로 손을 뻗어 버마^{미얀마}와 말레이반도를 식민지로 만들었다. 이에 뒤질세라 프랑스와 네덜란드도 가세하였다. 영국과의 경쟁에서 패하여 인도를 놓친 프랑스는 눈을 돌려 인도차이나반도를 차지하였다. 네덜란드는 자와와 그 주변의 크고 작은 수천 개의 섬을 정복하여 인도네시아 지역을 식민지로 만들었다. 뒤늦게 경쟁에 뛰어든 미국은 에스파냐에게서 필리핀을 빼앗았다.

⊙ 열강의 동남아시아 침략

15세기 이래 동남아시아는 향료를 구하러 오는 유럽의 상인들로 북적거렸다. 무역이 발달하면서 동남아시아의 항구 도시들은 번영을 누렸다. 그러나 18세기 말 이후 유럽인들은 동남아시아를 서서히 식민지로 만들어 나갔다. '식민지' 동남아시아의 시대가 시작된 것이다. 열강들은 서로 견제하면서 동남아시아를 분할 점령해 들어갔고, 동남아시아인들은 열강의 침략에 맞서 치열하게 저항하였다.

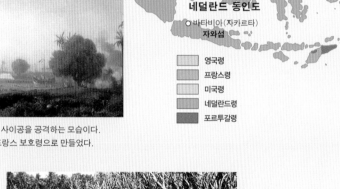

청　◦마카오

버마

라오스

하노이

프랑스령
인도차이나

랑군

타이(시암)

필리핀

캄보
디아

◦사이공

코친차이나

브루나이

말레이
연방

믈라카

◦싱가포르

보르네오섬

몰루카 제도

셀레베스섬

수마트라섬

네덜란드 동인도

◦바타비아(자카르타)

자와섬

영국령
프랑스령
미국령
네덜란드령
포르투갈령

베트남을 공격하는 프랑스 함대 프랑스의 함대가 베트남의 남부 도시 사이공을 공격하는 모습이다. 프랑스는 남부 지방을 점령한 데 이어 북부 지방을 공격하여 베트남을 프랑스 보호령으로 만들었다.

미국의 필리핀 침략 미국은 필리핀인들과 함께 에스파냐 군대를 몰아냈으나, 실제 전투는 주로 필리핀인들이 수행하였다. 이후 미국은 필리핀을 침략하여 식민지로 만들었다.

자와의 사탕수수 농장 자와섬 전체가 네덜란드를 위한 하나의 거대한 농장이 되었다. 네덜란드는 사탕수수와 커피의 생산량을 미리 정하고, 농산물 가격도 일방적으로 정하여 사들였다.

▶ **인력거를 타고 가는 프랑스인** 타이를 제외한 동남아시아는 열강의 식민지로 전락하였고, 열강들은 식민지로부터 인적·물적 자원을 수탈하였다.

《월남 망국사》 판보이쩌우가 베트남의 식민지화 과정과 베트남인들의 투쟁, 그리고 식민 통치로 인한 베트남인들의 고통을 이야기하고 있다. 1905년 을사조약 이후 한국에도 소개되어 독립 의식을 자극하자, 일본은 금서로 지정하여 출판을 금지시켰다.

| 베트남, 프랑스의 지배에 맞서다 | "서양 오랑캐가 침입하여 나라가 위험에 빠졌다. 충성을 다하여 황제를 지켜라."

1885년 프랑스군이 베트남의 수도를 침략하자, 산속으로 피신한 황제가 내린 명령이었다. 유교의 전통이 뿌리 깊은 베트남에서 황제의 명령은 하늘의 명령과도 같았다.

전국 각지의 유학자들은 "우리보다 1,000배는 더 강한 중국도 1,000년 동안 우리를 삼키지 못하였다."라며 봉기하였다. 서양 오랑캐로부터 황제를 지켜 내자는 유학자들의 '근왕 운동'에는 많은 농민들이 함께 참여하였다. 칼과 농기구로 무장한 그들은 요새화된 농촌 마을과 밀림을 배경으로 오랫동안 치열한 게릴라전을 전개하였다. 그러나 프랑스군의 가혹한 탄압으로 근왕 운동은 점차 시들어 갔다.

20세기에 접어들면서는 서구 문물을 받아들여 힘을 키우자는 움직임도 일어났다. 그 본보기는 다름 아닌 일본이었다. 일본은 서구 문물을 일찌감치 받아들여 막강한 세력인 러시아와 싸워 이기지 않았던가? 1905년, 러일 전쟁

판보이쩌우는 젊은 인재들을 키워 낼 학교를 설립하고, 학생들을 일본으로 유학 보내는 운동을 벌였다. 그리고 청년들에게 프랑스에 맞서 당당히 싸울 것을 호소하였다. 그의 활동을 곱지 않은 시선으로 바라보던 프랑스는, 급기야 학교를 폐쇄하고 유학 운동을 탄압하였다. 결국 판보이쩌우의 노력은 좌절될 수밖에 없었다. 그러나 베트남의 민족 운동은 이제 시작일 뿐이었다.

근왕 운동에 참여한 베트남 빨치산

프랑스군 집단 중독 사건에 연루된 베트남인들 판보이쩌우의 추종자들은 1908년 하노이에 주둔한 프랑스군을 독살한 후 도시를 장악하려 하였으나 실패하였다. 이 사건에 연루된 가담자 13명은 처형당하였다.

카티푸난 전사들의 피의 맹세
에스파냐의 지배에 맞선 비밀 결사 조직인 카티푸난의 전사들이 봉기를 다짐하는 모습을 담은 필리핀 화폐의 도안이다. 깃발에 씌어진 KKK는 카티푸난('동맹'이라는 뜻임)의 정식 명칭인 '조국의 아이들이 가장 존경할 만한 동맹'의 필리핀어(타갈로그어) 머리 글자를 딴 것이다.

| 필리핀, 동남아시아에 공화국을 수립하다 | 비밀리에 하나둘씩 모여든 사람들이 어느 새 동굴 안을 가득 메웠다. 비장한 분위기 속에서 "필리핀 독립 만세!"의 함성이 동굴 속 깊이 울려 퍼졌다. 곧이어 집회에 참가한 사람들의 이름이 동굴 벽에 새겨졌다. 카티푸난의 집회 모습이다. 카티푸난은 에스파냐로부터 독립을 쟁취하려는 목적으로 결성된 비밀 조직이었다. 여기에는 가난한 농민과 도시 빈민을 중심으로 하여 다양한 계층이 참여하였다.

1896년, 카티푸난 혁명군은 에스파냐가 발급한 신분증을 찢어 버리고 각지에서 봉기하였다. 이후 에스파냐군과 치열한 접전을 거듭하였고 둘 사이에 결국 정전 협정이 맺어졌다. 1898년에는 미국과 에스파냐 사이에 전쟁이 일어났고, 필리핀 민중은 필리핀의 독립을 지지한다던 미국과 함께 에스파냐를 공격하였다. 필리핀 민중은 에스파냐 군대를 몰아내고 의회를 구성하여 헌법을 제정하였다. 1899년에는 필리핀 공화국을 선포하였다.

그러나 미국은 이제 필리핀을 공격하였다. 에스파냐로부터 필리핀을 넘겨받기로 약속하였던 것이다. 하루아침에 동맹국에서 침략자로 돌변한 미국에 필리핀 민중은 빨치산 투쟁으로 맞섰고, 미국은 초토화 작전을 전개하였다. 결국 필리핀인들은 자신들의 공화국을 지켜낼 수 없었다. 필리핀 공화국의 깃발이 다시 오르기까지 40여 년을 더 기다려야 하였다.

필리핀의 독립운동가 가난한 상인의 아들로 태어난 안드레스 보니파시오(오른쪽)는 카티푸난을 조직하여 필리핀 독립을 위한 무장 투쟁을 전개하였다. 소아마비 장애를 딛고 법률가가 된 아폴로나리오 마비니(왼쪽)는 필리핀 공화국의 헌법을 기초하였다.

쭐랄롱꼰 영국과 프랑스의 압력이 거세자, 쭐랄롱꼰은 7개월간 왕위를 비워둔 채 러시아와 독일을 오가며 열강들 간의 세력 균형을 유도하여, 완충국으로서의 타이의 독립을 보장받았다.

| **휘지만 부러지지 않는 대나무, 타이** | 말레이반도를 향하여 코를 내민 코끼리 모양을 하고 있는 타이. 라마 4세 몽꿋은 왕이 되기 전 27년간 승려 생활을 하면서 유럽의 선교사들에게 영어와 학문을 배웠고 엄혹한 국제 정세에도 눈을 떴다. 왕이 된 후에는 서양 사정에 밝은 사람들을 요직에 임명하고 서양 문물을 적극적으로 수용하였다. 몽꿋은 바람에 휘지만 꺾이지는 않는다는 이른바 '대나무 외교'를 펼쳐, 서양과 불평등한 통상 조약을 맺더라도 독립을 유지할 수 있는 방향을 택하였다.

그러던 1868년 몽꿋이 갑작스럽게 사망하여, 쭐랄롱꼰이 열다섯 살의 어린 나이에 라마 5세로 왕위에 올랐다. 타이 역사상 가장 존경받는 왕으로 꼽히는 그는, 즉위와 동시에 개혁을 주도하였다. 우선, 왕 앞에 엎드려 머리를 조아리는 인사법과 노예제를 폐지하였다. 전문 능력을 갖춘 관료를 육성하고 정부 조직과 지방 행정 제도를 정비하는 한편, 운하와 도로를 건설하고 병원과 학교를 설립하였다.

쭐랄롱꼰 역시 유연한 대나무 외교로 식민지화의 위기를 넘겼고, 결국 영국과 프랑스로부터 완충 국가로서 독립을 보장받았다. 동남아시아의 여러 나라들이 주권을 잃어 갈 때, 타이는 현명한 군주들이 탁월한 외교 전략을 펼쳐 독립을 지켜 낼 수 있었다.

차크리 궁전 쭐랄롱꼰이 타이의 차크리 왕조 100주년을 기념하여 세운 3층 건물이다. 몸체는 대리석으로 만들어 유럽 양식을 따랐고, 지붕은 타이의 고유 양식을 살렸다. 외세의 간섭으로부터 타이의 독립을 지켜 내면서 서양의 근대 문물을 수용한 쭐랄롱꼰의 정신을 읽을 수 있다.

어둠에서 빛으로

"나는 우리 민족이 고통받고 있는 지금, 도움이 되는 무엇인가
를 하려 합니다. (중략) 나는 우리 자와인 내부의 잠재력을
개발하는 데 노력할 것입니다."
"1월 중으로 여학생을 위한 작은 학교가 세워질 것입니다.
그래서 우리는 좋은 선생님을 찾고 있습니다. 선생님을
구할 때까지는 내가 직접 가르칠 생각입니다."

카르티니 그녀의 편지를 묶은 책《어둠에서
빛으로》는 영어로 번역되어 유럽에 소개되기도
하였다. 현재 인도네시아는 그녀의 생일을
'카르티니의 날'로 지정하여 기념하고 있다.

　　인도네시아의 국모 카르티니.

　　카르티니가 태어났을 때 인도네시아는 네덜란드의 식민지였다. 부유한 집안에서 태어난 그녀는 네덜란드
인 학교에 입학하여 공부할 수 있었다. 그녀는 이 학교에서 민족의식을 깨우쳤으며, 여성 교육의 필요성을 절
감하였다. 그리하여 여성들을 위한 학교를 세워 인도네시아 여성을 가르치는 데 앞장섰다.

　　여성 교육에 헌신하던 카르티니는 첫 아이를 낳은 지 나흘 만에 출산 후유증으로 세상을 떠나고 말았다. 불
과 25세였다. 그런 그녀의 짧은 삶이 널리 주목받기 시작한 것은 죽기 전에 친구들과 주고받은 편지를 모은
책《어둠에서 빛으로》가 출판되면서부터였다.

　　그녀의 편지에는 학업에 대한 열망, 학교를 세우겠다는 포부, 서민들과 함께 생활하겠다는 희망이 간절하
게 표현되어 있었다. 편지에 쏟아 놓은 카르티니의 주옥 같은 글들은 사람들의 심금을 울렸고, 이후 카르티니
의 이름을 딴 학교들이 곳곳에 생겨나 인도네시아 민족 운동에 큰 영향을 끼쳤다.

나에게 손대지 마라!

한밤중이었다. 나방들이 등불 옆을 정신없이 맴돌고 있었다. 그 옆에는 날아다니는 나방을 유심히 쳐다보고 있는 한 아이가 있었다.

"리살! 뭘 그렇게 보고 있니?"

"예, 엄마. 저기 저 나방들이요."

"그래? 나방을 보니 이야기 하나가 생각나는구나. 옛날에 등불을 너무 좋아하는 꼬마 나방이 살았단다. 등불이 뜨거우니 조심하라는 엄마 나방의 말을 매번 듣지 않았지. 그러던 어느 날 밤, 평소보다 등불에 가까이 갔던 꼬마 나방은 그만 날개가 타서 죽고 말았단다."

문득 어린 리살은 자기도 나방이 되고 싶다는 생각을 하였다. 등불 옆에 있다가 날개가 타 들어가도 나방이 되고 싶었다. 에스파냐의 가혹한 지배에 신음하고 있는 조국 필리핀을 위하여 싸우고 싶었다. 너무 뜨거워 자기 생명이 타서 없어지더라도 말이다.

호세 리살은 필리핀의 부유한 집안에서 태어났다. 젊은 시절 에스파냐에서 유학한 그는 "우리의 조국은 필리핀"이라고 외치며 각종 언론 활동을 벌였다. 에스파냐 통치자들이 필리핀을 얼마나 가혹하게 통치하고 있는지, 필리핀이 처한 현실이 어떤 것인지를 폭로하기 위하여 더불어 소설을 쓰기도 하였다.

유럽에서 출판된 그의 첫 작품 《나에게 손대지 마라》는 필리핀 젊은이들 사이에서 비밀리에 읽혀졌고, 그의 이름도 널리 알려졌다. 당황한 에스파냐 정부는 리살을 추방하였지만, 그의 의지를 꺾을 수는 없었다. 유럽을 무대로 활동하던 그는 31세가 되던 해 위험을 무릅쓰고 필리핀으로 돌아왔다. 필리핀에서 민족의 각성을 촉구하다가 곧 체포되어 투옥되었고, 혁명의 주모자로 지목되어 처형당하였다. 그러나 그가 품었던 이상은 이후 필리핀 독립운동의 굳건한 주춧돌이 되었다.

안녕, 사랑스런 나의 조국.
나는 나의 모든 것을
사랑하는 조국 필리핀에,
내가 밟았던 그 땅에
내 삶의 깊은 사랑을 남기고 가네.
나는 가려네.
고문하는 사람도 없고,
압제자의 권력이 반드시 파괴되는 그곳으로.
신념 때문에 죽지 않고, 신이 다스리는 그곳으로.
　　　—처형되기 전날 밤 호세 리살이 남긴 시, 〈마지막 이별〉

아이들을 가르치는 호세 리살 망명 생활을
하던 호세 리살은 필리핀으로 돌아와 손수
학교를 세우고, 아이들에게 여러 과목을
무상으로 가르쳤다.

호세 리살의 동상 필리핀에서는 지금도
호세 리살을 국민 영웅으로 떠받들고 있다.
필리핀의 수많은 거리와 건물에서 그의
이름을 찾을 수 있으며, 곳곳의 공원에서
그의 동상을 볼 수 있다.

《나에게 손대지 마라》
호세 리살이 식민지
필리핀의 현실을 폭로한
소설.

6 동아시아
삼국의 근대적 변혁과
일본의
제국주의화

거무스레한 저 낯선 배들은 어디서 온 것일까?

어느 새 동아시아에도 서양 제국주의의 손길이 뻗치고 있었다. 조선과 중국, 일본은 서양인들이 다가와 문을 열라고 요구하자 고민에 빠졌다. 저들의 요구를 들어줄 것인가, 아니면 싸울 것인가?

외세의 압력으로 문을 연 동아시아의 세 나라는 내부적으로 새로운 변화를 모색하였다. 그러나 변화를 둘러싼 내부의 갈등과 외세의 간섭이 상황을 복잡하게 만들었다.

일찍 서구 문물을 받아들인 일본은 동아시아의 새로운 강자로 부상하면서 조선과 중국 대륙을 넘보고 있었다.

1830

1840 청, 아편 전쟁
(제1차 청·영 전쟁)
1842 청, 난징 조약 체결

1850

1851 청, 태평천국 운동(~1864)
1853 일본, 페리 함대 통상
요구, 개항
1856 청, 애로호 사건(~1860)
(제2차 청·영 전쟁)
1861 청, 양무운동(~1894)
1866 조선, 병인양요
1868 일본, 메이지 유신

1870

1871 조선, 신미양요
1876 조선, 강화도 조약 체결
1884 청·프 전쟁

1890

1894 조선, 동학 농민 전쟁
1894 청일 전쟁(~1895)
1895 삼국 간섭
1898 청, 무술 변법 운동
1899 청, 의화단 운동(~1900)
1904 러일 전쟁(~1905)
1905 조선, 을사조약

1910

1911 중국, 신해혁명

1 동아시아 삼국, 닫힌 문을 열다

린쩌쉬

한동안 고요하던 동아시아의 바다가 일렁이기 시작하였다. 영국은 군함을 앞세워 중국의 문을 열고는 불평등 조약을 강요하였고, 태평양 건너 미국은 일본의 문을 열었다. 그리고 새로운 정부를 세운 일본은 힘을 길러 조선을 위협하였다. 이제 동아시아는 서양 세력과 뒤엉켜 요동치기 시작하였다.

■ 가 볼 곳: 광저우, 강화도 ■ 만날 사람: 린쩌쉬, 흥선 대원군
■ 주요 사건: 난징 조약, 메이지 유신

| 중국, 아편 전쟁으로 문을 열다 | 지방관으로 일하던 린쩌쉬는 청 황제에게 이렇게 상소하였다.

"폐하, 만일 아편 문제를 이대로 내버려 두시면 머지않아 나라를 지킬 병사는 물론이요, 군비로 쓸 은도 모두 사라질 것입니다. 이 생각만 하면 온몸이 떨려 옵니다."

당시 영국 동인도 회사는 인도에서 생산된 아편을 가져다 은밀히 중국에 팔았다. 청 정부는 원래 마약인 아편을 금지하고 있었다. 그런데도 아편을 피우는 사람들은 빠른 속도로 늘어났고, 아편 밀수도 계속 늘었다. 아편을 사들이면서 많은 양의 은이 빠져나갔고, 아편 중독자가 늘어나 심각한 사회 문제가 되었다.

청 황제는 광저우에 린쩌쉬를 파견하였다. 그는 아편을 몰수하여 모두 불태웠다. 그러자 영국은 '자유 무역'을 방해하는 청을 혼내 준다는 명분으로 전쟁을 일으켰다. 아편 전쟁(제1차 청·영 전쟁) 그러나 사실은 청이 마약 판매를 가로막는다고 전쟁을 선포한 것과 다름없었다.

전쟁은 싱겁게 영국의 승리로 끝났고, 불평등 조약인 난징 조약이 맺어졌다. 청은 막대한 양의 배상금을 지불하고, 상하이 등 5개 항구를 개방해야만 하였다. 다음 해에는 후속 조약이 맺어져 영국은 청의 법을 따르지 않아도 되었고, 청은 자주적으로 관세를 매길 수도 없게 되었다. 중국은 유럽 열강으로부터 자신을 보호할 수단을 잃어버린 것이다.

강화도 조약 체결(1876) 일본의 강압 아래 체결된 강화도 조약은, 조선이 맺은 최초의 근대적 조약이자 불평등 조약이다. 조선의 관세 자주권을 부인하고, 치외 법권을 강요하는 등, 일본이 이전에 서양에게서 강요받았던 내용과 유사하였다.

미일 수호 통상 조약 체결(1858) 아편 전쟁에서 청이 패하였다는 소식에 충격을 받은 막부는 미국 함대가 개항을 요구하자 문을 열고, 미일 수호 통상 조약을 맺었다. 조약은 일본 스스로 수입품에 관세를 부과할 수 없고, 미국인의 치외 법권을 인정하는 등 불평등한 내용을 담고 있었다.

난징 조약 체결(1842) 아편 전쟁 후 청이 서양과 맺은 최초의 불평등 조약이다. 영국에게 홍콩을 떼어 주는 한편 5개 항구를 열어 영국의 군함이 자유롭게 드나들 수 있도록 하였다. 청은 비슷한 내용의 조약을 미국, 프랑스와도 맺으면서 본격적으로 열강의 간섭을 받게 되었다.

⊙ 동아시아 삼국의 개항

군함을 앞세운 외세가 개항을 요구하자, 동아시아 세 나라는 문을 열면서 불평등 조약 체제에 편입되었다. 이 체제는 개항을 강요한 나라들이 확보한 권리를 다른 서양 열강들에게도 똑같이 보장해 주는 최혜국 특권도 인정하였다. 이제 동아시아 삼국은 밖으로는 외세의 간섭을 극복하면서 안으로는 개혁과 근대화를 추진해야 하는 이중의 과제를 안게 되었다.

린쩌쉬 영국의 아편 밀무역을 강하게 단속하는 한편, 외국의 서적과 잡지 등을 수입하여 서양 근대 문물에도 관심을 기울였다. 그러나 아편 전쟁이 발발하자 파직되었다.

아편 전쟁 영국 군함의 공격을 받아 불타는 청의 정크선. 화약을 먼저 발명한 것은 중국이었지만, 서양은 근대 과학 기술의 발전으로 더 우수한 성능의 총과 대포를 갖추었다. 막강한 군사력을 가진 영국은 중국과 싸워 일방적으로 승리하였다.

메이지 시대의 도쿄 거리 메이지 정부가 들어서면서 불에 잘 견디는 벽돌로 지은 조선소나 제철소 등 각종 근대 건축물이 들어섰다. 벽돌로 쌓은 건물이 늘어선 거리는 도쿄의 명물이 되었고, 메이지 시대 일본인들에게는 문명 개화의 상징으로 여겨졌다.

정한론의 대두 조선 침략을 주제로 일본 정부 내에서 찬반 논의가 진행되는 모습이다. 일본이 서양과 어깨를 겨루기 위해서는 조선을 침략해야 한다는 주장이 메이지 정부 초기부터 제기되었다.

│ 문을 연 일본, 메이지 유신으로 힘을 다지다 │ 대국인 청이 영국에게 속수무책으로 당했다는 사실이 조선과 일본에게는 커다란 충격이었다. 일본에서는 서양과 부딪칠 경우 청처럼 패배할지도 모른 다는 위기감이 고조되었다.

서양의 계속되는 통상 요구를 거절하던 일본의 막부는 미국의 페리 함대가 대포를 앞세워 통상을 요구하자, 이에 굴복하여 빗장을 풀어 닫힌 문을 열었다. 1854년 개항을 하자 미국을 비롯한 서양 열강은 난징 조약처럼 불평등 조약을 일본에 강요하였고, 막부는 이를 수용할 수밖에 없었다.

본격적인 대외 무역이 시작되자 일본에서는 물가가 상승하고 수공업이 몰락하여 민중의 불만이 높아졌다. 막부의 굴욕적인 외교를 비판하는 목소리는 더욱 커졌다. 막부에 반대하던 무사들은 "왕을 옹립하고 서양 오랑캐를 몰아내자."라고 주장하며 막부를 공격하였다. 이로써 약 700여 년간 유지되던 막부 정치는 막을 내렸고, '천황덴노'이 다스리는 메이지 정부가 수립되었다. 1867년

새로 들어선 메이지 정부는 강력한 중앙 집권 정책을 추진하였다. 그리고 국가 주도로 서양식 군대와 근대 산업을 키워 나갔다. 일본은 서서히 동아시아의 복병으로 성장하고 있었다.

| 조선, 개항과 항전의 갈림길에 서다 | 일본이 미국의 압력에 굴복하여 문을 열 즈음, 청과 영국 사이에는 또 한차례의 전쟁이 벌어졌다. 이번에는 청의 수도인 베이징이 함락되었다.^{1860년, 제2차 청·영 전쟁} 이 소식이 전해지자 조선은 더욱 충격에 휩싸였다.

1860년대에 들어서자 조선 연해에도 이양선^{서양 배}이 부쩍 늘어나면서 위기 의식이 감돌았다. 흥선 대원군은 문을 꽁꽁 걸어 잠근 채 해안, 특히 한양으로 들어오는 길목인 강화도의 경비를 강화하면서 안으로는 서양과 연결된 천주교를 대대적으로 탄압하였다.

천주교 탄압 과정에서 프랑스 신부가 처형당하자 프랑스군이 쳐들어왔다. 그리고 미국 상선이 대동강에서 불타자 미국 군함이 공격해 왔다. 흥선 대원군은 이들의 침략을 막아 내면서 더욱 완강히 서양을 거부하였다. 보수적인 유학자들은 이런 정책을 지지하였다.

그러던 1875년, 일본 군함 운요호가 불쑥 나타나 무력 시위를 벌이며 개항을 요구하였다. 흥선 대원군이 물러난 조선은 항전과 개항의 갈림길에서 이번엔 개항을 선택하였다. 일본과 강화도 조약을 맺은 것이다. 조약 내용은 미국이 일본에게 강요한 것과 비슷하였다. 일본은 얼마 전 미국에게 당했던 것을 그대로 조선에 적용한 것이었다. 이렇게 동아시아 삼국은 각각 외세의 강요로 문을 열게 되었다.

전차가 개통될 당시 동대문 앞 거리
우리나라는 일본보다 4년 늦은 1899년에 처음으로 전차가 개통되었다. 전차 소리가 토지 신을 노하게 한다면서 전차 운행을 반대하는 사람도 있었으나 전차를 타 보려는 사람들이 줄을 이었다. 서양의 근대 문물은 기존의 가치관과 충돌하기도 하였으나 서서히 받아들여지고 있었다.

흥선 대원군 어린 고종을 대신하여 실권을 장악하고 있던 흥선 대원군은 서양 열강의 통상 요구를 철저하게 거부하였다. 조선에 침입해 온 미국과 프랑스 함대를 격퇴하고 난 후, 전국의 주요 길목에 서양의 침입에 맞서 싸우자는 내용의 척화비를 세우다

'문명'이라는 이름의 폭력

근대화된 일본 여성 1883년
'로쿠메이칸'이라는 사교장이 문을
열면서 거의 매일 화려한 무도회가
열렸다. 이는 일본이 서구화되었음을
서양 각국으로부터 인정받기 위한
것이었다. 그림은 무도회에 참석하기
위해 양장 차림을 한 상류층 여성.

2004년 일본은 지난 20년간 사용하던 화폐의 인물들을 바꾸었다. 그러나 1
만엔권 지폐 속의 인물은 바꾸지 않았는데, 그 주인공은 바로 후쿠자와 유키
치이다. 일본 근대화의 상징적 인물로서 메이지 시대의 대표적 계몽 사상가
인 그는 학문과 교육으로 일본을 일으켜 세울 것을 주장하였다.

후쿠자와 유키치는 문명국이 되기 위해서는 일본이 서양 학문을 배워야 한
다고 생각하였다. 인간의 자유와 평등을 선언한 그의 저서 《학문의 권장》은 당
시에 무려 340만 부나 팔린 베스트셀러였다. 그가 세운 게이오 의숙은 서양의
신식 학문을 배운 학생들을 많이 배출하였고, 이들은 일본의 근대화에 중요한
역할을 하였다.

그러나 후쿠자와 유키치의 소원은 인간의 존엄과 권리를 바탕으로 한
문명의 나라를 건설하는 데 그치지 않았다. 그는 나라의 힘을 길러 일본도
열강의 대열에 합류할 것을 주장하였다. 또한 "1,000권의 국제법이 한
개의 대포만 못하다."라고 주장하며 '힘'으로 조선과 중국을 접수하자
고 호소하였다. 그에게 조선과 중국은 평등한 이웃 나라가 아니었다.

후쿠자와 유키치 서양의 근대 사상을 소개하면서 봉건적 사고 방식을 타파하고, 부국 강병을 통하여 열강의 침략으로부터 독립을 지켜 나갈 것을 주장하였다. 아래 사진은 그가 지은 책인 《서양 사정》과 《문명론의 개략》.

서양 복장 차림의 메이지 천황
일본은 근대화를 추진하면서 서양식 복장을 도입하여 군인, 경찰, 우편 배달부, 철도원에게 제복을 입도록 하였다. 수염을 기른 채 군복을 입은 메이지 천황의 모습은 일본 근대화의 선두 주자로서 부각되었을 뿐만 아니라, 일본인들의 정신적 지주로서 신격화되었다.

1894년 청일 전쟁이 일어나자 후쿠자와 유키치는 문명국 일본이 야만국 청을 이겨야 한다며 사비를 털어 국가에 헌납하였다. 일본이 승리하자 "황홀하고 꿈만 같아서 저절로 울 수밖에 없다."라고 말하며 제국주의의 문턱에 들어선 일본을 자랑스러워하였다. 일본의 침략 전쟁은 '문명'이라는 이름으로 포장되어 합리화하였고, 이후 일본은 조선을 '보호'한다는 구실로 조선의 주권을 빼앗았다.

후쿠자와 유키치는 조선의 지식인에게도 영향을 끼쳤다. 그의 제자였던 조선의 개화사상가 유길준은 동학 농민군이 '문명화'를 가로막는다고 생각하여 일본군이 이들을 학살하는 것을 두둔하였다. 친일파였던 이광수는 후쿠자와 유키치의 무덤을 찾아가 "묘 앞에서 머리를 숙이고 망연자실하였다가 다시 눈을 들어 묘비를 바라보니 존경의 마음이 더욱 새롭다."라는 말로 존경심을 표현하기도 하였다.

이들이 후쿠자와 유키치의 생각대로 문명은 힘이고 나아가 '힘은 곧 정의'라는 믿음을 가졌기에 일본의 조선 지배를 인정하게 되는 것도 그리 어려운 일은 아니었다.

2 새로운 길을 찾아 나서는 중국

홍슈취안

"토지가 있으면 함께 농사짓고, 음식이 있으면 함께 나누어 먹고, 옷이 있으면 함께 입고, 돈이 있으면 함께 쓰고, (중략) 하늘 아래 모든 사람이 따뜻하게 입고 배불리 먹을 수 있도록 하자." 홍슈취안은 모두가 평등하게 잘사는 천국을 지상에 세우자고 이렇게 외쳤다.

■ 가볼 곳: 진텐춘, 원명원, 푸저우 조선소   ■ 만날 사람: 홍슈취안, 쩡궈판
■ 주요 사건: 태평천국 운동, 양무운동

| 지상의 천국을 꿈꾸다 | 인적이 드문 산속에서 뭔가 요란한 소리가 들려왔다. 벌겋게 달군 쇠를 두드려 칼과 창을 만드는 사람들도 보이고, 쇳물을 부어 총과 대포를 만드는 사람들도 보였다. 사람들은 이렇게 만든 무기를 가지고 광시성 진텐춘으로 이동하였다.

그곳에는 이미 여러 지역에서 온 1만여 명의 사람들로 북적이고 있었다. 이들은 드디어 태평천국의 깃발을 올렸다. 1851년 홍슈취안은 만주족이 세운 청을 몰아내고 빈

난징 공방전

난징은 풍부한 경제력을 가진 강남 지역의 중심 도시였다. 우창을 함락시킨 태평천국 군대는 1852년 봄 창장강을 따라 난징을 향하여 파죽지세로 진격하였다. 1만여 척의 배를 이끌고 가던 태평천국의 수군은 난징에서 청 군대와 치열한 공방전을 벌였다. 10여 일에 걸친 치열한 공방전 끝에 태평천국 군대는 난징을 점령할 수 있었다.

부나 남녀 차별 없이 모두가 평등하게 잘사는 태평천국을 만들자며 사람들의 가슴에 불을 댕겼다.

당시 영국과의 전쟁에서 패한 청은 막대한 배상금을 마련하기 위하여 농민들에게 무거운 세금을 부과하였다. 또, 외국의 값싼 공업 제품이 침투하면서 수공업자들은 일자리를 잃었다. 이처럼 민중의 삶이 갈수록 힘들어지자 봉기를 꿈꾸는 비밀 결사들이 생겨났다.

태평천국도 처음에는 종교적 비밀 결사로 시작하였다. 그러나 태평천국 운동의 지도자인 홍슈취안이 인간은 누구나 평등하다며 지주의 땅을 빼앗아 농민들에게 나누어 주는 정책을 펴 나가자, 많은 사람들이 삽시간에 몰려들어 그 세력은 눈덩이처럼 불어났다. 태평천국 운동에는 농민, 광부, 숯쟁이, 실업자 등 다양한 사람들이 참여하였고, 태평천국 군대는 곳곳에서 청 군대를 격파하였다. 태평천국 군대에는 여성 부대도 조직되어 남성들 못지않게 활약하였으며, 광부들로 이루어진 공병 부대는 성 밑을 파고 들어가 화약을 설치하여 성을 무너뜨리기도 하였다.

태평천국은 난징을 점령한 후 개혁안을 발표하였고, 한때 중국 영토의 절반을 차지한 채 약 14년간이나 청과 힘을 겨루었다.

→ 태평 천국 군대의 진로
● 난징 조약에 의한 개항장(1842)
▨ 태평천국 군대의 점령 지역(1851~1864)

태평천국 군대의 진로와 점령 지역 진톈춘에서 봉기한 태평천국 군대는 난징을 점령하여 근거지로 삼고 청 왕조를 무너뜨리기 위하며 북쪽으로 군대를 보냈다. 태평천국 군대는 승리를 거두면서 톈진 부근까지 올라갔으나 무기와 식량 공급이 원활하지 못한 가운데 포위 공격을 받아 전멸하였다. 주력 부대를 잃은 태평천국 군대는 이후 청의 반격을 받았다.

태평천국 군대의 난징 점령 태평천국 군대는 난징을 점령하여 수도로 삼고, 토지의 균등 분배와 여성의 전족 금지, 남녀 차별 폐지, 아편 금지 등의 내용을 담은 천조 전무 제도를 반포하였다.

쩡궈판 유학자이자 관료였던 쩡궈판은 자신의 고향에서 군대를 조직하여 태평천국 군대를 진압하는 데 큰 역할을 하였다. 이후 서양 문물을 받아들여 자강을 모색하자는 양무운동의 핵심 인물이 되었다.

| 꿈의 궁전 원명원이 약탈당하다 | 청이 태평천국 운동으로 골치를 썩고 있을 때, 영국은 또다시 청을 침략하였다. 이번에는 프랑스군과 함께 쳐들어왔다. 청 관리와 영국 배 사이의 사소한 말썽을 구실로 내걸었지만, 영국과 프랑스는 난징 조약 이후 어떻게 하면 청으로부터 더 많은 이득을 챙겨 볼까 기회를 엿보고 있던 참이었다.

영·프 연합군은 수도인 베이징까지 밀고 들어왔다. 베이징 외곽의 궁전 원명원이 야만적인 약탈과 방화로 한순간에 폐허가 되어버렸다. 겁에 질린 청은 영국과 프랑스의 요구에 따라 또다시 굴욕적인 조약을 체결하였다. ^{1860년} 그 결과 외국의 상인들과 선교사들이 중국 땅 어디든지 마음대로 드나들 수 있게 되었다.

조약이 체결되자 영·프 연합군은 이번에는 방향을 바꾸어 태평천국을 공격하기 시작하였다. 신분제를 부정하고 지주의 토지를 빼앗는 것에 경계심을 품고 있던 한족 지주들도 군대를 만들어 태평천국 진압에 함께 참여하였다.

당시 태평천국은 지도층의 내분으로 세력이 많이 약해져 있었다. 막강한 화력을 앞세운 진압군의 포위 작전에 태평천국의 수도 난징이 함락되면서 태평천국은 결국 막을 내렸다. ^{1864년} 그러나 평등한 세상을 꿈꾸는 사람들의 마음속에는 태평천국이 계속 살아 있었다.

원명원 청이 130여 년 동안 공들여 만들었고, '동양의 베르사유'라 불리던 곳이다. 영·프 연합군은 원명원에 있던 귀중품과 도서를 약탈한 후 철저하게 파괴하였다. 웅장하고 아름다웠던 원명원이 한순간에 허물어져 버렸다는 소식은 조선에도 큰 충격을 안겨 주었다. 아래 사진은 원명원 내의 부속 건물로, 예수회 선교사 카스틸리오네 등이 설계한 서양루가 파괴된 후 기둥만 남은 모습이다.

│ **오랑캐에게 배워 오랑캐를 제압하자** │ 중국 남부의 항구 도시 푸저우의 조선소가 분주하게 움직이고 있었다. 이제까지와는 다른 서양식 배를 만드느라 많은 중국인들이 땀을 흘리고 있었다. 그러나 배 만드는 것을 지휘하고 감독하는 사람은 프랑스인들이었다. 푸저우의 조선소에는 수십 명의 프랑스인 기술자가 고용되었다.

영·프 연합군이 수도 베이징을 짓밟고 태평천국을 진압하는 모습을 보면서, 중국은 서양의 우수한 군사력을 실감하였다. 결국 중국이 살아남기 위해서는 서양의 과학과 기술을 수용해야 한다는 목소리가 높아져 양무운동이 본격적으로 일어났다.

양무운동은 태평천국 운동 진압에 공을 세우며 급부상한 쩡궈판과 같은 한인 지방 관료를 중심으로 추진되었다. 서양식 무기가 도입되고 군수 공장이 설립되었다. 이어서 조선·철도·광산·제철 등의 산업이 일어났고, 외국어 학교 설립과 유학생 파견도 뒤따랐다.

그 결과, 근대적 기업이 등장하고 산업화가 진전되었지만 곧 그 한계도 드러났다. 중앙 정부의 관료들 대부분이 양무운동에 반대하였기 때문에 이 운동은 지역 차원에서 진행될 수밖에 없었다. 그나마 지방 관료들도 서로 경쟁하거나 대립하는 경우가 많았다. 1884년 인도차이나반도를 차지하기 위하여 프랑스가 전쟁을 일으켰을 때 ^{청·프 전쟁}, 북쪽 바다를 지키던 함대가

중국의 근대화 운동

중국은 위력적인 서양 무기를 경험한 후 '부국'과 '강병'을 내걸고, 선진 기술을 도입하자는 양무운동을 전개하였다. 서양 기술의 도입은 대포와 군함 등의 군사 분야를 비롯하여 철도, 해운, 방적, 광산 사업 등 다양한 분야에서 진행되었다. 이러한 움직임은 근대적인 산업과 기술이 중국에 본격적으로 도입되는 계기를 마련하였으나, 정치와 제도의 개혁이 함께하지 않은 채 이루어졌기 때문에 한계가 있었다.

푸저우 선정국 1866년에 설립되었으며, 1,700~2,000명의 노동자가 근무하였다. 이곳에서는 선박을 제조하고 수리하였다. 또, 부설 학교를 설립하여 조선술과 항해술을 교육하였고, 프랑스에 유학생을 파견하기도 하였다. 청프 전쟁 당시 프랑스 군함에 의하여 파괴되었다.

금릉 기기국 1865년 금릉(현재의 난징)에 설립되었으며 1,200여 명의 노동자가 근무하였다. 다양한 종류의 대포와 화약을 제조하였는데, 이곳에서 생산된 무기의 대부분은 해안을 방어하는 포대와 함대에 공급되었다.

출전을 거부하여 남쪽 바다를 지키던 함대가 전멸하였다. 프랑스인이 만들어 당대 최고를 자랑하던 푸저우 조선소도 프랑스 군함에 의하여 하루 만에 잿더미로 변하였다. 청·프 전쟁이 끝난 후 청은 해군력 강화에 나섰다. 1870년대부터 해군을 건설하기 시작한 리훙장은 자신의 해군을 최고로 만들기 위하여 노력하였다.

1894년 청일 전쟁이 터지자, 이번에는 남쪽 바다를 지키는 함대가 출전을 거부한 가운데 리훙장의 함대가 궤멸되었다. 30년에 걸친 양무운동의 성과가 바닷속으로 가라앉는 순간이었다. 양무운동은 비록 실패로 끝났지만, 한편으로는 중국의 산업화를 자극하였다.

중국의 소년 유학생

미국에 파견되었던 유학생들 1871년 청은 10대 초반의 어린 소년들로 이루어진 유학생을 미국에 파견하였다. 이들은 15년간의 유학을 마친 후에 청의 관리로 채용될 것을 약속받았다.

"서양의 나라들은 중국에 30만 파운드의 아편을 팔아서 6,000만 달러를 벌어들였습니다. 이 독약을 파는 것은 사람을 죽이는 것보다 더 악랄한 것입니다. (중략) 그러나 청은 결코 죽지 않았습니다. 다만 잠이 들어 있을 뿐입니다. 청은 곧 잠에서 깨어나 당당히 세계의 중심에 우뚝 설 것입니다."

미국 어느 고등 학교의 졸업 기념 논술 발표 대회에 발표자로 나선 청의 유학생 차이사오지는 이 연설로 참석한 청중들의 마음을 사로잡았다. 이후 차이사오지는 예일 대학을 수료하고 중국에 돌아와 교육 활동에 힘썼다. 또 그는 오늘날 톈진 대학의 전신인 북양 대학을 세우는 데 참여하였다.

당시 양무운동을 추진하던 쩡궈판과 리훙장 등은 소년들을 유학생으로 선발하여 서양의 학문과 기술을 배우도록 하였다. 미국과 영국, 독일 등지에 파견된 유학생들은 서양의 다양한 학문과 기술을 익히고 돌아왔다. 유학생들은 철도를 가설하였고, 근대적인 해군 건설에도 한몫을 담당하였다. 중국 근대화의 한 주체였던 것이다.

여성들이 꿈꾼 태평천국

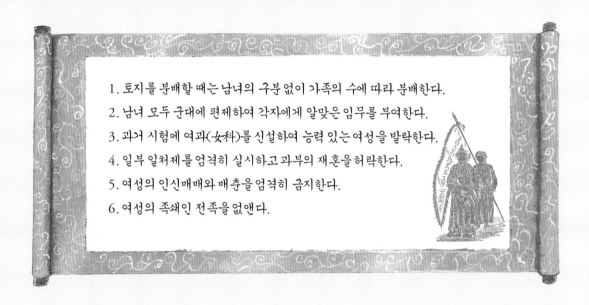

1. 토지를 분배할 때는 남녀의 구분 없이 가족의 수에 따라 분배한다.
2. 남녀 모두 군대에 편제하여 각자에게 알맞은 임무를 부여한다.
3. 과거 시험에 여과(女科)를 신설하여 능력 있는 여성을 발탁한다.
4. 일부 일처제를 엄격히 실시하고 과부의 재혼을 허락한다.
5. 여성의 인신매매와 매춘을 엄격히 금지한다.
6. 여성의 족쇄인 전족을 없앤다.

"장원 급제, 추안산시앙."

사람들이 방금 붙은 벽보 앞으로 모여들었다. 벽보를 본 사람들은 웅성거리기 시작하였다. 이번 과거 시험에는 장원 급제를 비롯하여 여성들의 이름이 많이 보였기 때문이다.

중국을 방문한 한 외국인은 다음과 같은 기록을 남겼다.

"남자들과 마찬가지로 많은 여자들이 청과의 전투에 열심히 임하였다. 그들은 전쟁터에서 위험한 임무를 기꺼이 맡았고, 지휘관이 된 사람도 있었다. 나는 말에 올라탄 여성들의 씩씩한 모습에 경탄을 금치 못하였다."

우리를 의심하게 만드는 이런 광경들은 바로 태평천국 운동 때 일어났다. 태평천국 운동을 일으킨 홍슈취안은 자신이 점령한 지역에서 중국 역사상 최초로 남녀 평등 정책을 추진하였다.

비록 태평천국 운동은 실패로 끝났지만, 중국 여성들은 태평천국을 통하여 자신들이 꿈꾸던 '태평한 하늘 나라'를 보았을 것이다.

3 1894년 질풍노도의 동아시아

전봉준

1894년, 포악한 관리와 외세의 수탈에 맞서 봉기한 조선 농민들의 함성이 한 반도를 뒤흔들었다. 그러나 이를 진압한다는 빌미로 조선에 들어온 청과 일본 사이에 전쟁이 벌어졌고, 일본이 승리하였다. 이로써 중국을 중심으로 하던 동아시아 질서가 무너지고, 일본이 새로운 강자로 떠올랐다.

■ 가 볼 곳: 전라도 고부 ■ 만날 사람: 전봉준
■ 주요 사건: 동학 농민 전쟁, 청일 전쟁, 러일 전쟁

| 농민들, 조선을 뒤흔들다 | 갑오년 1894년 정월 대보름을 닷새 앞둔 차가운 겨울밤, 한 무리의 풍물패가 전라도 고부의 마을을 돌면서 농민들을 불러 모았다. 온갖 수탈에 시달리던 농민들이 하나둘씩 모여들어 어느새 성난 물결을 이루었고, 농민 수천 명이 곧장 고부 관아로 달려갔다. 전봉준의 지휘 아래 농민들은 고부 관아를 점령하여 억울하게 갇힌 사람들을 풀어 주고, 창고를 헐어 빼앗긴 곡식을 나누어 가졌다.

고부에서 시작된 봉기는 이웃 마을까지 번져, 3월 하순에는 농민 전쟁으로 발전하였다. 전봉준은 동학 조직을 이용하여 부대를 편성하고 "못된 관리와 양반, 포악한 외세를 몰아내자."라고 호소하며 각지에 봉기를 촉구하였다. 드디어 체계를 갖춘 농민군은 전라도 일대를 누비며 파죽지세로 북상하였다.

조정에서 진압군이 파견되었지만 농민군의 기세를 꺾을 수는 없었다. 전라도 제일의 도시 전주가 마침내 농민군의 손에 넘어갔다. 다급해진 조정은 청에 출병을 요청하였고, 청이 군대를 보내자 덩달아 일본도 인천에 군대를 상륙시켰다. 외세의 간섭을 우려한 농민군은 정부와 협상에 나섰다. 조선 정부가 농민군의 개혁 요구를 받아들이기로 약속하자, 농민군은 해산하였다.

백산 봉기 전봉준을 중심으로 한 농민군이 모이자 산은 온통 흰 물결이었다. 조선의 봉건적 지배 질서와 외세의 침략을 반대하면서 일어난 동학 농민 전쟁은 동아시아의 지축을 뒤흔든 일대 사건이었다.

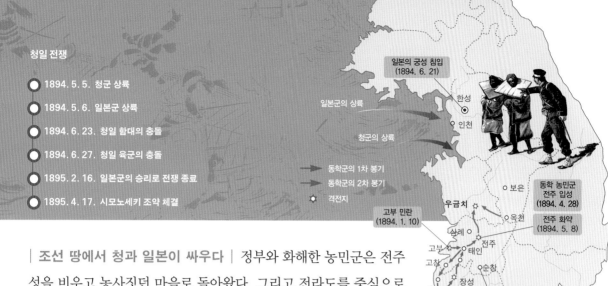

청일 전쟁

- 1894. 5. 5. 청군 상륙
- 1894. 5. 6. 일본군 상륙
- 1894. 6. 23. 청일 함대의 충돌
- 1894. 6. 27. 청일 육군의 충돌
- 1895. 2. 16. 일본군의 승리로 전쟁 종료
- 1895. 4. 17. 시모노세키 조약 체결

일본군의 상륙

청군의 상륙

동학군의 1차 봉기
동학군의 2차 봉기
격전지

일본의 궁성 침입
(1894. 6. 21)

한성
인천
보은
동학 농민군
전주 입성
(1894. 4. 28)
우금치
옥천
전주 화약
(1894. 5. 8)
고부 민란
(1894. 1. 10)
삼례
고부 태인
전주
고창
순창
전봉준 체포
(1894. 12. 2)
장성

| 조선 땅에서 청과 일본이 싸우다 | 정부와 화해한 농민군은 전주 성을 비우고 농사짓던 마을로 돌아왔다. 그리고 전라도를 중심으로 자치 기관인 집강소를 설치하고, 아래로부터의 개혁에 나섰다. 집강 소에는 농민을 괴롭히던 수령과 아전, 양반들이 잡혀 와 혼쭐이 났고 노비 문서는 불 속으로 던져졌다. 무지렁이 농민들이 역사의 전면에 등장한 것이다.

한편 조선에 들어온 청일 양국 군대는 조선의 철수 요청에도 아랑 곳하지 않고 주도권을 잡기 위하여 서로 신경전을 벌이고 있었다. 6 월 말 일본군은 갑작스럽게 경복궁을 점령하여 친일 정권을 세웠고, 이틀 뒤에는 청 군대를 기습 공격하여 본격적으로 청과 전쟁에 들어 갔다. 1894년, 청일 전쟁

일본군은 한반도 곳곳에서 청의 군대를 압도하였다. 한반도가 외 세의 전쟁터로 변하고 일본의 내정 간섭이 심해지자, 농민들은 9월 하순 "양놈과 왜놈을 몰아내자."라며 다시 무기를 들었다.

이번에는 전라도뿐만 아니라 충청도·경상도·경기도·강원도의 농민들도 함께 봉기하였다. 그러나 일본군의 신식 무기 앞에서 농민 군은 크게 패하여 뿔뿔이 흩어질 수밖에 없었다. 농민 전쟁은 실패로 돌아갔지만, 이후 조선의 개혁과 의병 전쟁의 큰 밑거름이 되었다.

한편 한반도에서 청의 군대를 격파한 일본군은 압록강을 넘어 청 의 군사 요충지를 점령하였다. 청의 최정예 함대도 맥없이 무너지면 서 수도인 베이징이 위태로울 지경이었다. 결국 청은 항복을 선언하 였다.

청일 전쟁 동학 농민 전쟁을 빌미로 청과 일본의 군대가 조선에 들어왔다. 경복궁을 무력으로 점령하여 친일 정권을 세운 일본은 청을 몰아내고 조선을 차지할 목적으로 청일 전쟁을 일으켰다. 지도 위의 그림은 평양 전투에서 패배한 청의 군사들이 일본군에게 끌려가는 모습이다. 아래는 황해 해전에서 일본 군함의 공격을 받아 청 군함이 침몰하는 장면이다.

야하타 제철소 일본은 무기와 산업에 필요한 철강을 공급하기 위하여 청일 전쟁의 배상금으로 야하타 제철소를 세웠다. 제철에 필요한 철광석은 청에서 헐값에 들여왔다. 1901년부터 본격적인 철강 생산을 시작한 이 제철소는, 일본 군수 산업과 중공업 발전의 대명사가 되었다. 사진은 제철소를 완공하기 직전에 이토 히로부미가 야하타 제철소를 방문하였을 때의 모습이다.

| 더 큰 전쟁을 준비하는 일본 | 섬나라 일본에게 지다니. 중국으로서는 청일 전쟁의 패배가 다른 어떤 전쟁보다도 충격적이었다. 일본은 승리감에 도취하여 막대한 배상금과 영토를 청에 요구하였다. 이 모습을 지켜보던 러시아가 독일·프랑스와 함께 일본을 견제하고 나섰다. 1895년, 삼국 간섭

러시아를 비롯한 서양 세력의 압력 때문에 일본은 중국에게서 빼앗은 땅을 돌려주어야만 하였다. 그리고 일본이 다 잡은 고기라고 생각하였던 조선에서도 러시아의 입김이 점점 세지고 있었다. 그러자 일본은 조선에서 러시아의 영향력이 커지는 것을 막기 위하여 조선의 왕비를 시해하는 만행을 저질렀다. 1895년, 을미사변 그러나 이 사건 후 조선의 왕은 러시아 공사관으로 피신하였고, 러시아의 영향력은 갈수록 더 커져 갔다.

'동양의 맹주'를 꿈꾸던 일본은 러시아에 대한 복수를 다짐하면서 군비 확장에 열을 올렸다. 청일 전쟁 후 청에서 받은 배상금이 그 종자돈 역할을 하였다. 청일 전쟁 직전 2,280만 엔이었던 군비는 1898년에 50배로 크게 늘어났다. 청의 배상금은 일본 자본주의가 비약적으로 성장하는 밑거름이 되었다. 중공업의 기반인 대규모 제철소가 세워졌고, 조선·철도·군수 산업이 크게 성장하였다.

러일 전쟁과 조선의 의병 항쟁 영국과 미국의 지원을 받은 일본은 당초의 예상을 깨고 러일 전쟁에서 승리하였다. 한반도에서 주도권을 잡은 일본에 의하여 조선이 식민지로 전락할 운명에 처하자, 전국 각지에서는 일본에 맞서 의병 항쟁이 일어났다.

러시아의 패배 러시아의 발틱 함대는 일본과 동맹을 맺고 있던 영국이 수에즈 운하의 통행을 막자, 아프리카 남단을 돌아 7개월 동안 2만 9,000킬로미터를 항해하여 동해에 도달하였다. 그러나 일본 해군의 공격으로 궤멸되고 말았다.

| **일본, 러시아와 한판 전쟁을 벌이다** | 일본은 힘을 축적하면서 기회를 엿보고 있었다. 1900년, 마침 중국에서 의화단의 반제국주의 투쟁이 일어나자 군대를 보냈다. 의화단 진압을 위하여 파병된 8개국 연합군 7만 명 중 일본군은 무려 2만 2,000명이었다.

의화단이 진압되자, 연합군을 편성하였던 각국은 군대를 불러들였다. 그런데 러시아는 만주에 군대를 남겨 두었다. 그러자 러시아에 불만을 품고 있던 일본이 러시아의 남하를 경계하던 영국과 동맹을 맺었다. 1902년, 영일 동맹 일본과 러시아 사이에 긴장이 높아져 갔고, 두 나라 사이에 끼인 한반도에는 전운이 감돌았다.

마침내 일본의 선제 공격으로 러일 전쟁이 시작되었다. 1904년 한반도는 10년 전처럼 또다시 주변 나라들 간의 전쟁터가 되었다. 조선은 중립을 선언하였으나, 일본은 이를 무시한 채 전쟁에 필요한 철도 시설 등을 장악하고 조선의 정치에 간섭하였다.

일본은 러시아의 세력 확장을 저지하려는 영국과 미국의 막대한 군비 지원에 힘입어 러시아에 승리하였다. 승리한 일본은 본격적으로 제국주의 열강 대열에 올랐다. 그러나 일본의 승리는 조선으로서는 비극이었다. 일본은 이제 어느 누구의 간섭도 받지 않고 조선을 식민지로 만들 수 있었다.

조선의 의병 항쟁 일본이 조선을 식민지로 만들려고 하자 반일 의병 항쟁이 전개되었다. 1908년에는 연인원 9만 9,000명의 의병이 참여하여 1,452회의 전투가 벌어졌다. 일본은 러일 전쟁 때보다도 더 많은 병력을 투입하여 의병 진압에 나섰다.

러일 전쟁에 동원된 조선인 일본은 주요 전장이었던 한반도와 만주에서 전투를 치르기 위하여 조선인들을 강제로 동원하여 군수 물자를 나르게 하였다.

4 위기의 중국, 다시 살아날 수 있을까

쑨 원

캉유웨이는 "러시아는 북쪽에서, 영국은 서쪽에서, 프랑스는 남쪽에서, 일본은 동쪽에서 호시탐탐 우리를 지켜보고 있다. 그러나 나약한 우리는 불붙기 직전의 장작더미 위에서 조용히 잠만 자고 있다."라면서 중국이 살아남기 위해서는 개혁이 시급하다고 역설하였다.

■ 가 볼 곳: 베이징, 우창 ■ 만날 사람: 캉유웨이, 쑨원
■ 주요 사건: 변법자강 운동, 의화단 운동, 신해혁명

| **개혁은 선택이 아니라 필수** | 청일 전쟁에서 패한 청의 굴욕감은 이루 말할 수 없었다. 더구나 마지막 남은 조공국이었던 조선마저 일본에게 빼앗겼으니! 조공을 통하여 주변국들을 아우르던 중화 제국의 질서는 완전히 무너져 버렸다.

청일 전쟁이 끝나고 2년 뒤인 1897년, 독일이 산둥성의 자오저우만을 강제로 점

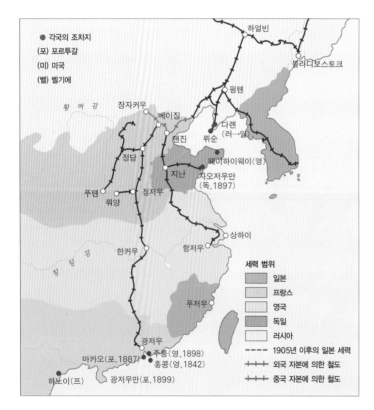

분할의 위기에 빠진 중국 청일 전쟁의 패배로 청이 종이호랑이임이 드러나자, 제국주의 열강의 이권 침탈과 영토 분할이 본격적으로 진행되었다. 열강은 철도 부설과 광산 개발의 이권을 얻어 냈고, 조차지를 획득하는 한편, 각각 세력 범위를 설정하였다. 조차지는 중국의 행정, 사법권이 미칠 수 없는 지역으로, 열강의 정치, 경제, 군사 활동의 거점 역할을 하였다.

령하는 사건이 벌어졌다. 청일 전쟁의 결과로 일본과 굴욕적인 조약을 맺을 때, 황제에게 조약의 철회를 요구하는 청원서를 올렸던 캉유웨이는 이번에도 참을 수가 없었다. 캉유웨이는 "변법을 하지 않으면 황제조차도 평범한 인간으로밖에 살아갈 수 없을 것"이라며 황제에게 개혁의 절박함을 호소하였다. 결국 그의 상서는 황제의 마음을 움직였다.

1898년 무술년, 광서제가 개혁을 공포하면서 무술 변법의 막이 올랐다. 과거 제도가 개혁되고, 근대적 학교와 군대가 생기고, 국가의 지원으로 상공업 발전이 추진되었다. 그러나 이러한 개혁 때문에 권력을 잃을 것을 걱정하던 서태후와 수구 세력들은 개혁이 시작된 지 100여 일 만에 쿠데타를 일으켰다. 캉유웨이는 외국으로 망명하였고 개혁은 물거품이 되었다. 개혁 세력은 아직 미약하였고 민중의 지지도 부족하였기 때문에 수구 세력의 벽을 넘을 수 없었다.

캉유웨이 청프 전쟁에 이어 청일 전쟁에서도 중국이 패배하자 캉유웨이는 황제에게 변법을 통한 부국 강병을 주장하는 상서를 올렸다. 학회를 조직하고 신문과 잡지를 발행하며 변법의 시급함을 역설하던 캉유웨이는 황제의 요청으로 개혁을 시도하였으나, 수구 세력의 쿠데타로 실패하자 일본으로 망명하였다.

| 청 왕조를 도와 제국주의를 타도하자 | 캉유웨이 등이 위로부터의 개혁을 추진할 무렵에도 제국주의 열강의 간섭이 심해지자, 성난 민중들은 서양 색채를 띤 것은 모조리 부수기 시작하였다. 교회를 불태우고, 철로를 뜯어냈으며, 전봇대를 뽑아 내동댕이쳤다.

이 돌풍의 한가운데에 의화단이 있었다. 의화단은 원래 무술을 수련하던 비밀 결사였으나 민족의 위기를 맞아 민중이 몰려들면서 그 세력이 부쩍 커졌다. 이들은 "청 왕조를 도와 서양 세력을 몰아내자."라고 외쳤다. 서태후를 비롯한 수구 세력들도 이런 의화단의 주장에 솔깃하여 이들의 활동을 묵인하였다.

의화단의 돌풍은 베이징까지 휘몰아쳤고, 외국 공사관과 교회들을 공격하였다. 이에 열강들은 군대를 보내 의화단 진압에 나섰다. 8개국 연합군은 완강히 저항하는 의화단을 물리치고 베이징을 함락시켰다. 의화단 사건을 구실로 열강은 청에 엄청난 양의 배상금을 강요하였고, 베이징에는 외국 군대가 주둔하게 되었다.

서태후 1861년 나이 어린 황제를 대신하여 정권을 잡은 서태후는 48년 동안 실질적으로 중국을 통치하였다. 캉유웨이 등이 주도하는 변법이 실시되자 개혁을 반대하는 수구 세력과 함께 쿠데타를 일으켰다.

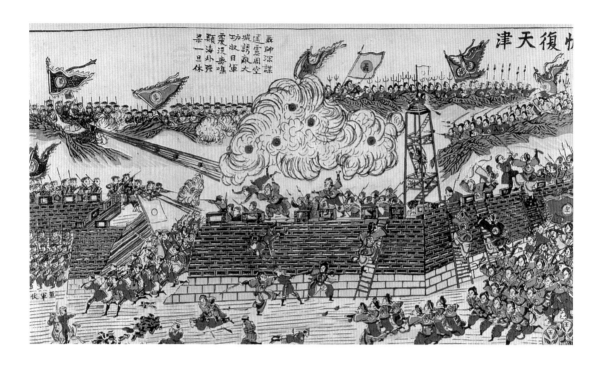

津天復收

最帥深謀遠慮周空
城設誘敵軍大收功
景顯震海外嘩一旦休彈
伏軍至

▲ 톈진에서 일본군과 싸우는 의화단
산둥 지역을 중심으로 전개되던 의화단
운동이 세력을 확장해 나가자, 청 조정은
이에 동조하여 열강들에게 선전 포고를
하였다. 그림은 의화단과 청 군대가 8개국
연합군의 주력인 일본군을 톈진에서
몰아내는 모습이다. 베이징으로 들어가는
길목인 톈진은 의화단과 8개국 연합군
사이에 치열한 싸움이 벌어졌던 곳이다.

│ 이천 년의 황제 지배가 끝나다 │ 의화단 사건 이후 청이 열강의 꼭
두각시가 되자, 가슴에 혁명을 품는 사람들이 늘어 갔다. 의사였던 쑨
원은 청일 전쟁에서 힘없이 무너지는 청을 보면서 새로운 중국을 건
설하기 위한 대수술이 필요하다고 생각하였다. 몇 차례의 봉기를 시
도하였던 그는 여러 혁명 조직을 하나로 묶어 동지들과 함께 청 왕조
타도와 공화 정부 수립에 앞장설 것을 맹세하였다.

의화단 운동 이후 실시된 청의 어설픈 개혁도 혁명을 더욱 부채질
하고 있었다. 새로 설치된 입헌 기관은 황제의 들러리에 불과하였고,
개혁 비용으로 무거운 세금이 부과되자 민중의 불만도 커져 갔다. 더
불어 철도 이권마저 열강에게 넘기려 하자 청 정부에 대한 불신은 극
에 달하였다.

1911년 10월 10일, 드디어 혁명의 날이 밝았다. 혁명 조직과 연결
된 군인들이 우창에서 봉기를 일으켰고, 그 불길은 전국으로 걷잡을
수 없이 번져 나갔다. 혁명 세력은 귀국한 쑨원을 임시 대총통으로 선
출하고, 난징에서 중화민국의 건국을 선언하였다. 혁명을 진압하려

안간힘을 쓰던 청은 이듬해 2월 완전히 무너지고 말았다. 2,000여 년 동안 민중 위에 군림해 온 황제라는 존재가 사라지고, '주권은 인민의 것'이라는 공화제가 들어섰다. 여성 차별의 상징이었던 전족이 폐지되었으며, 남녀 공학 설립법이 공포되었다. 여성 참정권 운동도 일어나 여성의 지위가 향상되는 계기가 되었다.

그러나 혁명이 완성된 것은 아니었다. 혁명 정부를 이끌던 쑨원은 신식 군대를 보유한 군벌 위안스카이의 도움을 얻어 청을 무너뜨릴 수 있었다. 청이 무너지자 위안스카이가 실권을 장악하였다. 제국주의 열강의 지원을 받던 위안스카이는 정권을 잡자 공화제의 이념을 묵살하고 황제 체제의 부활을 시도하였으나 실패하였다. 얼마 후 위안스카이는 사망하였고, 각지의 군벌이 할거하여 중국은 혼란에 빠져들었다.

- 1840 아편 전쟁(~1842)
- 1842 난징 조약 체결
- 1851 태평천국 운동(~1864)
- 1856 애로호 사건
- 1860 영·프 연합군의 원명원 약탈
- 1861 양무운동(~1894)
- 1864 태평천국 멸망
- 1884 청·프 전쟁(~1885)
- 1894 청일 전쟁(~1895)
- 1898 변법 운동(무술 변법)
- 1899 의화단 운동(~1900)
- 1904 러일 전쟁(~1905)
- 1905 중국 동맹회 결성
- 1911 신해혁명

우창 봉기 우창에서 시작된 혁명군의 봉기가 성공하자 혁명의 흐름은 전국으로 확산되었다. 사진은 베이징의 톈안먼(천안문) 광장에 있는 인민 영웅 기념비의 기단부 조각이다.

▶ **쑨원** 어린 시절 하와이로 건너가 의학을 공부하고 병원을 차렸던 쑨원은 위기에 처한 나라를 구하는 의사가 되겠다며 혁명 운동에 뛰어들었다. 여러 혁명 조직을 통합하여 중국 동맹회를 조직하고, 혁명 운동을 이끌었다. 그래서 '중국 혁명의 아버지'로 불린다.

국가를 위하여 파견된 유학생

書
生
*Sho sei who having been abroad
are supposed to know all about Politics
Laws, Constitutions, Finance, Sport,
Congress, Cocktails, Religion, and Pickles.
And are therfore perfectly capable of ruling the Country*

"사람들은 서양을 다녀온 적이 있는 서생(메이지 시대에 '학생'을 일컫던 말)들은 정치, 법률, 조직, 재정, 스포츠, 의학, 칵테일, 종교, 심지어 피클에 이르기까지 모르는 게 없다고 생각하였다. 그렇기 때문에 이들은 나라를 지배할 수 있었다."

—《재팬 펀치》,〈서생(書生)〉1868년. 12월호

위의 글에서 알 수 있듯이, 메이지 시대에 일본을 이끌어 나간 사람들은 서양 유학을 통하여 선진 문물을 배우고 돌아온 유학생들이었다. 메이지 시대를 대표하는 정치가 이토 히로부미도 젊은 시절에 영국 유학을 다녀왔고, 일본 근대화의 사상적 뿌리를 마련하고 사립 학교 게이오 의숙을 세워 많은 학생들을 길러 냈던 후쿠자와 유키치도 미국과 유럽을 탐방하며 서양 문물을 배운 경험이 있었다.

일본 메이지 정부가 파견한 유학생 단체 중 가장 규모가 큰 것은 1871년의 이와쿠라 사절단이었다. 이때 정부는 서양 여러 나라와의 외교와 선진 문물을 배워 오도록 하려고 핵심 관리의 절반 이상을 이 사절단에 포함시켰다. 이 유학생들 중에는 겨우 여덟 살밖에 안 되는 여자아이 쓰다 우메코도 있었다. 쓰다는 귀국 후 쓰다 의숙을 세워 일본 여성들이 고등 교육을 받을 수 있도록 헌신하였다.

메이지 정부는 유학생 파견뿐만 아니라 근대 국가의 발전과 통합을 위하여 교육에도 남다른 노력을 기울였다. 1899년 우여곡절 끝에 소학교, 중학교, 고등학교, 대학교라는 교육 체계가 만들어졌고, 취학률도 점차 높아져 근대 국가로서 모습을 갖추어 나갔다.

낙서벽을 덧칠하는 어느 고등학교 화장실 아직 칠하지 않은 곳에 낙서가 빼곡히 쓰여 있다. 학생들의 낙서가 심하여 한 달에 몇 번씩 화장실 벽을 새로 칠하였다고 한다.

여학생들의 통학 차림 옷을 입은 모양만 보아도 어느 학교에 다니는지 구분할 수 있었다고 한다. 가장 오른쪽 끝의 여성은 전화 교환수이고, 그 옆은 여성 공무원이다. 여성의 교육이 증가하면서 사회 진출도 활발해지기 시작하였다.

방과 후 집에 가지 않고 서성거리고 있는 중학생들 서점에서 잡지를 뒤적이며 읽고 있다.

새로운 교육을 받고 자란 세대들은 일본을 크게 발전시켰다. 그러나 "아시아를 벗어나 서구로 나아가야 한다." "부국강병을 통하여 일본을 대국으로 만들어야 한다."라는 교육을 철저히 받은 이들은, 이후 조선을 침략하고 제국주의 정책을 펴는 데 앞장서기도 하였다.

이와쿠라 사절단 메이지 정부가 미국과 유럽에 가장 큰 규모로 유학생을 파견한 사절단으로, 가운데가 사절단의 대표인 이와쿠라 도모미이고, 오른쪽에서 두 번째가 이토 히로부미이다.

7

제국주의 전쟁과 반제국주의 운동의 성장

포탄 구덩이에서 공포에 떨고 있던 파울 앞으로 한 병사가 미끄러져 떨어졌다. 파울은 자신을 지키기 위하여 상대를 마구 찔렀다. 기관총 탄환이 비 오듯 오갔기 때문에 파울은 구덩이에서 나오지 못하고, 죽어 가는 프랑스 병사와 몇 시간을 보내게 되었다. 상대의 소지품을 뒤지니 아내와 아이의 사진, 그리고 편지가 나왔다. 그의 이름과 직업까지 알게 된 파울은 중얼거렸다. "부디 용서해 주게. 어째서 자네는 내 적이 되었을까. 우리가 이 무기와 군복을 버리면 서로 형제가 될 수도 있을 텐데."

-에리히 마리아 레마르크, 《서부 전선 이상 없다》-

1905

1904 러일 전쟁
1905 한국, 을사조약 체결
러시아, 피의 일요일 사건 발발
1907 3국 협상 체결(영·프·러)

1910

1910 한국, 일본에 강제 합병
1912 발칸 전쟁(~1913)
1914 제1차 세계 대전(~1918)

1915

1917 러시아 혁명
1918 윌슨의 14개 조항 발표
1919 베르사유 조약 체결
독일, 바이마르 공화국 수립
코민테른(공산주의 인터내셔널)
결성
한국, 3·1 운동
중국, 5·4 운동

1920

1920 국제 연맹 성립
1923 터키, 공화국 수립
1924 중국, 제1차 국공 합작

1925

1927 제네바 군축 회의

1 유럽 전체가 전쟁에 휩싸이다

빌헬름 2세

제1차 세계 대전은 제국주의 전쟁이었다. 제국주의에 반대하는 에마 골드먼은 군사력을 위한 전쟁, 돈을 위한 전쟁, 수십 년 동안 애써 얻은 약간의 자유마저 짓밟는 이 전쟁을 거부하자고 목소리를 높였다. 하지만 인류는 전쟁의 고통 속에 빠져들었다.

■ 가 볼 곳: 사라예보, 마른 평원 ■ 만날 사람: 빌헬름 2세, 케테 콜비츠
■ 주요 사건: 사라예보 사건, 마른 전투, 킬 군항의 해군 폭동

| **제국주의가 유럽을 전쟁으로 몰아넣다** | "탕! 탕!" 1914년 6월, 발칸반도의 심장부 사라예보에서 열아홉 살 세르비아 청년이 오스트리아 황태자 부부를 쏘아 죽인 사건이 발생하였다.

당시 유럽의 여러 나라들은 제국주의 정책을 펴면서 서로 더 많은 식민지를 차지하기 위하여 치열한 경쟁을 벌이고 있었다. 식민지 쟁탈전은 크게 두 세력의 대결로 압축되었는데, 선진 제국주의 국가 영국을 중심으로 프랑스와 러시아가 손을 잡았고, 뒤늦게 식민지 경쟁에 뛰어든 독일은 오스트리아와 한편이 되었다. ^3국 협상

두 세력이 북아프리카에 이어 날카롭게 부딪친 곳이 발칸반도였다. 발칸반도는 오랫동안 오스만 제국의 지배를 받았으며, 오스만 제국이 쇠퇴해진 19세기에 이르러 곳곳에서 민족 운동이 일어나고 있었다. 그러나 워낙 많은 민족과 종교가 복잡하게 얽혀 있다 보니, 이해관계가 엇갈리는 경우가 많았다. 사라예보 사건은 이 '유럽의 화약고'에 불을 붙인 셈이 되었다. 오스트리아가 세르비아에 선전 포고를 하자, 러시아는 세르비아를 지원하고 나섰다. 곧 동맹 관계에 따라 전선이 형성되었다. 유럽 전체가 전쟁터가 되었다.

발칸 문제 세르비아인들은 발칸반도에 흩어져 있던 동족들을 모아 하나의 큰 나라를 이루려는 열망을 가지고 있었다. 발칸반도에서 영향력을 키우려는 러시아는 이러한 세르비아를 지원하였으나, 오스트리아는 현상 유지 정책을 펴면서 견제하였다. 그림은 '발칸 문제'라고 쓰인 화약통 위에 올라가 있는 유럽 국가들의 모습이다.

| 총력전, 참호전의 비극 | 전쟁이 시작되자, 각 나라들은 '국가의 영광'을 내세우며 국민들을 전쟁으로 내몰았다. '전쟁 반대'를 외치던 사회주의 정당들조차 '애국'의 구호를 외치며 전쟁에 참여하였다. "위대한 조국을 위하여!"라는 구호 속에 '식민지 쟁탈전'이라는 전쟁의 본질은 가려져 버렸다.

조국에 기여한다는 자부심을 안고 전장에 나선 병사들은 전쟁의 참상에 경악하였다. 기관총, 대포, 전차 같은 현대식 무기는 무서운 파괴력을 과시하였다. 군인들은 땅을 파서 참호를 만들고 대치하였다. 참호 속에서 웅크리고 대치하는 시간이 길어지면서 전선은 고정되었고, 전쟁은 장기전으로 빠져들었다. 무모한 돌격 명령이 내려지면 밀고 밀리는 공방전이 며칠 동안 계속되었고, 엄청난 수의 희생자가 생겼다. 소모전 끝에 전선은 겨우 몇백 미터 옮겨질 수 있을 뿐이었다. 독일과 프랑스가 맞선 서부 전선의 마른 평원에서 벌어진 참호전은 5년 동안 계속되었다.

전쟁 동원 포스터 전쟁에 참여한 나라들은 포스터를 만들어 애국심을 부추기면서 성인 남자들을 전쟁터로 내몰았다.

제1차 세계 대전의 발발
식민지 쟁탈전을 둘러싼 제국주의 국가들 사이의 대립은 유럽 전체를 전쟁의 소용돌이로 몰아넣었다.

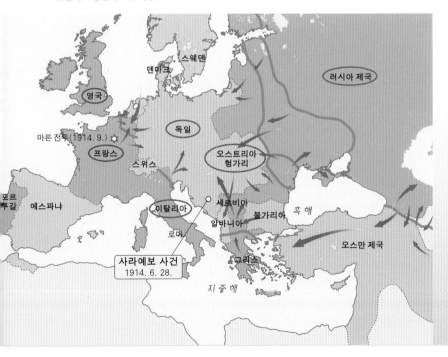

○ 6월 28일
  사라예보 사건

○ 7월 28일
  오스트리아, 세르비아에 선전 포고

○ 8월 1일
  독일, 러시아에 선전 포고

○ 8월 3일
  독일, 프랑스에 선전 포고

○ 8월 4일
  영국, 독일에 선전 포고
  일본, 3국 협상 편에 가담,
  독일에 선전 포고
  오스만 제국과 불가리아, 독일 편에 가담
  이탈리아, 3국 협상 편에 가담

○ 3국 협상(1907)
○ 3국 동맹(1882)
▨ 연합국측 국가
☐ 중립국
▨ 동맹국측 국가
→ 연합군의 진로
➔ 동맹군의 진로

폭탄 제조 공장의 여성 노동자
전후방의 구분이 뚜렷했던 이전 전쟁과
달리 제1차 세계 대전은 후방이라도
전쟁의 소용돌이에서 벗어날 수 없었다.
후방의 여성까지 군수 물자를 생산하는 데
동원되었고, 이러한 상황은 전쟁이 끝나고
여성의 사회 진출을 확대하는 결과를
가져왔다.

한편, 후방도 안전하지 않았다. 전선뿐만 아니라 모든 곳이 폭격의 대상이 되었고, 여성들까지 군수품 생산에 동원되었다. 전쟁 물자를 우선적으로 확보하기 위하여 물자가 통제되었고, 식량조차 배급되는 경우가 많았다. 그야말로 전방과 후방을 가리지 않는 '총력전'이 전개되었다. 유럽 나라들이 차지한 식민지의 민중은 이 제국주의 전쟁에 필요한 군인과 군수품을 공급하는 처지가 되어 가혹한 수탈에 시달려야만 하였다.

| **제1차 세계 대전이 끝나다** | 전쟁이 장기화되면서, 무모한 전쟁을 일으킨 정부에 반대하는 운동이 각국에서 일어났다. '평화와 빵'을 요구하며 전제 군주제를 타도한 1917년 러시아 혁명은 그 단적인 예이다. 러시아 혁명 정부는 독일과 강화 조약을 맺고 무조건 전쟁 중지를 선언하였다.

한편 해군력에서 밀렸던 독일은 잠수함을 이용하여 영국 해안을 봉쇄하고, 군함은 물론 민간 상선까지 마구 격침시켰다. 이 바람에 영국 배에 타고 있던 미국인 128명이 죽는 사건이 발생하였다. 미국은 독일에 엄중 항의하였으나, 1917년 독일은 무제한 잠수함 작전을 계속한다고 발표하였다. 이에 맞서 미국은 전쟁 참가를 결정하였다.

유럽이 전쟁에 휩싸여 있는 동안, 미국은 군수 물자를 팔아 엄청난 이윤을 챙기면서 세계 최강대국으로 발전하고 있었다. 이런 미국의 막강한 군사력은 전쟁 상황을 바꾸어 놓기에 충분하였다. 독일군은 서부 전선에서 후퇴하기 시작하였고, 독일 편에 가담하였던 오스트리아와 오스만 제국이 먼저 항복하였다.

1918년 킬 군항에서 독일 해군들이 폭동을 일으키자 오랜 전쟁으로 지쳐 있던 독일 민중도 이에 호응하였다. 전쟁을 일으킨 독일 황제 빌헬름 2세는 외국으로 도망갔고, 독일은 새로이 공화국을 수립하였다. 독일 공화국은 1918년 11월 무조건 항복을 발표하였다. 이렇게 제1차 세계 대전은 끝났다.

⊙ 유럽을 휩쓴 제1차 세계 대전

제1차 세계 대전에는 그동안 축적된 과학 기술을 바탕으로 새로운 무기들이 다양하게 등장하였다. 장거리 대포, 전차, 기관총, 수류탄, 저격용 소총, 독가스, 전투기, 잠수함이 그 대표적인 예이다. 육지뿐만 아니라 하늘과 바다에서도 치열한 전투가 벌어졌다. 이러한 새 무기들은 더 많은 사람들을 더 짧은 시간에 더 많이 죽이기 위하여 다량으로 만들어졌다. 제1차 세계 대전의 사망자와 부상자 숫자는 그 이전 전쟁과 견주어 볼 때 현저히 늘어났다. 그뿐만 아니라 환경도 심각하게 파괴되었다.

▲ **참전을 독려하는 미국의 포스터**
미국 정부의 적극적인 모병 활동 결과 200만 명의 병력이 서부 전선에 투입되었다.

▲ **U보트** 잠수함이 처음 만들어진 것은 1870년대였으나, 디젤 기관이 사용된 전투용 잠수함으로 자리 잡은 것은 제1차 세계 대전 때이다. 독일 잠수함 U보트는 군함과 상선을 불문하고 무차별로 공격하여 영국을 한때 궁지에 몰아넣었고, 미국의 참전도 불러왔다.

◀ **독가스 마스크와 전차** 1915년 독일은 참호 속에 틀어박혀 있는 적을 섬멸할 목적으로, 공기보다 무거운 독가스를 참호 속으로 흘려보내는 전술을 개발하였다. 이 같은 화학전으로 병사들은 독가스 마스크를 착용하였다. 1916년 처음 만들어진 전차는 두께 10밀리미터의 철판으로 만든 무한 궤도 차량이었다. 기밀 유지를 위하여 급수 탱크로 꾸몄기 때문에 흔히 '탱크'라고 불렀다.

▼ **참호전** 참호전을 통하여 제1차 세계 대전은 장기전과 소모전으로 나아갔고, 희생자도 그만큼 늘어났다. 전쟁의 결과, 전사자는 900만 명에 육박하였고, 부상자도 2,200만 명에 이르렀다. 민간인 희생자는 1,000만 명에 이르는 것으로 추정되었다.

Nie wieder Krieg

Mitteldeutscher Jugendtag
Leipzig 2.-4. August 1924

"나는 전쟁에 반대한다!"
역사와 현실 앞에 정직했던 예술가,
케테 콜비츠

〈과부Ⅱ〉, 1922~1923, 목판화

케테 콜비츠

"우리가 전쟁에 내보내려고 아이를 낳은 건 아니다!"
"그동안 나이 어린 젊은이들이 너무나 많이 죽었다.
더 이상 그 누구도 죽어서는 안 된다. 씨앗을 짓이겨서는 안 된다!"

전쟁으로 아들을 잃은 모든 어머니들을 대변한 이 여성은 케테 콜비츠였다. 케테 콜비츠는 독일을 대표하는 판화 예술가이다. 그녀는 의사로서 평생 병든 사람들을 무료 진료하였던 남편 카를 콜비츠와 뜻을 같이하여, 가난한 노동자와 함께 생활하였다. 그리고 민중과 함께 행복할 수 있는 새로운 인간 공동체를 갈망하면서, 가난·질병·실직·매춘 같은 사회 문제를 예술의 영역으로 끌어들였다. 케테 콜비츠는 현실을 직시하여 노동자·농민·군인 같은 억압받는 민중의 모습을 검은색·회색·흰색의 선 굵은 판화로 강렬하게 표현하였다.

제1차 세계 대전이 터지면서 케테 콜비츠는 열여덟 살밖에 안 된 둘째 아들을 잃었다. 그것은 그녀에게 너무나 큰 고통이고 슬픔이었다. 그러나 그녀는 아들을 잃은 슬픔과 고통을 이겨 내며 반전 포스터를 제작하고, 전쟁의 광기와 참혹함을 알리는 데 온 힘을 기울였다. 전쟁으로 아들을 잃은 모든 어머니들을 대변하며 젊은이들을 더 이상 전쟁터로 끌고 가지 못하도록 실천에 나섰다. 그것이야말로 자신이 판화 예술가로서 존재하는 이유라고 생각하였기 때문이다.

2 러시아 혁명, 세계를 뒤흔들다

레닌

"나는 여러분이야말로 러시아 혁명의 승리자이며, 전 세계 프롤레타리아 군대의 전위대라고 생각합니다. 여러분이 이루어 낸 러시아 혁명은 새 시대를 열었습니다. 세계 사회주의 혁명 만세!" 레닌은 민중 앞에서 최초의 사회주의 국가의 탄생을 선언하였다.

■ 가 볼 곳: 상트페테르부르크 ■ 만날 사람: 블라디미르 레닌
■ 주요 사건: 피의 일요일, 3월 혁명, 11월 혁명

| 혁명가, 레닌 | 1917년 4월 3일, 사람들이 상트페테르부르크의 한 기차역에 모여들었다. 노동자와 병사들이 흥분된 목소리로 계속해서 한 사람의 이름을 외치고 있었다. "레닌! 레닌!"

레닌은 손을 번쩍 들고 환호하는 군중들 앞으로 당당히 나아갔다.

"이제 빵과 평화를 위하여 모든 권력을 소비에트가 갖도록 합시다. 모든 토지를 국가의 소유로 만듭시다! 무엇보다 이 지긋지긋한 제국주의 전쟁을 끝냅시다!"

사람들의 환호가 더욱 커져 갔다.

레닌은 차르를 암살하려다가 사형당한 형의 영향을 받아 혁명 운동에 뛰어들었다. 지하 신문을 만들고 사회주의 정당을 건설하려다 체포되어 시베리아로 유배되기도 하였고, 해외로 추방되어 외로운 망명 생활을 견디기도 하였다. 그런 그가 당당히 조국에 돌아와 혁명의 지도자로서 민중 앞에 선 것이다.

민중에게 연설하는 레닌 오랜 망명 생활을 끝내고 돌아온 레닌은 "모든 권력을 소비에트로!"라고 외쳤다. 그는 전국적으로 솟아오르는 노동자·농민의 '소비에트 공화국' 건설을 주장하였다. 그리고 '전쟁 반대'와 '임시 정부 반대'를 외쳤다.

│ 러시아 혁명의 서막 '피의 일요일' │ 세계 최초의 사회주의 혁명인 러시아 혁명은 '피의 일요일' 사건에서 싹텄다. 1905년 1월 9일, 상트페테르부르크에 20만 명이 넘는 노동자와 그 가족들이 모여들었다. 1년 전 조선을 둘러싸고 일본과 전쟁을 벌이다가 패배한 러시아의 경제는 심각한 어려움에 빠져 있었다. 굶주린 노동자 가족들은 "빵과 평화"를 외치며, 차르인 니콜라이 2세에게 자비를 구하려고 궁전으로 향하였다.

혁명의 도시, 상트페테르부르크
러시아 혁명의 중심 도시인 상트페테르부르크는 독일식 이름이라는 이유로 제1차 세계 대전 후 '페트로그라드'로 바뀌었다가, 레닌이 죽은 후에는 '레닌그라드'로 불렸다. 소련이 해체되면서 다시 상트페테르부르크가 되었다. 사진은 차르가 머물렀던 상트페테르부르크의 겨울 궁전으로, 지금은 세계인의 사랑을 받는 에르미타주 미술관이 되었다.

그러나 그들을 맞이한 것은 무자비한 총탄 세례였다. 붉은 피와 수많은 시체가 광장을 뒤덮어, 말 그대로 그날은 '피의 일요일'이었다. 러시아 민중은 '자비로운' 차르의 환상에서 깨어났다. 러시아 곳곳에서 차르를 타도하자는 함성이 터져 나왔다.

위기를 느낀 차르는 개혁을 약속하며 입헌 군주제 헌법을 제정하고 선거를 통하여 의회를 구성하였다. 그러나 개혁이 혁명의 열기를 꺾으려는 의도에서 나온만큼, 차르는 여전히 절대 권력을 누렸고 혁명 세력은 철저히 탄압받았다. 게다가 이 개혁으로 지주와 부농의 이익을 보호하려는 사실이 드러나자 러시아 사회의 계급 갈등은 더욱 깊어졌다 그리하여 러시아 전역에서 파업이 일어났고, 혁명의 연기가 점점 높아졌다. 이때 제1차 세계 대전이 터졌다.

러시아 혁명의 전개

3월 혁명 1917년 3월, 시위 군중은 붉은 깃발을 들고 "차르를 타도하라! 전쟁을 반대한다."라는 구호를 외치면서 시가지를 누볐다. 차르의 로마노프 왕조는 무너졌다.

임시 정부 케렌스키 내각 3월 혁명의 결과 부르주아지들이 정권을 장악하고 임시 정부가 세워졌다. 그러나 케렌스키를 수반으로 한 임시 정부는 전쟁을 계속하고, 토지 문제를 해결하지 않아 민중의 거센 저항을 받았다.

11월 혁명 임시 정부를 반대하고 레닌을 지지하는 노동자와 병사들이 무장 봉기를 일으켰다. 11월 혁명의 성공으로 노동자·농민 정부인 소비에트 정부가 수립되었다.

소비에트 사회주의 공화국 연방의 성립 1922년 12월 30일, 러시아 소비에트 연방 공화국에 우크라이나, 벨로루시, 자카프카지에 등 3개국이 가입하여 '소비에트 사회주의 공화국 연방'이 성립하였다.

| **타오르는 러시아 혁명** | 1914년 제1차 세계 대전이 터지자 차르인 니콜라이 2세는 서둘러 전쟁에 뛰어들었다. 발칸반도를 차지하고 내부의 혁명 열기를 잠재우기 위해서였다. 하지만 러시아군은 차르의 기대와는 달리 패전을 거듭하였다. 전쟁에 모든 것을 쏟아붓다 보니 국내에는 식량과 물자가 턱없이 부족하였다. 굶주림에 시달리던 사람들이 식료품 가게를 습격하는 일이 잦아졌고, 노동자들의 파업과 시위도 계속되었다. "빵과 평화, 토지와 자유"라는 구호가 전국에 울려 퍼졌다.

차르 정부와 싸우면서 노동자·농민·병사들은 자신들의 대표 기관인 소비에트를 결성하였다. 마침내 1917년 3월, 러시아 민중은 왕궁으로 몰려들었다. 진압군을 싣고 올 기차는 노동자들의 파업으로 발이 묶였고, 전쟁에 지친 병사들까지 혁명 세력의 편에 섰다. 결국 니콜라이 2세는 쫓겨났고, 러시아 공화국 임시 정부가 구성되었다.

그러나 임시 정부는 민중의 염원을 외면하고 '조국 방위 전쟁'을 계속한다는 결정을 내렸다. 3월 혁명이 끝난 후 러시아로 돌아온 레닌은 임시 정부를 맹렬히 비난하였다. 민중은 소비에트가 권력을 가져야 하며, 전쟁을 즉각 중단해야 한다는 레닌의 주장을 지지하였다. 드디어 레닌의 지도 아래 '11월 혁명'의 불길이 타올랐고, 임시 정부는 무너졌다. 새롭게 수립된 혁명 정부는 '평화에 대한 포고'와 '토지에 대한 포고'를 발표하여 전쟁 중지와 토지 사유의 폐지를 선언하였다. '노동자·농민의 정부'를 내세운 사회주의 국가가 탄생한 것이다.

| **혁명은 하기보다 지키기가 더 어렵다** | 소비에트 혁명 정부 앞에는 혁명보다 더 험난한 가시밭길이 기다리고 있었다. 혁명에 반대하는 귀족과 지주, 자본가 등이 반혁명군을 만들어 격렬히 저항하고 나섰기 때문이다. 사회주의 혁명이 전 세계로 번지는 것을 두려워한 자본주의 열강도 군대를 파견하여 반혁명 세력을 지원하였다. 러시아 각지에서 내전이 일어났다. 혁명과 토지를 지키기 위하여 무기를 들고 일어선 노동자·농민·병사들은 치열한 격전 끝에 마침내 1920년, 반혁명 세력을 물리칠 수 있었다.

제1차 세계 대전과 잇따른 내전으로 러시아의 산업 시설은 폐허가 되었고, 기름진 땅은 황무지로 변하였다. 외국과의 교역도 모두 끊어졌다. 이런 어려움을 극복하기 위하여 혁명 정부는 시장 경제를 일부 인정하는 신경제 정책을 실시하였다. 그리고 1922년에 소비에트 사회주의 공화국 연방^{소련}을 수립하였다.

그리고 레닌은 각 나라의 사회주의자들을 연결하는 '코민테른^{공산주의자 인터내셔널}'을 건설하여 혁명의 세계화에 나섰다. 코민테른은 제국주의에 반대하는 노동 운동과 식민지 민족 해방 운동을 지원하여 사회주의가 전 세계로 확산되는 데 큰 영향을 끼쳤다.

레닌이 죽은 뒤에 집권한 스탈린은 강력한 계획 경제를 실시하여 군수 산업을 비롯한 중공업을 육성하였고, 반대파를 대거 숙청하여 독재 체제를 강화시켜 나갔다.

러시아 내전 포스터 위 포스터는 "(혁명을 지키기 위하여) 당신은 지원했습니까?"라면서 혁명군에 참가하라고 독려하고 있다. 아래 포스터에서 레닌은 자본주의 열강의 원조를 받아 혁명 세력에 맞섰던 차르와 귀족, 산업 부르주아지들을 빗자루로 쓸어버리고 있다.

코민테른 창립 대회 레닌은 러시아 혁명을 세계 혁명의 한 부분이라고 생각하고, 전 세계에 프롤레타리아 혁명을 촉구하기 위하여 1919년에 코민테른을 만들었다. 코민테른은 제국주의에 반대하는 노동 운동과 식민지 해방 운동을 위하여 자금과 사상적 지원을 다짐하였다.

3 유럽에서 민주주의가 확대되다

에멀라인 팽크허스트

에멀라인 팽크허스트는 성(性)에 의한 불평등이야말로 인류의 진보를 가로막는 최대의 적이라고 말하였다. 오랜 세월 남녀 평등을 외쳐 온 여성들의 목소리가 힘을 얻으면서, 여성들은 드디어 참정권을 획득하였다. 제도적으로 남녀 평등의 첫걸음이 시작되었다.

■ 가 볼 곳: 런던　■ 만날 사람: 우드로 윌슨, 에멀라인 팽크허스트
■ 주요 사건: 파리 강화 회의, 국제 연맹 설립, 여성 참정권 운동

| 잠시 동안의 평화, 그리고 그 한계 | 제1차 세계 대전의 포화가 멈춘 이듬해인 1919년, 전쟁이 없는 평화로운 세계를 소망하는 많은 사람들이 파리를 주목하였다. 파리에서 전후 처리를 위한 강화 회의가 열렸기 때문이다.

하지만 파리 강화 회의 후 조인된 베르사유 조약은 평화를 모색하기에 한계가 컸다. 제1차 세계 대전과 같은 비극을 되풀이하지 않기 위해서는 제국주의 정책에 대한 반성이 필요하였다. 그러나 승전국은 베르사유 조약을 맺어 세계를 다시 분할하였으며, 식민지 문제도 외면하였다. 미국의 윌슨 대통령이 주창한 '민족 자결주의'도 패전국의 식민지를 처리하는 원칙이었을 뿐, 승전국의 식민지에는 전혀 적용되지 않았다. 패전국 독일은 전쟁의 모든 책임을 지고 막대한 배상금을 물어야 하였다.

평화를 모색하는 과정에서 최초의 국제 평화 기구인 국제 연맹이 설립되었고, 군비 축소를 위한 회담도 개최되었으며, 전쟁을 하지 않겠다는 조약도 체결되었다. 하지만 각국의 이해관계가 얽혀 실질적인 효과를 보기는 어려웠다.

베르사유 조약과 울고 있는 독일 승전국은 독일이 가진 모든 식민지를 박탈하고, 막대한 배상금과 일부 영토의 할양, 군비 감축을 강요하였다. 게다가 승전국이 결정한 사항에 독일이 이의를 제기할 수 없도록 하였다. 그래서 독일인들은 베르사유 조약을 '베르사유 명령'이라고 불렀다.

| 제정이 몰락하고 공화정이 수립되다 | 전후 처리의 한계에도 불구하고 제1차 세계 대전 후 유럽은 민주주의 제도가 발전하였다. 전쟁에 참가하였던 민중은 그에 걸맞은 권리를 주장하였다. 전제 군주제는 더 이상 존재할 수 없게 되었고, 공화정이 대세를 이루었다.

"독일은 공화국이다. 국가 권력은 인민으로부터 나온다."

"노동 조건 및 경제 조건을 보호하고 개선하기 위한 단결의 자유는 모든 사람과 직업에서 보장된다."

전쟁 막바지에 독일 제국을 혁명으로 무너뜨리고 탄생한 바이마르 공화국은 이와 같은 내용을 담은 헌법을 발표하였다.

독일과 함께 제1차 세계 대전에서 패배한 오스트리아나 오스만 제국에서도 제정이 무너지고 공화정이 수립되었다. 왕을 중심으로 단결하자는 국가주의야말로 참혹했던 제1차 세계 대전의 주범이며, 민중에 의한 정치, 민주주의의 실현이야말로 전쟁을 막는 유일한 방도라고 생각한 결과였다. 또한 오스트리아나 오스만 제국의 지배를 받던 많은 나라가 '민족 자결주의' 원칙에 따라 독립하였고, 독립한 나라들은 대부분 공화정을 채택하였다.

항구적인 평화를 모색하기에는 한계가 있었지만, 공화정은 유럽에서 보편적인 정치 체제가 되었다. 적어도 제도적으로는 민주주의가 크게 발전하였고, 국민의 정치 참여도 확대되었다.

미국 의회에서 14개조 평화 원칙을 발표하는 윌슨 '민족 자결주의'로 널리 알려진 윌슨의 14개조 원칙은 파리 강화 회의에서도 공포되어, 유럽뿐 아니라 아시아 식민지 국가들에게도 커다란 희망을 안겨 주었다. 하지만 윌슨의 평화 원칙은 미국의 영향력 확대를 위하여 제시된 것이었으며, 영국과 프랑스의 반대로 진전을 보지 못하였다. 게다가 민족 자결주의는 승전국의 식민지에는 적용되지 않았다.

유럽과 서아시아의 새로운 정세
제1차 세계 대전 이후 패전국 독일과 오스트리아, 오스만 제국의 식민지들이 대거 독립하였다.

독일이 상실한 지역
러시아가 상실한 지역
오스트리아가 상실한 지역
신생 국가

핀란드
에스토니아
리투아니아 라트비아
영국
독일 폴란드
소련
베르사유
체코슬로바키아
프랑스 오스트리아 헝가리
유고슬라비아
에스파냐
오스만 제국

여성 참정권 운동 1914년 워싱턴에서 5,000여 명의 여성들이 참정권을 주장하며 대규모 시위를 벌였다.

세계 각국의 여성 참정권 인정
(21세 이상 기준)

연도	나라 이름
1883	뉴질랜드
1895	오스트레일리아
1906	핀란드
1913	노르웨이
1915	덴마크
1918	소련
1918	영국(30세 이상)
1919	독일
1920	캐나다
1920	미국
1921	스웨덴
1928	영국
1944	프랑스
1945	한국
1945	일본

세계에서 가장 먼저 여성의 선거권을 보장한 나라는 뉴질랜드였다. 뉴질랜드의 10달러 지폐에는 여성 운동 지도자인 캐서린 셰퍼드의 얼굴이 새겨져 있다.

| 여성 참정권 운동이 결실을 맺다 | 1928년 영국의 모든 성인 남녀에게 선거권이 부여되었다. 19세기부터 오랫동안 격렬하게 전개되어 온 여성 참정권 운동이 드디어 결실을 맺었다. 이에 앞서 1919년에는 미국이 여성의 선거권을 헌법에 명시하였다. 미국과 유럽뿐만 아니라 일본에서도 여성 참정권을 요구하는 움직임이 일어나는 등, 세계 곳곳에서 여성 참정권 요구가 폭발적으로 일어났다.

여성들의 참정권 요구는 전쟁 기간 동안 활발해진 여성의 경제·사회 활동과 깊은 관련이 있었다. 제1차 세계 대전은 총력전으로 진행되었기 때문에 여성들도 전선과 후방에서 전쟁에 참여하였다. 전쟁에 참여한 여성들을 향하여 시민권을 행사할 수 없다고 주장하는 것은 이제 설득력을 갖기 어려웠다. 여성들은 조직적인 시위와 운동을 통하여 참정권을 요구하는 목소리를 높여 갔다.

제1차 세계 대전 후 공화정이 뿌리내리고 민주주의 제도가 확대되면서 여성 참정권 운동은 더욱 힘을 얻었고, 대부분의 유럽 나라들은 여성의 참정권을 인정하였다. 아시아와 아프리카 여성들은 제2차 세계 대전 후에 독립과 민주주의를 도입하는 과정에서 참정권을 얻을 수 있었다. 식민지 민족 해방 운동에 남성들과 동등하게 적극적으로 참여하였던 아시아와 아프리카 여성의 역사에 힘입은 결과였다.

우리에게도 투표할 권리가 있다!

에밀리 데이비슨의 죽음 에밀리 데이비슨이 목숨을 걸고 경마장으로 뛰어들었던 이 사건은 관중들에게 충격을 주었을 뿐만 아니라, 영국 전역의 여성 참정권 운동가들을 분노하게 만들어 여성 참정권 운동이 더욱 활발해지는 계기가 되었다.

1913년 6월 4일 런던의 한 경마장. 여느 때처럼 수많은 관중들이 들어찬 경마장은 함성과 흥분으로 가득 차 있었다.

"앗!!"

질풍같이 달려오던 말들이 모퉁이를 도는 순간, 관중들은 일제히 비명을 질렀다. 한 여자가 달려오는 말 앞으로 뛰어든 것이다. 그녀는 말발굽에 밟혀 쓰러져, 머리에 큰 부상을 입은 채 나흘 만에 숨을 거두고 말았다.

이 충격적인 사고의 주인공은 에밀리 데이비슨이라는 여성 운동가였다. 당시 그녀는 여성 참정권 운동을 열렬히 벌이고 있었다. 과감한 행동으로 유명한 '여성 사회 정치 동맹'에 가입하여 활동하였는데, 시위 도중 돌을 던진 혐의로 체포되기도 하였다. 우체통에 불을 지르거나 정치인의 저택을 습격하기도 하였으며, 감옥에서 단식 투쟁을 하다가 계단에서 뛰어내려 자살을 기도한 적도 있었다.

그녀의 장례식장에는 수많은 여성들이 모여들었고, 그곳은 곧 시위 장소로 바뀌었다. 그녀의 죽음으로 여성 참정권 운동이 더욱 거세게 타올랐다. 투표권을 쟁취하기 위하여 여성들은 곳곳에 불을 지르고, 하원을 습격하기에 이르렀다. 경찰에 끌려간 여성들은 단식 투쟁으로 맞섰고, 감옥의 간수들은 이들의 입을 강제로 벌린 뒤 음식을 먹였다.

평등한 권리를 찾기 위한 여성들의 노력은 오랫동안 많은 비난과 탄압을 받았지만 끈질기게 이어졌다. 마침내 영국 정부는 1918년에 30세 이상, 1928년에는 21세 이상 모든 여성들에게 투표권을 인정하였다.

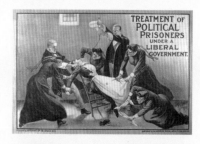

강제 급식 단식하는 투쟁가의 입과 코에 고무관을 넣어 강제 급식을 하였다. 또한, 이들을 풀어 주었다가 건강을 회복하면 다시 체포하는 작전을 펼치기도 하였다.

4 조선과 중국, 민족 운동이 폭발하다

루쉰

조선에서 전 민족이 벌인 3·1 운동에 이어, 중국에서도 일본 제국주의에 맞서는 민족 운동이 폭발하였다. 바로 5·4 운동이었다. 중국의 문학가 루쉰이 "지상에는 원래 길이 없었지만 다니는 사람이 많아지면서 길이 생겼다."라고 말한 것처럼, 일본 제국주의에 맞서 조선과 중국 민중이 일어선 것이다.

■ 가 볼 곳: 서울 탑골 공원, 베이징 대학 ■ 만날 사람: 쑨원, 루쉰
■ 주요 사건: 3·1 운동, 5·4 운동

| 일본, 한반도를 거쳐 대륙을 넘보다 | 조선을 강제로 **빼앗고** 수탈을 강화하던 일본은 유럽에서 제1차 세계 대전이 터지자, 동아시아에서 패권을 차지할 수 있는 좋은 기회가 왔다고 판단하였다. 영일 동맹을 구실로 독일에 선전 포고한 일본은 독일군을 공격한다는 명분으로 산둥 반도와 남태평양의 여러 섬을 점령하였고, 중국 정부에 '21개조'를 요구하였다. 21개조의 내용은 일본이 남만주와 몽골을 차지하고, 중국에서 독일이 가졌던 권익을 이어받는다는 것이었다. 중국의 위안스카이 정부는 이런 일본의 요구에 굴복하였다.

시베리아를 지배하려는 야욕을 가졌던 일본은 사회주의의 확산을 막는다는 구실

3·1 운동

각계 각층의 사람들이 대거 참여함으로써 전 민족적인 항쟁으로 발전하였다. 잔인한 일제의 탄압에도 불구하고 만세 시위는 석 달 이상 지속되었다. 당시 기록에 따르면 집회 1,542회, 참가 인원 202만 3,089명, 사망자 7,509명, 부상자 1만 5,961명, 체포된 인원만도 4만 6,948명에 이르렀다고 한다.

기념비전 앞의 시위 군중들
3·1 만세 시위 군중들이 고종의 재위 40주년을 기념하여 세운 기념비전 앞(현재 광화문 교보 빌딩 앞)에 모여들었다.

만세 시위에 참가한 여성들
서울의 남녀 학생 수천 명과 시민들은 탑골 공원에서 민족 대표를 기다리다가 독자적으로 독립 선언식을 거행하고 만세 시위를 벌였다. 여성들도 한마음으로 만세 시위에 동참하였다.

을 들어 러시아에 군대를 파견하였다. 일본군은 러시아 반혁명군을 돕는 제국주의 군대 중에서도 가장 큰 규모였다. 일본은 이에 그치지 않고 호시탐탐 대륙 침략의 기회를 노렸다. 마침내 1927년 산둥반도를 점령하였고, 이듬해에는 만주를 지배하던 군벌 장쭤린을 암살하면서 중국 침략의 야욕을 거침없이 드러냈다.

제암리 학살 일제는 3·1 운동을 무자비하게 진압하였다. 1919년 4월, 일본 군경은 만세 운동이 일어났던 제암리에 도착하여 만세 시위의 주모자인 크리스트 교도 30명을 교회에 가두고 불을 질러 학살하는 만행을 저질렀다. 이 만행은 미국인 선교사에 의하여 전 세계에 알려졌다.

| **독립 만세의 함성, 한반도를 흔든다** | 러시아 혁명과 윌슨의 민족 자결주의 소식에 자극받아 한반도에서는 독립을 선언하는 3·1 운동의 외침이 크게 터져 나왔다. 3·1 운동은 학생, 시민, 노동자, 농민, 여성에 이르기까지 각계 각층의 민중이 전국적으로 참여한 전 민족적 항쟁이었으며, 조선인 열 명 중 한 명이 참여할 정도로 광범위하게 진행되었다.

"대한 독립 만세! 대한 독립 만세!"
모두들 기뻐서 어쩔 줄을 몰랐다. 이 날은 흥분해서 온종일 먹는 것도 잊은 사람이 많았다. 백발이 성성한 한 노인은 계단 위로 올라가 "죽기 전에 조선의 독립이 보인다!"라고 소리 높여 외쳤다.

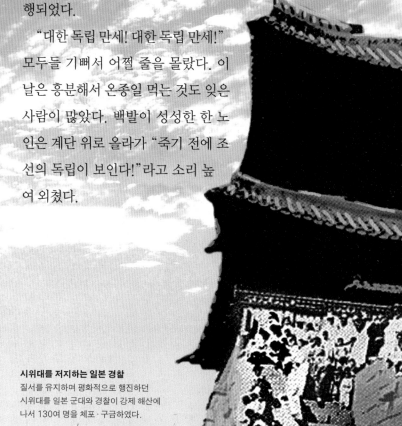

시위대를 저지하는 일본 경찰
질서를 유지하며 평화적으로 행진하던 시위대를 일본 군대와 경찰이 강제 해산에 나서 130여 명을 체포·구금하였다.

그러나 조선인들의 기대와는 달리, 승전국의 식민지에는 민족 자결 주의가 적용되지 않았다. 일본의 가혹한 탄압으로 3·1 운동이 석 달 만에 대부분 진압되자 무장 투쟁의 필요성을 주장하는 사람들이 늘어났다. 제국주의 열강에 실망한 사람들 사이에서는 식민지 민족 해방 운동을 지원하겠다고 밝힌 사회주의 러시아에 대한 기대가 높아졌고, 사회주의 사상이 급속도로 확산되었다.

한편 3·1 운동 이후 독립 운동의 단일한 지도부에 대한 필요성이 제기되어, 상하이에서 임시 정부가 탄생하였다. 임시 정부는 민주 공화제와 남녀 평등의 보통 선거제를 내용으로 하는 임시 헌법을 공포하면서 민족의 역량을 모아 독립운동을 벌여 나갔다.

| **중국이 본격적인 민족 운동에 눈뜨다** | 한반도에서 벌어진 반제국주의 투쟁은 곧바로 중국에 확산되었다. 일본의 '21개조 요구'에 중국 정부가 굴복하였다는 사실을 알고서 분노한 중국 인민들은 광범위한 반일·반군벌 투쟁에 나섰다.

5·4 운동 중국 학생들은 정부의 탄압에도 물러서지 않고 시위 운동을 벌여 나갔다. 학생들은 다양한 선전 활동을 전개하였는데, 아래 사진은 학생들이 만든 벽신문에서 일본의 21개조 요구 사항을 읽고 있는 사람들의 모습이다. 학생들이 시작한 5·4 운동은 민족적 항쟁으로 확대되었다.

학생들이 앞장서 시위에 나섰고, 도시의 노동자와 상인은 동맹 파업으로 호응하였다. 농민들도 시위에 참여하면서 5·4 운동은 중국 전역으로 퍼져 나갔다. 결국 베이징의 군벌 정부는 민중의 요구에 굴복하고 베르사유 조약의 조인을 거부하였다.

"드디어 중국 인민이 눈을 떴다. 신해혁명이 좌절되고 군벌의 총수 위안스카이가 황제처럼 군림하는데도 꿈쩍 않던 예전의 어리석은 인민이 아니다. 깨어난 인민들의 힘으로 혁명을 이루어야 한다!"

노혁명가 쑨원은 5·4 운동으로 터져 나온 투쟁의 열기를 보고 감격해하면서 인민들이 참여할 수 있는 국민 혁명 정당인 국민당 조직에 앞장섰다. 한편 사회주의 사상을 받아들인 지식인들은 노동 계급의 힘으로 혁명을 이루자며 공산당을 조직하였다. 외세와 부패한 군벌로부터 독립을 지키기 위하여 국민당과 공산당은 단결을 모색하고, 제1차 국공 합작을 하였다. 그리하여 1924년, 국민당과 공산당은 혁명군을 조직하여, 군벌을 몰아내기 위한 북벌을 전개하였다.

신문화 운동과 5·4 운동 신문화 운동은 당시 베이징 대학교수였던 천두슈가 잡지 《신청년》을 통하여 펼쳤던 것으로, 유교 비판과 백화 운동을 통하여 중국의 전통적인 정신 구조를 변혁시키려 한 문화 운동이었다. '민주'와 '과학'을 표방한 신문화 운동은 군벌과 외세의 수탈로 좌절감에 빠져 있던 청년들에게 사상적 등불이 되었으며, 5·4 운동의 배경이 되었다. 사진은 당시 신문화 운동의 요람이었던 옛 베이징 대학의 5·4 운동 기념 조각이다.

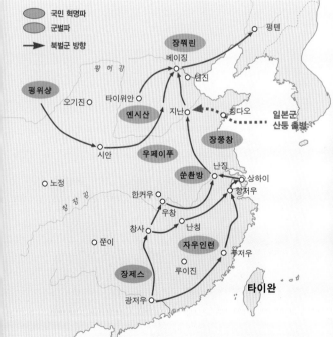

국민 혁명파
군벌파
→ 북벌군 방향

◀ 북벌 운동의 전개
광저우에서 출발한 북벌군은 순식간에 창장강 유역의 주요 지역을 장악하면서 1927년에는 베이징에까지 이르렀다. 북벌군은 가는 곳마다 민중의 환영을 받았다.

▲ 황푸 군관 학교 쑨원이 소련으로부터 군사 고문과 무기, 재정을 지원받아 세운 군사 학교이다. 중국 국민당은 황푸 군관 학교를 통하여 독자적인 혁명군을 길러 낼 수 있었다. 이처럼 쑨원의 국민당은 사회주의 세력과도 손을 잡아 제1차 국공 합작을 이루었다. 조선인 34명도 이 학교에 입학하여 독립군으로 성장하였다.

5 아시아에 민족 운동이 확산되다

간디

인도의 간디는 폭력은 짐승의 법칙이며 비폭력은 우리 인류의 법칙이라고 말하면서, 영국이 칼과 폭력에 의지한다면 인도는 불멸의 혼에 의지하여 비폭력을 실천할 것이라고 선언하였다. 터키와 베트남을 비롯한 동남아시아에서도 제국주의에 저항하는 움직임이 확산되어 갔다.

■ 가 볼 곳: 앙카라, 뭄바이 ■ 만날 사람: 케말 파샤, 간디, 호찌민
■ 주요 사건: 터키 공화국의 탄생, 인도의 소금 행진

| 오스만 제국에서 터키 공화국으로 | 제1차 세계 대전의 패전국인 오스만 제국은 영국, 프랑스, 미국 군대에 주요 도시와 항구를 점령당하였다. 그리고 승전국들은 영토 분할을 주요 내용으로 하는 종전 협상을 강요하였다. 이때 오스만 제국의 지배를 받던 여러 민족들이 독립을 선언하였고, 특히 그리스는 복수를 내세우며 전쟁을 선포해 왔다. 이렇게 오스만 제국은 갈가리 찢기고 있었다.

케말 파샤는 위기에 처한 조국을 구하고자 노력하였다. 그는 승전국에게 점령당한

◀ **터키 여성들의 변화** 터키 여성들이 베일을 벗고 군사 훈련에 참여하고 있다. 터키 여성들은 일찍이 터키·그리스 전쟁과 터키의 근대화 정책 수립에 참여하였으며, 남녀 평등 선거를 이끌어 냈다.

▼ **터키어를 강의하는 케말 파샤** 케말 파샤는 로마자를 도입하여 터키어를 표기하는 등 근대화를 본격적으로 전개하여 의회로부터 '아타튀르크(터키인의 아버지라는 뜻)'라는 칭호를 받았다.

콘스탄티노폴리스의 술탄 정부와는 달리 제정이 아닌 공화정으로, 여러 민족을 지배하는 제국이 아닌 터키인 중심의 단일 민족 국가로 재탄생시키려 하였다. 그는 승전국의 일방적인 요구를 거부하고, 터키군을 지휘하여 그리스군을 몰아내는 데 성공하였다. 아울러 외교적 수완을 발휘하여 새로운 종전 협상을 이끌어 내면서 터키 공화국을 탄생시켰다.

케말 파샤는 술탄과 칼리프를 폐지하여 정치와 종교를 분리하였고, 서구 문물을 적극적으로 수용하는 정책을 폈다. 또한 근대적인 헌법을 채택하고 아시아 최초로 남녀 평등 선거를 단행하였을 뿐만 아니라, 아라비아 문자를 대신하여 로마자를 보급하였다.

제1차 세계 대전 후의 서남아시아
제1차 세계 대전 후 오스만 제국이 붕괴되고 터키 공화국이 수립되었다. 아랍 민족은 영국과 프랑스의 위임 통치를 받거나 독립을 얻었다. 그러나 독립한 나라들도 영국, 프랑스, 미국의 압력으로부터 자유롭지 못하였다.

한편 아랍 민족들은 제1차 세계 대전이 일어나자 오스만 제국의 지배로부터 완전히 벗어나기 위하여 영국과 프랑스 편으로 참전하였다. 그러나 전쟁이 끝나자 독립의 약속은 묵살되었고, 아랍 민족은 영국과 프랑스의 지배를 받으며 재분할되었다.

| 인도에 울려 퍼지는 진리의 외침 | 끊임없이 독립운동이 계속되어 왔던 인도에서도 국민적 영웅으로 등장한 간디가 영국 식민 당국의 부당한 폭력에 맞서 비폭력, 불복종, 사티아그라하진리 추구 운동의 횃불을 높이 치켜들었다.

"실을 뽑는다는 것은 전 인도인을 위한 것입니다. 물레를 돌리십시오. 인도인이여, 자기 손으로 자기 옷을 만드십시오. 우리의 몸을 영국의 직물로 가리는 것은 수치입니다."

이러한 가운데 제1차 세계 대전이 발발하였고, 인도인들은 영국의 자치권 보장 약속을 믿고서 영국에 협조하였다. 그러나 전쟁이 끝

물레 돌리는 간디 간디는 영국산 면제품을 거부하고 스스로 물레를 돌려 옷을 만들어 입자고 호소하였다. 비폭력·불복종으로 영국의 폭압에 맞섰던 그를 인도 민중은 '마하트마 간디(위대한 영혼의 소유자 간디)'라고 불렀다.

난 후 영국은 약속을 뒤집고, 인도인의 독립운동을 오히려 탄압하는 법을 만들었다. 간디는 파업과 시위를 주도하며 저항하였다. 1919년 4월 6일, 인도에서는 종교와 계급의 차이를 넘어 영국에 대한 비협조와 불복종을 외치는 물결이 바다를 이루었다. 인도인들은 이날을 '사티아그라하 데이'라고 부른다.

1928년 인도 국민 회의는 간디를 계승한 네루를 중심으로 인도의 완전한 독립과 납세 거부를 주장하기에 이르렀다. 이때 간디는 영국의 소금 전매권에 저항하여 직접 바닷물로 소금을 만들면서 25일 동안 '소금 행진'을 전개하였다. 자치를 넘어 완전한 독립을 요구하는 인도인의 반영 투쟁은 제2차 세계 대전 때까지 계속되었다.

| 호찌민, 베트남 민족 운동을 이끌다 | 1919년 파리 강화 회의가 열리고 있는 베르사유 사무국에 한 베트남 청년이 찾아왔다. 그는 '베트남인과 프랑스인을 법적으로 동등하게 대우할 것, 프랑스 의회에 베트남 대표가 참석할 수 있는 권리를 보장할 것' 등 8개 항의 청원서를 제출하였다.

그러나 조선의 대표단이 청원하였을 때 그랬던 것처럼 이 청년의 청원도 받아들여지지 않았고, 청년은 회담장 복도에서 쫓겨났다. 제국주의자들은 절대 자진하여 식민지를 포기하지 않는다는 교훈을 얻은 이 청년 호찌민은 자연스럽게 사회주의 소련에 호의를 가지게 되었고, 코민테른에 합류하여 민족 해방 운동을 계속해 나갔다.

제1차 세계 대전 이후 베트남에서는 서양 지식을 보급하고 경제적 근대화와 행정 제도의 개혁을 추진하는 민족 운동이 전개되고 있었다. 이러한 움직임 속에서 호찌민은 1925년 베트남 청년 혁명 동지회를 결성하였다. 그로부터 2년 후 중국의 국민 혁명에 자극받은 민족주의자들이 중심이 되어 베트남 국민당을 조직하였다. 베트남 국민당은 세력을 급속히 키워 나가면서 프랑스에 대항하였다. 그러나 1930년 이들이 일으킨 전면적인 무장 봉기 시도가 실패하면서 중심

호찌민 베트남 혁명의 중심인물인 호찌민('깨우치는 자'라는 뜻)의 청년 시절 모습이다. 호찌민은 1911년 프랑스에 건너가 식민지 해방 운동을 시작하였다. 1920년 코민테른에 가담하였고, 프랑스 공산당 창립과 함께 당원이 되었다. 1925년에는 '베트남 혁명 청년 동지회'를 결성하여 사회주의 혁명 사상을 전파하였고, 1930년 2월 베트남 공산당을 정식으로 창립하는 데 성공하였다.

인물들이 대거 체포되어 처형당하는 사태가 벌어졌다. 결국 베트남 국민당은 완전히 무너져 버렸다.

　1930년에 조직된 호찌민의 베트남 공산당도 프랑스의 대대적인 탄압으로 쇠퇴기에 빠져들었다. 베트남 공산당은 1936년 이후에나 다시 활동에 나설 수 있었다. 베트남 공산당은 독립을 바라는 모든 계층과 연합하는 쪽으로 노선을 바꾸면서 대중 속으로 파고들며 대대적인 독립 전쟁을 준비하였다.

　한편 인도네시아에서는 이슬람 동맹의 급진파가 공산당을 결성하여 네덜란드에 맞서 해방 투쟁을 벌여 나가다 해산당하였다. 이후 인도네시아에서는 민족주의자들의 국민당이 민족 운동을 주도하였다.

　인도네시아에서는 이슬람교가 민족 운동에서 중요한 역할을 하였다. 인도네시아인들에게 이슬람교는 자신들을 화교나 네덜란드인과 구별 짓도록 하는 것이자, 민족 정체성을 드러내 주는 것이었다. 그리하여 인도네시아의 민족 운동은 이슬람 공동체 운동과 깊은 관련을 맺으면서 전개되었다.

베트남 응헤띤 지역의 농민 봉기
베트남 공산당은 농민과 노동자 속으로 들어가 농민 항쟁과 노동자 파업 투쟁을 조직하였다. 위 그림은 1930년 여름, 소비에트가 광범위하게 형성되어 있던 응헤띤 지역에서 일어난 농민 봉기 기록화이다.

인도네시아 독립 포스터 1928년 국민당을 만들어 반네덜란드 운동을 벌였던 수카르노는 인도네시아 독립의 아버지로 추앙받으며 초대 대통령이 되었다. 그러나 대통령이 되어서는 독재 정치를 벌이다가 실각하였다.

곳곳에서 들리는 우렁찬 함성

수감 중인 유관순

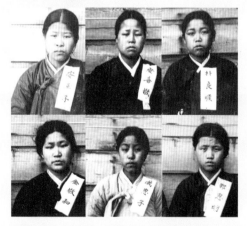

안옥자, 안희경, 박양순, 소은명, 성혜자, 김경화(위쪽부터 시계
방향) 이들은 10대 후반의 어린 학생들로 3·1 운동 1주년을 맞아
배화여고 교정에서 만세를 부르다 체포되어 옥고를 치렀다.

"밤이 늦도록 그녀의 방엔 불이 꺼질 줄 몰랐다. 그녀는 부지런한 손놀림으로 태극기를 직접 그리고 있었다. 그녀의 머릿속으로는 그동안 여기저기 온몸으로 뛰어다니면서 준비하였던 일들이 스쳐 갔다. 밤이 깊었지만 잠을 이룰 수가 없었으니, 내일의 성공을 간절히 기원하고 또 기원하였다."

이제 열일곱 살 된 이화 학당의 유관순은 3·1 운동이 일어나자 고향으로 내려와 만세 시위를 주도하였다. 어린 학생의 신분으로 여러 학교를 돌면서 소식을 알리고, 집집마다 방문하여 사람들을 모으는 일이 쉽지는 않았다. 하지만 유관순은 이 모든 일을 거뜬히 해냈다.

　3·1 운동을 선두에서 이끈 사람은 유관순과 같은 학생들이었다. 이들은 학교 조직이나 비밀 결사에 참가하여 3·1 운동을 전국 주요 도시로 확산시키는 데 큰 역할을 하였다. 초등학생부터 대학생까지 수많은 학생들이 목숨을 걸고 만세 운동에 앞장섰다. 이들의 활약은 다른 식민지 국가 학생들의 모범이 되었다. 중국의 5·4 운동을 비롯한 세계 곳곳의 독립 운동이 3·1 운동의 영향을 받아 학생들의 주도로 전개되었다.

5 · 4 운동 기록화

베이징 학생 톈안먼^{천안문} 대회 선언문

'정의, 인도, 공정'이 세계에 널리 퍼지는 것은
우리의 희망이며, 바라던 바가 아니었던가?
영토를 우리에게 돌려주고, 중일 비밀 조약,
군사 협정, 기타 불평등 조약들을 폐지함이 정당하고
공정하다. (중략) 조선인들도 독립운동을 하면서 이렇
게 부르짖었다.
"독립을 하지 못하면 죽음이 있을 뿐이다."

인도의 독립운동가 네루와 그의 딸 인디라 간디

네루가 딸에게 보낸 편지

3 · 1 운동은 조선 민족이 단결하여 자유와 독립을
찾으려고, 수많은 사람들이 죽거나 일본 경찰에 잡혀
가 모진 고문을 당하면서도 굴하지 않았던 숭고한 독
립운동이었다. (중략) 조선에서 대학을 갓 나온 젊은
여성과 소녀들이 학생 신분으로 투쟁에 참가하여 중요
한 역할을 하였다는 것을 듣는다면, 너도 틀림없이 깊
은 감동을 받을 것이다.

－네루, 《세계사 편력》 1932. 12. 30.

8

제2차 세계 대전과
평화를 위한
투쟁

우리는 삼천만 한국 인민과 정부를
대표하여 중국, 영국, 미국, 소련,
캐나다를 비롯한 많은 나라들이 일본에
맞서 벌이고 있는 이 전쟁을 축하한다.
이 전쟁은 일본을 굴복시키고 동아시아
세상을 다시 세우는 가장 유효한
수단이 될 것이다. 아울러 다음과 같이
우리의 뜻을 밝힌다.

1. 한국의 전 인민은 이미 일본에 맞선 반침략 전선에
   참가하였다. 그리하여 한국은 한 개의 전투 단위로서
   일본, 독일, 이탈리아 침략국에 선전 포고한다.
3. 한국, 중국 및 서태평양에서 일본을 완전히 몰아내고
   최후 승리를 거둘 때까지, 우리는 한 방울의 피도
   남김없이 전투에 나설 것이다.
5. 루스벨트와 처칠 선언에서 밝힌 한국의 자주독립을
   실현하기 위하여 민주 진영의 최후 승리를 축원한다.

– 대한민국 임시 정부, 〈대일 선전 포고문〉 –

1920

1925

1930

1935

1940

1945

1922 이탈리아, 무솔리니의
로마 진군

1926 중국, 국민 혁명군의
북벌 시작
1929 대공황

1930 인도, 간디의 소금 행진
1931 중화 소비에트 임시
정부 수립, 만주 사변
1933 미국, 뉴딜 정책 실시
독일, 나치 정권 수립
1934 중국, 공산당의
대장정(~1935)

1935 이탈리아, 에티오피아 침략
1936 프랑스, 인민 전선 내각 조직
베를린·로마 추축 성립
에스파냐 내전(~1939)
1937 중일 전쟁
1939 제2차 세계 대전
(~1945)

1940 독·이·일,
삼국 군사 동맹 체결
1941 독·소 전쟁 개시,
태평양 전쟁
티토, 파르티잔 조직
호찌민, 베트남 독립 동맹 조직
1942 인도, 반영 불복종 운동 전개
1943 이탈리아 항복
1944 연합군, 노르망디 상륙 작전

1945 얄타 회담, 독일 항복
히로시마·나가사키에 원폭
투하(일본 항복)
국제 연합(UN) 발족
뉘른베르크 군사 재판

1 대공황이 세계를 휩쓸다

케인스

농장주들은 오렌지를 땅에 묻거나 석유를 뿌려 썩히느라 골치를 앓았다. 그때 농장 밖에서는 영양실조에 걸린 사람들이 오렌지를 훔치다 경비원의 총에 맞기도 하였다. 1929년 대공황이 덮친 미국의 농장에서 실제 벌어진 광경이었다. 이제 세계는 케인스의 말대로 자본주의의 틀을 바꾸어야만 하였다.

■ 가 볼 곳: 뉴욕 증권 거래소 ■ 만날 사람: 프랭클린 루스벨트, 존 메이너드 케인스
■ 주요 사건: 검은 목요일, 뉴딜 정책의 시행

| 장밋빛 미래를 삼킨 '검은 목요일' | 제1차 세계 대전 후 미국은 유럽 여러 나라에 돈을 빌려주었고, 해마다 엄청난 무역 흑자를 올려 세계 최고의 경제력을 자랑하게 되었다. 사람들은 너나없이 증권 시장에 드나들었고, 여자들은 유행에 맞춰 옷과 신을 바꾸었다. 거리는 매혹적인 재즈 음악으로 흥청거렸으며, 할리우드 영화는 당시 세계 영화 시장의 80퍼센트를 장악하고 있었다. 기계는 쉬지 않고 움직였고, 공장에는 생산품이 쌓여만 갔다.

이런 호황에도 불구하고 노동자들의 임금은 크게 오르지 않았다. 따라서 소비는 점차 생산을 따라갈 수 없게 되었다. 재고가 쌓이자 기업들은 생산량을 줄였고, 일자리를 잃는 사람들이 늘어났다.

그러던 1929년 10월 24일 목요일 아침, 뉴욕 월스트리트 증권 거래소가 대혼란에 빠졌다. 주식값이 최악의 수준으로 폭락한 것이다. 증권 거래소는 "팔자!"를 외치는 사람들로 삽시간에 난장판이 되었다. '검

◀ **재즈의 유행** 재즈는 1900년경 미국 루이지애나의 뉴올리언스에서 탄생하여 1920년대 미국 경제의 호황과 더불어 유럽에 전해지면서 크게 유행하였다. 사진은 재즈의 선구자인 루이 암스트롱의 연주 모습.

◀ **전후의 번영** 1928년의 풍자화로, '투기에 미친 대중'이라고 적힌 배를 내밀면서 미친 듯이 주식을 탐하고 있는 사람을 통하여, 주식 투자에 열광하는 당시 세태를 보여주고 있다.

은 목요일'로 불리게 된 이날의 주가 폭락은 제1차 세계 대전의 그늘을 걷고 장밋빛 미래를 노래하던 세계를 순식간에 혼돈으로 몰아넣었다. 위기감이 증폭되면서 주가는 더욱 폭락하고, 기업과 은행이 연달아 무너졌다. 기업이 무너지자 실업이 늘고 소비가 줄어드는 악순환이 계속되었다. 미국과 세계 여러 지역이 경제적으로 긴밀하게 연결되어 있었기 때문에, 경제 위기는 태평양과 대서양을 넘어 단숨에 모든 자본주의 국가로 급속히 확산되었다. 대공황이 일어난 것이다.

뉴욕 증권 거래소에 몰려든 사람들(위)과 실직자(아래) 1929년 10월 24일, 미국 뉴욕 증권 거래소 부근의 모습이다. 증권 시장의 붕괴 소식이 전해지면서 공포에 질린 사업가들, 투자자들, 이들에게 돈을 빌려준 금융인들이 몰려들었다. 주가 폭락은 산업 전반의 위축을 가져와, 생산은 중단되고 노동자들은 해고되기 시작하였다. 1933년 미국에서는 1,300만 명이 실직자로 집계되었는데, 이는 미국 국민 4명 중 1명에 해당하는 수치였다.

| 자유방임적 자본주의에서 수정 자본주의로 | 상점과 공장에는 팔리지 않는 물건들이 잔뜩 쌓였는데, 거리에는 굶주린 사람들이 쓰레기통을 뒤지며 돌아다녔다. 실업자로 전락한 가난한 노동자와 농민인 소시민들은 날마다 일자리를 요구하며 시위를 벌였다. 정부는 공산주의자들이 시위를 조종하고 있다고 비난하면서, 경찰과 군대를 동원하여 이들의 생존권 요구를 무자비하게 탄압하였다. 모두가 자유롭게 자신의 이익을 추구해도 '보이지 않는 손'의 조화로 모든 일이

미국의 뉴딜 정책 루스벨트 대통령은 뉴딜 정책이라는 대규모 공공 건설 사업을 벌여 실업자들에게 일자리를 제공하였다. 그리고 라디오에 출연하여 미래에 대한 자신감과 낙관을 보여 주었다.

잘 풀릴 것이라던 자유주의의 믿음은 깨져 버렸다. '시장의 자유'를 절대시하는 자유방임적 자본주의가 파탄을 맞은 것이다.

1930년대 미국은 수요를 늘리기 위하여 국가가 적극적으로 개입해야 한다고 주장한 영국의 경제학자 존 메이너드 케인스[1883~1946]의 의견을 따라 수정 자본주의를 시도하였다. 그래서 국가가 대규모 공공 사업을 벌여 일자리를 만들어 나갔다. 또, 독점적인 기업 활동을 규제하는 법률을 강화하고, 정부가 나서서 임금 협상에도 관여하였다. 노동 운동을 탄압하는 데 앞장섰던 과거의 정책을 버리고, 상대적 약자인 노동자가 자본가에 맞서 자신의 권리를 대등하게 확보할 수 있도록 단결권과 단체 교섭권을 인정하였으며, 최저 임금 제도도 도입하였다. 이는 무분별한 과잉 생산을 막고, 수요를 늘리기 위한 노동자의 소득을 안정시켰다.

이 같은 정책을 추진하던 루스벨트 대통령은 사회주의자라는 공격에 시달렸지만, 수정 자본주의 정책을 지속적으로 펼쳐 나갔다. 미국 경제는 대공황의 늪에서 조금씩 빠져 나왔고, 수정 자본주의는 전 세계로 확산되었다.

| 대공황이 남긴 것 | 영국과 프랑스는 대공황에서 벗어나기 위하여 본국과 식민지를 하나의 블록으로 묶고, 본국에서 너무 많이 생산된 물건을 식민지에 떠넘겼다. 그래서 식민지 민중은 대공황의 고통을 이중으로 겪어야만 하였다. 영국과 프랑스의 자국 산업을 보호하기 위한 블록 경제는 세계 무역을 크게 위축시켜 소비 시장을 더욱 줄이는 악순환을 가져왔다.

미국이나 영국, 프랑스와는 달리 독일·이탈리아·일본에서는 침략 전쟁을 통해서라도 대공황에서 벗어나야 한다는 목소리가 높아져 갔다. 자기 나라가 살기 위하여 다른 나라를 침략해야 한다는 **뻔뻔함**이 애국심으로 여겨졌다.

한편 소련은 대공황의 여파에서 벗어나 있었다. 자본주의 국가들이 대공황의 고통에 신음하고 있던 것과는 대조적으로, 중공업 생산량이 4배 이상 성장하였고 실업률은 '0'으로 떨어졌다. 이러한 현상은 소비와 생산을 국가가 계획하는 사회주의 경제 구조에서 비롯된 일이었다.

일본의 경제 공황 영국과 프랑스의 블록 경제로 보호 무역 정책이 확산되면서, 1929년 처음 석 달 동안 153억 달러였던 국제 무역액이 1933년에 54억 달러로 급감하였다. 이러한 상황에서 일본은 심각한 경제 공황에 직면하였고, 전쟁을 통하여 공황에서 벗어나려고 하였다.

전후 독일의 인플레이션 독일은 제1차 세계 대전 후 심각한 인플레이션을 겪고 있었다. 대공황이 닥치자 화폐 가치가 곤두박질쳐서 간단한 일용품을 사려해도 이처럼 돈다발이 필요하였다.

2 파시즘, 그리고 이에 맞선 사람들

히틀러

대공황은 전쟁을 주장하는 파시즘을 낳았다. 그러나 모두가 전쟁을 지지한 것은 아니었다. 평화 세력은 파시즘에 반대하며 연대하였다. 돌로레스 이바루리는 에스파냐를 위하여 싸우는 것은 전 세계의 자유와 평화를 위하여 싸우는 것이라며 다 같이 파시즘에 맞서 평화를 회복하자고 외쳤다.

■ 가 볼 곳: 뉘른베르크 나치 전당 대회 ■ 만날 사람: 아돌프 히틀러, 베니토 무솔리니
■ 주요 사건: 파시즘 정권의 수립, 에스파냐 내전

| 공포와 불안이 파시즘을 키우다 | "하일 히틀러!히틀러 만세!"선명한 갈고리 십자 모양의 깃발을 흔들며 독일인들은 히틀러를 열렬히 환호하였다. 감격의 눈물을 흘리는 사람까지 있었다. 나치의 전당 대회는 이렇게 흥분과 환호 속에 진행되었다.

우리는 아돌프 히틀러를 유대인 학살로 악명 높은 살인마, 세계 정복을 추구한 전쟁광, 절대 권력을 휘두른 독재자로 알고 있다. 그런데 이 환호는 도대체 무엇이었을까?

미국의 투자로 지탱되던 독일 경제는 대공황으로 붕괴되

히틀러 오스트리아의 세관원 아들로 태어난 히틀러는 독일 민족 지상주의자가 되어, 국제주의적인 마르크스주의에 반대하고, 유대인과 슬라브족을 증오하였다. 대공황 시기 합법적인 운동으로 공화제를 전복할 것을 꾀하여 성공하였다. 히틀러가 남긴 《나의 투쟁》은 파시즘의 대표적인 책으로 꼽힌다.

뉘른베르크 나치당 전당 대회

었다. 1932년 독일 노동자의 42퍼센트가 실업자로 전락하였다. 생존의 위험에 처한 노동자들 중에는 대공황을 안겨 준 자본주의 체제를 무너뜨리고 러시아 혁명의 뒤를 따르자고 주장하는 이들도 있었다.

대공황으로 인한 불안과 사회주의 확산에 대한 공포로 떨고 있던 자본가와 중산 계급은, 허약한 정부를 대신하여 강력한 지도자가 나타나 이 모든 문제를 해결해 주기를 바랐다. 히틀러는 이런 상황에서 등장하였다.

제1차 세계 대전의 패배로 짓밟힌 독일의 자존심을 회복하기 위하여, 사회주의자들에게 조국을 빼앗기지 않기 위하여, 그리고 게르만족의 영광을 위하여 뭉치자는 히틀러의 외침에 독일인들은 열광하였다. 나치즘의 광기가 독일 전역으로 확대되었다.

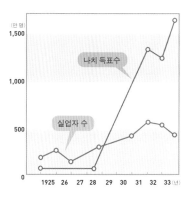

독일의 실업률과 나치 지지율의 추이

| 나치즘은 파시즘이다 | '민족 사회주의 독일 노동당'이라는 뜻의 '나치Nazis'는 사회주의와는 아무런 관련이 없는 극단적인 반사회주의, 반노동자 정당이었다. 나치에 앞서 쿠데타로 로마를 점령하고 에티오피아를 침략한 베니토 무솔리니의 파시스트당이나, 만주 침략을 단행한 일본의 군국주의 '천황덴노 정부'도 파시즘 체제였다.

무솔리니 무솔리니는 제1차 세계 대전 후, 제대 군인과 반사회주의자를 규합하고 국가주의를 주창하면서 파시스트당을 결성하였다. 무솔리니는 자본가·지주·군인의 지지를 얻어, 1922년에는 '로마 진군'이라는 쿠데타로 정권을 잡고, 강력한 독재 정치와 제국주의적 팽창 정책을 전개하였다.

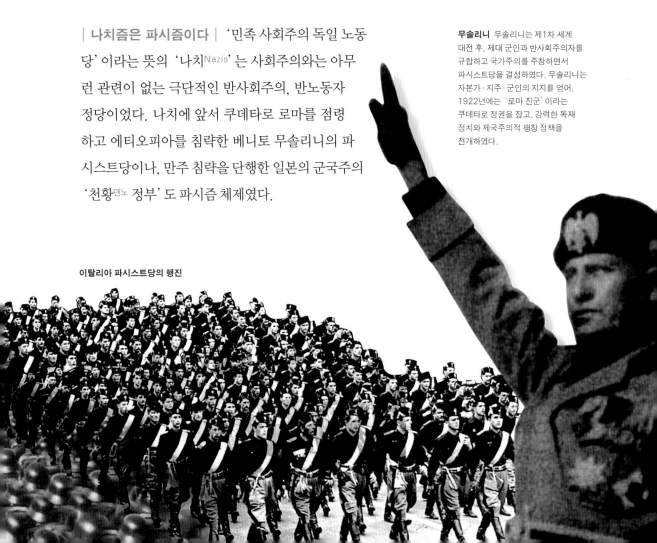

이탈리아 파시스트당의 행진

독일 노동자의 나치 환호 나치 치하에서 노동자들도 조직적으로 집회에 동원되었다. 나치는 연령과 계층에 따라 다양한 형식의 단체 활동을 마련하여 집회에 참가시켰다.

독일·이탈리아·일본 세 나라는 공산주의 반대를 내걸고 군사 동맹을 맺어 파시즘 국가들의 협력 관계를 과시하였다.

파시스트들은 자기 민족의 우월성을 맹신하였으며, 자기 민족, 자기 나라의 이익을 위하여 다른 나라를 침략하는 일도 서슴지 않았다. 독일에서는 침략 전쟁을 위하여 아우토반고속 도로이 만들어졌고, 제1차 세계 대전 후 쇠퇴했던 크루프 공장이 무기를 다시 만들어 내기 시작하였다. 실업이 줄고 경제가 살아나자 국민들은 환호하였지만, 이는 군수 산업에 대한 막대한 투자와 침략 전쟁의 결과일 뿐이었다. 파시즘은 국가의 이익과 안정이라는 명분을 내세우며 자유와 민주주의를 압살하였다.

국가의 영광에 도움이 되지 않는 '내부의 적'인 사회주의자나 장애인, 동성애자 등은 국민의 자격이 없으므로 제거되어야만 하였다. '우리'를 강조하기 위하여 끊임없이 적을 만들어 냈고, 그 과정에서 애꿎은 유대인을 학살의 대상으로 삼았다. 개인의 자유는 인정되지 않았고, 국민으로서 갖추어야 할 애국심만 강조되었다. 개인은 사소한 말이나 작은 행동까지 모두 감시와 통제를 받았다.

공화국 병사의 죽음 로버트 카파는 에스파냐의 프랑코에 맞서 싸우다 전사하는 인민 전선 공화국 병사를 사진에 담았다.

| 인민 전선의 성립과 에스파냐 내전 | 파시즘은 대공황 때문에 경제가 어려워지고 계급 갈등이 심해진 유럽 국가들에게 해결책인 양 여겨지면서 확산되었다. 하지만 파시즘의 본질이 알려지면서 파시즘을 적극적으로 반대하는 사람들도 늘어났다. 이들은 반파시즘 연합, 곧 인민 전선을 건설하자고 호소하였다. 파시즘에 반대하는 모든 사람들이 서로 뭉치자고 주장하였다. 각국의 사회주의 정당뿐만 아니라, 파시즘의 광기와 전쟁 위협을 우려하던 많은 지식인들이 인민 전선으로 모여들어 반파시즘 세력을 형성하였다.

1936년, 이탈리아만큼이나 파시즘의 기세가 높았던 에스파냐에 합법적인 선거를 통하여 인민 전선 정부가 수립되었다. 인민 전선 정부는 교회의 특권을 박탈하고 토지 개혁을 추진하였다. 그러자 가톨

릭 교회와 지주, 군부의 지원을 받은 파시스트 프랑코 장군이 쿠데타를 일으켜서 인민 전선 정부를 무너뜨리고 파시즘 정부를 세우려 하였다. 에스파냐는 파시즘과 반파시즘의 대결장이 되었다.

독일, 이탈리아는 군대를 동원하여 프랑코를 적극 지원하였지만, 영국, 프랑스, 미국은 어정쩡한 '불간섭 정책'을 내세워 인민 전선 정부를 지원하지 않았다. 인민 전선 정부를 격려한 것은 평화와 민주주의를 지키기 위하여 세계 각지의 50여 개 나라에서 스스로 무기를 들고 달려온 총 4만여 명의 '국제 여단'이었다.

내전은 4년이나 지속되었고 결과는 참혹하였다. 프랑코를 지원한 독일군 폭격기는 민간인에게까지 대규모 공습을 감행하였다. 많은 지식인들이 목숨을 걸고 지키려 한 인민 전선 정부는 결국 무너졌다. 독일과 이탈리아는 에스파냐 내전을 통하여 다가올 제2차 세계 대전에 대비한 대규모 실전 연습을 치른 셈이었다.

에스파냐 내전에 참가한 국제 여단
세계 각지의 많은 지식인들과 혁명적 열정에 들끓는 젊은이들이 파시즘에 대항하여 인민 전선 정부를 구하려고 에스파냐 내전에 뛰어들었다. 헤밍웨이의 《누구를 위하여 종은 울리나》, 앙드레 말로의 《희망》, 조지 오웰의 《카탈루냐 찬가》 등은 작가가 국제 여단에 참전한 경험을 바탕으로 쓴 소설로, 에스파냐 내전의 양상을 상세하게 전한다.

3 항일 투쟁, 일본의 침략을 막아 내다

장제스

군국주의 체제를 갖추고 독일·이탈리아와 3국 동맹을 맺어 힘을 얻은 일본은 만주 사변을 일으켜 중국 침략을 감행하였다. 그러나 중국의 상황은 이전과 달랐다. 중국 인민은 하나가 되어 침략 전쟁에 맞서 반제국주의 역량을 발휘하였다. 공산당과 국민당이 다시 합작하여 일본의 침략에 대응하였다.

■ 가 볼 곳: 옌안, 시안   ■ 만날 사람: 장제스, 마오쩌둥
■ 주요 사건: 만주 사변, 중일 전쟁, 난징 대학살

| 일본, 군국주의가 휘몰아치다 | 일본 학교마다 아이들의 노랫소리가 울려 퍼졌다.

"싸우는 우리는 작은 국민, 천황 폐하를 위하여 죽으라고 가르치신 말씀을 받들어, 마음속에 죽기를 각오하고 싸우자는 맹세를 다지면서 용맹스럽게 가겠습니다."

천황텐노 정부를 위하여 목숨까지 바치겠다는 무서운 노래였다.

1930년대 일본은 군부가 중심이 되어 대공황의 위기를 침략 전쟁으로 해결하려고 하였다. 이를 위하여 국가 전체를 거대한 병영으로 만들어 국민들을 통제하였고, 어린 학생들에게까지 천황에 대한 충성을 강요하였다. 백인의 침략에 맞서 아시아인의 세상을 건설하자는 명분을 내세웠다.

일본의 중국 침략 중국 본토를 호시탐탐 노리던 일본은 중국이 먼저 공격하였다는 구실을 만들어 중일 전쟁을 개시하였다. 선전 포고도 없이 대규모 군대를 보내 전쟁을 확대한 것이다. 사진은 일본의 난징 공격에 환호하는 일본 학생들과 난징 대학살 때 중국인을 생매장하는 일본군의 모습이다.

1931년 9월, 일본은 만주를 침략하였다. 이듬해 1월에는 만주의 대부분을 차지하고서 '만주국'이라는 꼭두각시 정부를 세웠다. 그리고 1937년 호시탐탐 노리던 중국을 본격적으로 침략하였다. 중국을 침략한 일본은 곳곳에서 민간인을 '불태우고, 죽이는' 학살과 만행을 저질렀다. 특히 난징에서는 불과 두 달 사이에 최소한 30만 명 이상의 민간인들이 일본군에게 학살당하는 참극이 일어났다.

| **국민당과 공산당이 대립하다** | 1927년 상하이는 총성과 피로 얼룩졌다. 300여 명의 공산당원과 일반 시민이 하루아침에 살해당하였다. 쑨원의 뒤를 이어 국민 혁명군의 총사령관이 된 장제스가 '국공 합작'을 깨뜨리고 공산당 세력을 토벌하기 위하여 쿠데타를 일으킨 것이었다.

국민당 군대에 의해 처형된 공산당원들

공산당은 큰 위기에 빠졌다. 몇 차례의 저항과 봉기는 모두 실패로 돌아갔다. 이런 상황에서 마오쩌둥은 농촌을 근거지로 삼아 농민과 함께 혁명을 추진해야 한다고 주장하였다. 공산당은 농촌으로 숨어들어 농민들의 자치 정부인 소비에트를 구성하고, 농촌에서 그 세력을 넓혀 나갔다.

일본이 중국을 침략하는 상황에서 장제스는 군벌을 몰아내고 중국 통일을 완수한 자신감으로 "먼저 내정을 안정시키고 나서 외적을 물리친다."라는 방침을 내세웠다. 그는 일본의 침략에 맞서 싸우기보다는 공산당 파괴에 더욱 열을 올렸다.

1934년 장제스는 군대를 총동원하여 대대적인 공산당 공격에 나섰다. 국민당군에 밀려 최소한의 근거지마저 잃게 된 마오쩌둥은 공산당 부대인 홍군을 이끌고 옌안까지 1만 2,000킬로미터에 달하는 탈출, '대장정'을 감행하였다. 8만 6,000여 명의 참가자 중에서 끝까지 살아남은 사람은 겨우 8,000명이었다. 이런 어려움 속에서도 공산당은 가는 곳마다 내전을 중지하고 함께 항일 투쟁에 나서야 한다고 호소하였다. 일본의 침략에 분노하고 있던 중국 민중은 공산당이 주장에 호응하였다.

중국 공산당의 '대장정' 장제스가 주도하는 국민당의 대대적인 공격으로 공산당은 완전히 고립 상태에 빠졌다. 공산당은 전멸의 위기를 극복하기 위해서 포위망을 탈출하여 거점을 이동할 수밖에 없었다. 홍군은 1년여에 걸쳐 계속된 1만 2,000킬로미터나 되는 대장정 동안, 만년설이 쌓인 산 5개를 포함하여 18개의 산맥을 넘었고, 17개의 강을 건넜다.

울부짖으라, 중국이여! 1932년 상하이에서 중국 민권 보장 동맹이 결성되었는데, 반공과 독재 강화에만 몰두하는 장제스를 비판하면서 항일 투쟁에 나설 것을 촉구하였다. 그림은 항일 의식을 고취시키기 위하여 만든 판화로, 루쉰 같은 문화 예술인들이 벌인 목판화 운동의 산물이다.

| 중국, 일본에 맞서 뭉치다 | 일본이 중국에 대한 침략 의도를 노골적으로 드러내던 1936년, 상하이와 베이징 등에서는 항일전을 촉구하는 대대적인 시위와 파업, 대중 집회가 끊이지 않았다. 공산당 토벌을 중단하고 일본에 맞서 함께 싸우라는 것이었다.

항일 전쟁에 대한 중국인의 요구는 '시안 사건'으로 터져 나왔다. 만주 군벌 장쉐량이 장제스를 감금하고, 내전 중지와 단결된 항일전을 요구한 것이다. 결국 장제스와 공산당 사이에 극적인 합의가 이루어져 '제2차 국공 합작'이 성립되었다.

제2차 국공 합작으로 중국이 힘을 모아 함께 항일전을 벌여 나가자, 승승장구하던 일본군은 주춤거리기 시작하였다. 장기전의 늪에 빠진 일본은 동남아시아로 전선을 확대하였다. 이에 미국이 석유 수출을 금지한다고 발표하자, 일본은 1941년 미국을 기습하여 태평양 전쟁을 일으켰다. 중국은 연합국의 일원이 되어 일본과 맞섰다.

항일 전쟁 중에 중국 공산당은 재기의 발판을 마련하였다. 최전선에서 일본군과 용감하게 맞서 싸우고 민중의 지지를 끌어냈다. 그와 비교하여 국민당 정부는 독재를 강화하고 부패를 일삼아 국민의 신임을 잃어 갔다.

| **한국인, 중국인과 연대하여 싸우다** | 일본이 만주에 이어 중국 내륙으로 침략의 강도를 높여 나가자, 한국인과 중국인은 서로 손을 잡고 일본에 맞섰다. 1932년, 김구의 지시를 받은 청년 윤봉길은 상하이에서 폭탄을 던져 일본군 장교를 여러 명 죽였다. 이 사건 이후 대한민국 임시 정부와 중국의 협력이 본격화되었다. 중국 국민당 정부가 민족주의 계열인 대한민국 임시 정부을 지원하기로 한 것이다.

한편 만주나 중국에서 활동하던 사회주의 계열의 독립운동가들도 코민테른의 지침에 따라 중국 공산당에 들어가는 경우가 많아졌다. 이들은 중국 공산당과 함께 항일전에 나섰다. 민족주의자들과 사회주의자들은 1920년대에 이어 1930년대에도 단일한 민족 운동 지도부를 건설하기 위하여 머리를 맞대기도 하였다.

1940년대에 이르러 대한민국 임시 정부는 광복군을 조직하고, 연합군에 가담하여 일본에 맞서 싸울 것을 공표하였다. 광복군은 국내 진공 작전을 위하여 미국의 지도로 특수 훈련을 받기도 하였다. 사회주의자들도 조선 의용군을 조직하여 중국 공산당과 함께 일본과 전쟁을 벌이면서, 만주를 거쳐 한반도로 진격할 계획을 세웠다. 국내에서도 일제의 패망에 대비하여 건국 동맹을 건설하는 등, 해방을 향한 준비가 진행되고 있었다.

한국 광복군(왼쪽)과 조선 의용군(오른쪽)
대한민국 임시 정부를 이끌던 김구는 1940년 한국 광복군 사령부를 조직하고, 국내 진공 작전을 계획하였다. 한편 팔로군과 함께 항일 전투를 벌였던 조선 의용군은 제2차 세계 대전이 끝난 후 중국의 국공 내전에 참여하였다.

《아리랑》으로 남은 조선인 혁명가, 김 산

《아리랑》과 김산 그리고 님 웨일스 님 웨일스는 1937년 중국 옌안의 루쉰 도서관에서 영어책을 수십 권씩 빌리는 한국인 혁명가를 만났다. 님 웨일스는 한국인들에게 흔한 성인 '김' 과 아름다운 금강산을 떠올리면서 그에게 '김산' 이라는 이름을 붙여 주었다.

"아리랑 아리랑 아라리요……. 나의 생애는 실패의 연속이었고, 우리나라의 역사도 실패의 역사였다. 그러나 나는 나 자신에 대해서만큼은 승리하였다. 그리고 역사를 창조하는 인간에 대한 신뢰를 잃지 않았다."

중일 전쟁의 폭풍 속에서 한 치 앞도 볼 수 없었던 1937년, 중국 혁명을 취재하던 미국 기자 님 웨일스는, 대장정을 마친 중국 공산당이 최후 근거지로 삼은 옌안에서 젊은 조선인 혁명가 김산을 만났다. 두 사람은 20여 차례나 만나 속 깊은 대화를 나누었고, 그 내용이 《아리랑》(님 웨일스·김 산 공저, 1941년 미국에서 초판 발행)이라는 책으로 남았다. 이 책에는 격동하는 중국 대륙에서 조국의 해방을 위하여 불꽃 같은 삶을 살다가 서른세 살에 삶을 마감한 김산의 생애가 오롯이 담겨 있다.

김산의 본명은 장지락(일본의 취조 기록에는 장지학). 을사늑약이 맺어진 1905년 평안 북도 용천에서 태어나 열네 살의 나이에 3·1 운동에 참가하였다. 그리고 이듬해 집을 떠나 일본과 만주, 상하이, 베이징, 광둥, 옌안 등지를 누비며 조국의 해방을 위하여 투쟁하였다.

김산은 한때 상하이에서 임시 정부 기관지 《독립신문》의 식자공으로 일하기도 하였고, 의열단에 가입하여 단

김산의 자술서 부분을 담은 손글씨 한문 문서

김산의 자술서 1930년 11월 20일, 광저우 봉기 기념 행사 준비 회의에 참가하러 가던 김산이 베이징에서 국민당 경찰에 체포된 후 작성한 자술서이다. 이 자술서에서 김산은 좌우의 대립을 넘어 민족의 단결된 항일 투쟁을 호소하고 있다. 이후 김산은 일본 경찰에 넘겨져 40일 동안 혹독한 고문을 당한 끝에 이듬해 4월 무죄 석방되었다.

원들 사이에서 장래가 기대되는 어린 후배로 총애를 받기도 하였다. 그러다가 열여덟 살에 베이징 의과 대학에 들어가 사상 서적을 탐독하면서 공산주의를 받아들였다. 김산은 조선 독립의 수단으로 공산주의를 받아들였고, 중국 혁명을 성공시킴으로써 조선의 독립 혁명도 이룰 수 있다고 생각하였다. 한국인과 중국인이 단결하여 공동의 적인 일본을 물리쳐야 조선도 해방될 수 있다고 생각한 것이다.

김산은 두 번의 투옥과 고문, 질병과 궁핍 등 모진 고난을 불굴의 의지로 이겨 내며 중국 혁명을 위하여 싸우는 한편, 중국과 조선의 혁명 세력을 연결하려고 피나는 노력을 기울였다. 그러던 1937년 옌안에 왔고, 그곳에서 님 웨일스를 만났다.

1938년 김산은 억울하게 간첩으로 몰려 중국 공산당에 의하여 처형당하였다. 오로지 조선의 독립과 민족의 해방을 위하여 분투하였던 그의 삶은 그렇게 끝나고 말았지만, 우리는 《아리랑》을 통하여 살아 있는 그를 만날 수 있다.

광복 60년 만에 수여된 건국 훈장 2005년 8월 15일, 김산의 아들 고영광 씨는 대한민국 정부로부터 아버지의 독립 투쟁 공로를 인정받아 건국 훈장 애국장을 받았다. 고영광 씨는 서른 살이 넘어서야 자신의 출생 내력을 알았고, 그때부터 아버지의 명예 회복에 나서 1984년에는 중국 공산당으로부터 명예 회복 결정을 받았다.

4 제2차 세계 대전, '대량 학살'의 시대

안네 프랑크

독일의 평화주의자 에른스트 프리드리히는 "우리는 저 흉악한 범죄인 대량 학살 행위에 슬픔의 눈물을 함께 흘려야 하지 않겠는가? 우리의 눈을 크게 뜨고, 자유와 평화로 가득 찬 밝은 새벽을, 세계가 하나의 평화로운 조국이 되는 날을 함께 지켜보아야 하지 않겠는가?"라고 절규하였다.

■ 가 볼 곳: 아우슈비츠 강제 수용소 ■ 만날 사람: 에른스트 프리드리히, 안네 프랑크
■ 주요 사건: 유대인 학살, 진주만 습격

| 파시즘 세력, 제2차 세계 대전을 일으키다 |

나치가 사회주의자를 공격했을 때 조금 불안했지만,
나는 사회주의자가 아니었기 때문에 아무런 행동도
하지 않았다. 나치가 학교, 신문사, 유대인 등을
잇따라 공격했을 때, 나는 더 불안했지만 행동
에 나서지는 않았다. 마침내 나치는 교회를
공격하였다. 나는 목사였고, 그때서야 행동
에 나섰지만, 때는 이미 늦었다.

– 독일 고백 교회 니묄러 목사의 증언 –

도쿄 ●

● 미드웨이 해전

● 진주만

→ 연합군의 진격로
→ 일본군의 진격로

추축국과 연합국의 세계 전쟁

제2차 세계 대전은 말 그대로 지구 전체를 뒤덮는
'세계 전쟁'이었다. 세계 곳곳에서 인류는 전쟁
속으로 뛰어들었다. 전 세계의 땅과 바다, 하늘이
모두 전쟁터로 변하였다.

독일의 파리 입성
1940년 프랑스를 점령한 독일군
병사들이 개선문에 들어서고 있다.
나치 독일은 투항한 프랑스 장군인
페탱과 휴전 협정을 맺어, 파리를
포함한 프랑스의 3분의 2를
점령하였다.

● 워싱턴

영국과 프랑스는 나치 독일이 자본주의의 적인 소련을 봉쇄하는
데 도움이 될지 모른다는 생각에 나치의 횡포를 애써 외면하였
다. 심지어 전쟁을 피해야 한다는 구실을 들어, 나치가 주변국을
침략해도 인정해 줄 수 있는 분위기까지 조성하였다. 결국 히틀
러는 1938년 체코의 주데텐란트를 점령하였고, 그 지배권을 당
당히 요구하였다. 영국과 프랑스는 이 요구에 굴복하여 뮌헨 협
정을 체결하였다. 이렇게 거침없이 세력을 확장해 나가던 나치는
1939년 소련과 불가침 조약을 맺고 곧바로 폴란드를 점령해 버
렸다. 그때까지 설마설마 하며 독일을 주시하던 영국
과 프랑스는 경악하였고, 그제서야 독일에
전쟁을 선언하였다. 세계는 또다시 전
쟁 속으로 빨려 들어갔다.

대공습 제2차 세계 대전 동안 하늘을
뒤덮은 항공기들이 상대국의 항구, 산업
중심지, 방공 시설들을 폭격하였다.
도시의 대부분이 파괴되고, 수많은
민간인들이 죽임을 당하였다. 환경 파괴
역시 이루 말할 수 없었다.

스탈린그라드 전투

모스크바

베를린

런던   로마

파리

진주만 공격 1941년 12월 7일
새벽, 일본군이 진주만을 기습
공격하여 미국은 큰 피해를 입었다.
다음 날 루스벨트는 의회에 일본에
대한 선전 포고를 요청하였다. 이
요청을 반대한 사람은 어떠한
전쟁도 반대한다는 신조를 지킨
퀘이커교도 여성 의원인 저넷
랭킨뿐이었다. 이제 전쟁은
태평양으로 확대되었다.

스탈린그라드 전투 1942년 8월 말에서 이듬해 2월 초까지 약 5개월 동안 스탈린그라드에서는 치열한 시가전이 벌어졌다. 소련군은 110만 명에 이르는 사상자를 내면서도 격렬하게 나치에 맞섰다.

독일·이탈리아·일본 추축국 동맹 유럽 전선에서 독일이 일방적으로 승리를 거두고 있는 동안 독일과 일본, 이탈리아 사이에는 군사 동맹이 체결되었다. '추축'은 사물의 가장 중요한 부분이나 정치 권력의 중심을 일컫는 말이다.

| 전 세계로 전쟁이 번져 나가다 | 폴란드를 점령한 나치 독일은 승승장구하며 진격을 거듭하였다. 나치 독일군은 단숨에 프랑스까지 점령하였고, 영국의 하늘은 폭격을 위하여 출격한 독일 전투기로 뒤덮였다. 유럽은 이제 파시즘의 손아귀에 들어가고 말았다.

1941년 여름, 전쟁은 극적으로 확산되었다. 독소 불가침 조약을 깨고 독일이 소련을 침략한 것이다. 독일의 기습으로 소련은 엄청난 피해를 입었다. 하지만 이를 계기로 자본주의 진영인 미국, 영국, 프랑스와 사회주의 진영인 소련이 추축국 동맹의 파시즘에 맞서 손을 잡게 되었다. 그해 겨울, 소련은 결사적으로 나치의 독일군에 맞서 모스크바를 방어하는 데 성공하였고, 레닌그라드와 스탈린그라드를 중심으로 대대적인 반격을 모색하였다.

한편 1941년 일본은 미군이 주둔하고 있는 진주만을 기습 공격하여 태평양 전쟁을 일으켰다. 미국은 곧바로 연합군의 일원으로 전쟁에 참여하였다. 이제 5대양 6대주, 태평양의 작은 섬에 이르기까지 세계 구석구석이 전쟁의 불길에 휩싸이게 되었다.

| 세계가 대량 학살에 몸서리치다 | 광신적인 인종 차별 정책을 펼치던 나치는 좀 더 많은 사람을 빠르고 쉽게 죽일 수 있는 방법을 궁리하였다. 이들은 아우슈비츠를 비롯한 네 곳에 정치범과 유대인, 집시들을 가둘 강제 수용소를 만들고, 매일 처형자를 골라내 가스실에서 학살하였다. 강제 수용소의 굴뚝에서는 매일같이 시체를 태우는 시커먼 연기가 뿜어져 나왔다.

이렇게 가스실에서 학살당한 사람은 아무리 적게 잡아도 100~150만 명에 이르며, 전체 유대인 사망자 수는 600만 명을 헤아린다. "언젠가는 이 끔찍한 전쟁도 끝나겠지. 유대인이 아니라 다시 사람이 되는 날이 언젠가는 올 거야."라며 나치를 피하여 숨어 지내면서 희망을 잃지 않았던 안네 프랑크도 수용소에서 죽음을 맞았다.

독일의 유대인 학살홀로코스트뿐만 아니라, 세계 대전 내내 곳곳에서 끔찍한 민간인 학살이 벌어졌다. 난징 대학살을 비롯한 일본군의 중국인 학살, 독일이 소련 침공 후 벌인 슬라브인 학살, 연합군의 드레스덴 폭격과 소련군의 독일인 학살 등이 그 예이다.

세계 인구의 20퍼센트가 전쟁에 동원되었고, 상상할 수 없을 만큼 많은 무기가 전쟁 동안 세상을 파괴하였다. 제2차 세계 대전의 희생자는 5,000만 명에 이르렀으며, 그중 민간인 사망자는 군인 희생자의 2배가 넘었다.

전쟁과 민간인 학살

제2차 세계 대전 동안 비무장 민간인에 대한 학살은 주로 점령군에 대한 복종을 강요하고 레지스탕스에 대한 지원과 참여를 봉쇄하기 위한 것이었지만, 인종주의적 편견도 크게 작용하였다. 민간인들은 이러한 만행을 피하기 위하여 정든 고향을 떠나야만 하였다.

아우슈비츠 강제 수용소 나치는 유럽 전역에 흩어져 살던 유대인을 색출하여 수용소에 감금하였다. 집시와 공산당원, 동성애자, 소매치기, 성범죄자, 장애인도 부적격 아리아인으로 분류되어 학살되었다. '가스실, 화장터, 강제 노동, 생체 실험'은 강제 수용소를 상징하는 단어들이다.

강제 징용된 조선인 노무자 일본은 100만 명이 넘는 조선인을 강제 징용 또는 징병해서 죽음으로 내몰았다. 사진은 일본의 탄광에서 일하는 조선인 징용자들의 모습이다.

드레스덴의 천사 1945년 2월 13일부터 14일 심야까지 독일의 드레스덴에 대한 연합군의 공습으로, 히로시마 희생자보다 훨씬 많은 25만 명이 희생되었다. 사진은 처참하게 파괴된 드레스덴을 내려다보고 있는 천사 조각상.

여 성 의 역 사

일본군 '위안부' 할머니들의 절규

한국의 일본군 '위안부' 할머니들의 항의 시위
수요 집회는 1992년부터 현재까지 이어지고 있는
세계 최장의 집회이다.

한국 할머니들의 수요 집회

첫 수요 집회가 열린 것은 일본 총리의 방한을 앞둔 1992년
이었다. 그때부터 지금까지 눈이 오나 비가 오나 일본 대사
관 앞에서 계속되고 있는 수요 집회에는 '위안부' 할머니들
의 피맺힌 절규가 있다.

"일본 정부가 잘못했다고 무릎을 꿇어야 해. 그렇지 않으면
여기 있는 할머니들 모두가 세상을 떠나더라도 귀신이 되
어 수요 집회에 나올 거야."　　　 -《주간 한국》, 2002. 3. 20.-

타이완 할머니들의 한국 방문

"한국 할머니들 참 강합니다. 감동받았습니다. 앞으로 한
국 할머니들과 함께 일본 정부로부터 꼭 사죄를 받아 낼 것
입니다."

한국을 방문한 타이완의 일본군 '위안부' 피해자 루만메이
와 진훤 할머니는 16일 일본 대사관 앞에서 열린 567차 정
기 수요 집회에 참석하여 앞으로도 계속 한국 할머니들과 함
께 투쟁하고 싶다는 뜻을 밝혔다. -《한국 NGO》, 2003. 7. 16.-

필리핀 할머니들의 집회

제2차 세계 대전 중 일본군 '위안부'로 혹사당한 두 필리핀
할머니가 12일 일본 영사관 앞에서 종이로 만든 사슬로
두 손을 묶고 일본의 사죄와 배상을 촉구하고 있다.

필리핀 '위안부' 할머니들은 일본의 사과와 정부의 성의 있
는 대책을 요구하며 10년째 항의 집회를 가져왔다.

　　　　　　　　　　　　　　　 -《국민일보》, 2002. 7. 13. -

상하이 일본군 위안소 149곳을
증언하는 쑤즈량 교수

일본 도쿄 '여성 국제 전범 법정' 기자 회견

◀ 일본군 '위안소' 분포도

인도네시아 할머니들의 시위

9월 4일 인도네시아의 자카르타에서 '위안부' 출신 스카르린 씨의 사망을 계기로, 14일 처음으로 '위안부'들의 항의 시위가 일어났다. (중략) 시위에 참여한 마르디에므 씨(69세)는 "나는 많은 것을 요구하는 게 아니다. 일본은 자신의 과거를 인정하고 진정으로 사죄하지 않으면 안 된다."라고 역설하였다.
　　　　　　　　　　　　　　－〈전후 보상 속보〉 4호, 2000. 9. 27.－

네덜란드 '위안부'의 '50년간의 침묵'

영화 〈50년간의 침묵〉은 네덜란드 출신의 일본군 '위안부' 인 제니의 삶을 조망한 작품이다. 제니는 아홉 살에 인도네시아의 일본군 캠프로 끌려가서 비참한 '위안부' 생활을 하게 되었다. 다행히 그녀는 전쟁이 끝난 후 결혼해서 평범한 가정 주부로 살게 된다. 그러나 어느 날 텔레비전에서 한국인 '위안부'들의 증언을 보게 되고, 제니는 잊고자 노력하였던 자신의 '위안부' 생활을 폭로하기로 결심한다. 마침내 그녀는 일본의 공식 사과를 받기 위하여 투쟁하기 시작하였다.
　　　　　　　　　　－제3회 서울 여성 영화제 상영작 〈50년간의 침묵〉－

제2차 세계 대전 중 아시아 곳곳의 여성들이 일본 군인들의 성적 욕구를 충족시키기 위한 '위안부'로 끌려갔다. 그러나 아직도 피해자만 있고 가해자는 없다. 곳곳에서 항의 집회가 열리고 국제적으로도 일본에 대한 규탄이 끊이지 않고 있지만, 정작 일본 정부는 각종 손해 배상 소송을 기각하고 공식 사과조차 하지 않고 있다. 꽃다운 나이에 아무것도 모르고 끌려가 치유하기 어려운 고통과 상처를 받은 여인들을 끝내 외면하는 힘의 논리. 이를 극복하기 위해서는 우리의 실천적인 관심과 연대가 계속되어야 하지 않을까?

5 | 파시즘이 무너지다

조피 숄

"우리는 히틀러에 대항해서 싸워야 한다. 너무 늦기 전에 저항해야 한다. 우리의 마지막 도시가 부서지기 전에, 우리의 마지막 젊은이가 피를 흘리기 전에, 이 전쟁 기계가 전진하는 것을 멈추게 해야 한다!"
– 뮌헨 대학교 학생 숄 남매의 백장미단, 《아무도 미워하지 않는 자의 죽음》 –

■ 가 볼 곳: 노르망디, 히로시마 ■ 만날 사람: 조피 숄, 요시프 티토
■ 주요 사건: 미드웨이 해전, 노르망디 상륙 작전

| 민간 의용군들, 파시즘에 맞서다 | 한국과 중국의 민중이 일본 군국주의에 맞서 격렬한 저항을 펼치고 있던 1940년 여름, 프랑스 곳곳에서도 파시즘에 저항하는 민간인 의용군인 레지스탕스가 만들어졌다. 이들은 독일의 점령 기간에 엄중한 감시 속에서도 필사적으로 나치에 맞서 싸웠다. 영국으로 망명한 드골 정부는 '자유 프랑스'를 결성하여 프랑스 안의 레지스탕스를 지원하였다.

동부 유럽에서도 유격대인 파르티잔(빨치산)이 점령군에 맞서 치열한 게릴라전을 전개하였다. 특히 유고슬라비아에서는 1941년 여름 이후 요시프 티토가 이끄는 공산당이 파르티잔을 조직하여 산악 지대를 중심으로 독일군과 싸우

프랑스의 여성 레지스탕스와 유고슬라비아의 파르티잔 독일이 유럽을 점령하자 나치에 협력하는 사람이 늘었지만, 파시즘에 반대하는 저항군도 유럽 각지에서 조직되었다. 그들은 평화를 위하여 목숨을 걸고 싸웠다.

면서 해방구를 넓혀 가고 있었다. 티토의 파르티잔은 소련군이 들어오기 전에 스스로 유고슬라비아를 독일로부터 해방시켰다. 이탈리아에서도 공산당의 지도 아래 반파시즘 저항 운동이 전개되었고, 독일 국내에서도 나치에 반대하는 용감한 사람들이 지하 활동을 벌였다.

| 반파시즘 진영이 승세를 잡다 | 파시즘의 광기는 동심까지 짓누르고 있었다. 다음은 1942년에 어느 일본 어린이가 쓴 일기이다.

"오늘부터 일본은 미국, 영국과 전쟁을 시작했습니다. 이겼으면 좋겠습니다." 나는 일기에 이렇게 썼다. 그런데 담임 선생님과 교장 선생님은 화를 내셨다. 나는 학교가 끝나는 5시까지 벌을 서고 나서야 비로소 무엇이 잘못인 줄 알게 되었다. "반드시 이깁니다, 필승입니다."라고 고쳐 써야 했던 것이다.

일본의 이런 발악도 전세를 되돌릴 수 없었다. 일본은 미드웨이 해전에서 패하여 태평양 전쟁의 주도권을 미국에게 빼앗겼다. 독일도 미국의 참전과 소련의 저항을 맞아 고전을 면치 못하였다. 특히 소련이 스탈린그라드 전투에서 승리를 거두자 전세는 연합국 쪽으로 기울었다. 연합국의 대대적인 반격이 준비되고 있었다.

군대식 경례를 하는 일본의 초등 학생들

미드웨이 해전 미국은 1942년 6월 5일부터 7일까지 하와이 북서쪽 미드웨이 앞바다에서 일본 해군에 승리하였다. 그동안 태평양 전쟁에서 우위를 지켜 온 일본 해군은 이 해전의 패배로 전쟁의 주도권을 미군에게 내주게 되었다.

점령 지구
▢ 미국	▢ 소련
▢ 영국	◯ 4국 공동 관리
▢ 프랑스	▢ 폴란드에 병합

독일과 오스트리아의 분할
전쟁이 끝나고 자본주의 국가인 미국과 사회주의 국가인 소련의 대립이 본격화되면서 독일과 오스트리아는 분할 점령되었다.

국제 연합(UN) 제2차 세계 대전 후 국제 연합이 세계 평화를 목적으로 세워졌다. 5개 상임 이사국(미국, 영국, 프랑스, 중국, 러시아)과 10개 비상임 이사국으로 구성되는 안전 보장 이사회가 최고 기관으로서 법적 구속력을 갖는 결정을 내릴 수 있다.

| 전쟁은 끝났다. 그러나 …… | 스탈린그라드에서 승리를 거둔 소련은 후퇴하는 독일군을 쫓아 대공세를 벌이면서, 동유럽 국가들을 차례로 해방시켰다. 그리고 연합군은 1944년 6월 '지상 최대의 작전'이라 불린 노르망디 상륙 작전을 벌여 서부 전선에서 독일군을 공격하였다. 그리하여 1945년 4월에 독일의 수도 베를린을 점령하였다. 히틀러는 자살하였고, 독일은 무조건 항복하였다.

아시아에서 벌어지고 있던 전쟁도 끝을 향해 가고 있었다. 중국과의 전투에 상당수의 주력군을 배치하였던 일본은 미국의 대대적인 공격으로 후퇴를 거듭하였다. 1945년 8월 6일, 미국은 히로시마에 원자 폭탄을 터뜨렸다. 곧이어 소련이 일본에 선전 포고하였고, 사흘 뒤 나가사키에 두 번째 원자 폭탄이 투하되었다. 두 번의 원자 폭탄으로 70여만 명의 사망자가 발생하였고, 이 중 10만 명은 재일 조선인으로 집계되었다. 1945년 8월 15일, 일본은 무조건 항복하였다.

제2차 세계 대전은 끝났다. 온 인류는 기쁨을 함께하면서 전쟁과 억압이 영원히 사라지길 바랐다. 평화에 대한 인류의 열망이 국제 연합UN의 탄생으로 이어졌다. 전범 처리를 위하여 뉘른베르크 재판과 도쿄 국제 군사 재판을 열어 침략 전쟁을 하나의 범죄로 취급하고, 비인도적 행위에 대해서는 그 책임을 물을 수 있도록 하였다.

그러나 전쟁 기간 내내 묻혀 있던 오랜 갈등이 드러나면서 새로운 전쟁 위협이 닥쳐 왔다. 자본주의 국가인 미국, 영국과 사회주의 국가인 소련은 전쟁이 끝나자마자 노골적으로 대립하였다. 두 진영이 대립하면서, 전쟁의 원인을 규명하고 그 책임과 배상을 묻는 전후 처리 문제도 묻혀 버렸다. 뉘른베르크 재판에서 나치 전범 12명을 사형에 처하여 역사적 심판을 이끌었던 것과는 달리, 도쿄 국제 군사 재판에서는 천황덴노이 기소되지 않는 등 전범 처리가 제대로 이루어지지 못하였다. 국제 협조를 통하여 평화를 이룩하자던 국제 연합의 헌장 정신도 약해졌다. 자주 독립 국가 건설을 열망하던 식민지 국가들의 미래도 이 새로운 전쟁의 위협 속에서 밝을 수만은 없었다.

원자 폭탄 투하 히로시마와
나가사키는 인류를 완전히 멸망시킬
수도 있는 원자 폭탄의 실험장이
되었다. 일본의 항복을 이끌어 내기
위하여 원자 폭탄 투하를 결정하였던
미국은 자신들이 원자 폭탄을 가지고
있을 뿐 아니라 실제로 사용할 수
있다는 것을 전 세계에, 특히
소련에게 보여 주려 하였다.

신이치의 세 발 자전거
일본 히로시마의 평화 기념관에는
신이치라는 어린아이가 타던 세 발
자전거가 있다. 원자 폭탄이 떨어지던 날,
세 살 된 신이치는 그가 아끼던 세 발
자전거와 함께 불에 타 버렸다. 신이치의
아버지는 집 뒤 정원에 아들의 무덤을
만들면서 어린 아들이 외롭지 말라고 세 발
자전거도 함께 묻어 주었다. 40년이 지난
후 아버지는 신이치의 유골을 정원에서
파내어 묘지로 옮기고, 신이치의 세 발
자전거를 평화 기념관에 기증하였다.

전쟁에 이용된 아이들

히틀러 유겐트 가입 선서 "우리의 지도자를 상징하는 이 피의 깃발 앞에서 나는 조국의 구원자인 아돌프 히틀러에게 나의 모든 힘을 바칠 것을 맹세합니다. 그를 위하여 기꺼이 생명을 바치고자 하오니, 주여 저를 도와주소서."

"충성스럽게 살고, 죽음을 거부하고 싸우며, 웃으면서 죽는다!"

히틀러 유겐트.

제2차 세계 대전 당시 히틀러가 만든 청소년 조직으로, 이름에서 알 수 있듯이 10대를 대원으로 삼은 전국 단체였다. 독일 소년들은 열 번째 생일을 맞으면 관청에 등록하고, 인종의 순수성에 대한 조사를 받았다. 조사 결과 자격을 인정받으면 히틀러 유겐트에 가입하여 18세까지 활동하였다. 소녀들도 히틀러 유겐트의 자매 조직이었던 독일 소녀 동맹에 가입하여 교육을 받았다.

히틀러 유겐트에 가입한 소년들은 엄격한 스파르타식 생활을 통하여 나치즘을 주입받았다. 이들은 숨어 있는 유대인이나 사회주의자, 반전주의자들을 찾아내 고발하는 역할을 하였다. 유대인을 숨겨 준 친부모를 상을 바라고 고발한 소년까지 있을 정도였다.

히틀러 유겐트 대원들은 무기를 들고 전투에 나가기도 하였다. 그리고 그들 중 절반 이상이 총알받이로 비극적인 죽음을 맞아야 하였다.

파시즘의 광기는 이렇게 어린 청소년들에게까지 깊은 상처를 남겼다. 순진한 청소년에게 파시즘을 주입하여 아무런 죄의식 없이 사람을 죽이도록 만든 것이다. 국가와 민족을 위한다는 명분이 때로는 이렇게 전쟁과 파괴의 논리가 되어 인간성을 무너뜨리기도 한다는 사실을 분명히 기억해야 한다.

이탈리아의 파시스트 청소년단 겨우 열 살 정도로 보이는 소년들이 무장한 채 서 있다. 이탈리아 파시스트들은 어린이들을 여덟 살 때부터 청소년단에 가입시켜 군대식 생활을 통하여 국가에 충성하도록 강요하였다.

9 아시아의 독립과 냉전 질서

제2차 세계 대전이 막바지에 다다랐던
1945년 2월,
미국, 영국, 소련의 정상들이 흑해에 있는
크림반도의 휴양 도시, 얄타에 모여 전후
처리 방안을 논의하였다.
이 회담에서 세 나라 정상은 전쟁 후
해방되는 나라에 대하여 다음과 같이
합의하였다.
"해당 지역의 모든 민주 세력을 폭넓게
대표하는 인사들로 임시적인 정부 조직을
구성할 것, 가능한 한 빠른 시일 내에
자유 선거를 통하여 민중의 의지에
책임을 지는 정부를 수립할 것."
알타 회담의 합의는 식민지 민중에게
희망을 주었다. 그러나 …….

1945 — 베트남 민주 공화국, 독립 선언
인도네시아 공화국, 독립 선언

1946 — 필리핀 공화국 수립
컴퓨터 등장

1947 — 인도·파키스탄 분리 독립
트루먼 독트린, 마셜 계획

1948 — 이스라엘 건국,
아랍·이스라엘 전쟁 발발
대한민국 정부 수립
조선 민주주의 인민 공화국 수립
소련, 베를린 봉쇄 시작

1949 — 중화 인민 공화국 수립
제1차 세계 평화 옹호 대회(파리)
북대서양 조약 기구 창설
독일 민주 공화국(동독) 수립
독일 연방 공화국(서독) 수립

1950 — 한국 전쟁 발발
중국, 티베트 점령
미국, 매카시 광풍

1951 — 샌프란시스코 강화 회의
세계 평화 평의회 제1차 총회

1952 —

1953 —

1954 — 저우언라이와 네루 회담,
'평화 5원칙' 발표
미국, 비키니에서 수폭 실험
아시아 문제 제네바 회의

1955 — 제1회 아시아·아프리카 회의
('평화 10원칙' 발표)
바르샤바 조약 기구 조인

1 아시아 여러 나라가 독립하다

여운형

제2차 세계 대전 후 제국주의는 약화되었지만, 제국주의의 종주국이던 영국, 프랑스, 미국은 때로는 침략을, 때로는 교섭을 통하여 아시아 지배를 유지하고 자 하였다. 그러나 아시아인들은 단결하여 이들에 맞서면서 독립을 쟁취하기 위하여 노력하였다.

- 가 볼 곳: 38도선　■ 만날 사람: 여운형, 호찌민
- 주요 사건: 한반도의 분단, 아시아 여러 나라의 독립

| 한반도, 해방에서 분단으로 | 1945년 8월 15일 서울, 라디오를 통하여 일본 천황의 항복 방송이 흘러 나왔다. 꿈에도 그리던 해방의 날이 온 것이다. 조선 총독부는 며칠 전부터 일본의 패망이 임박하였음을 미리 알게 되었다. 그래서 여운형을 만나 일본인의 무사 귀환을 조건으로 한국의 치안과 질서 유지에 나서 줄 것을 요청하였다. 여운형은 민중으로부터 폭넓은 지지를 받고 있던 민족 지도자였다. 그는 곧바로 조선 건국 준비 위원회를 조직하여 자주적이고 민주적인 새 나라 건설에 착수하였다.

한반도의 해방과 분단

기나긴 투쟁 끝에 해방이 되었다. 그러나 독립의 길은 멀고도 험하였다. 한반도에 주둔한 미국과 소련은 자국의 영향력을 높이기 위하여 애썼고, 그에 따라 한민족은 급속히 분열되면서 분단 국가가 되고 말았다.

1945년 8월 15일 - 조선의 해방
일본의 패망 소식을 듣자 사람들은 해방의 기쁨을 만끽하였다.

1945년 8월 16일 - 여운형의 연설
여운형은 조선 건국 준비 위원회를 조직하여 새 나라 건설에 나섰다.

YOU ARE NOW 38TH PA... US COP 728...

하지만 일본군의 무장 해제를 위하여 미국과 소련이 각각 한반도의 남쪽과 북쪽을 점령하자 한국인에 의한 독자적인 국가 건설의 노력은 큰 난관에 부딪혔다. 한반도는 남과 북으로 갈렸고, 좌익과 우익은 앞으로의 진로를 두고 서로 대립하게 되었다.

한반도 문제를 다룬 모스크바 3상 회의에서 신탁 통치가 결정되었다는 소식이 알려지자, 좌우의 대립은 더욱 격화되었다. 이런 가운데 중국에서 공산당의 세력이 커지자, 미국은 38도선 남쪽만이라도 확보하며 반공 국가를 세우려고 하였다. 소련도 이에 질세라 자신들이 점령한 북쪽 지역을 사회주의 세력들로 채워 나갔다.

1948년, 한반도 남쪽에서는 반공을 내세운 이승만이 미국의 지지를 얻어 대한민국 정부를 세웠다. 곧이어 북쪽에서도 소련의 지원을 받아 김일성이 조선 민주주의 인민 공화국을 세웠다. 해방의 감격이 채 가시기도 전에 한반도는 이렇게 분단되었다.

당시 산업을 보면 북쪽은 지하자원과 수력 발전을 기반으로 중공업이 발전한 데 비하여, 남쪽은 농업과 경공업을 위주로 하고 있었다. 따라서 남과 북이 서로 보완하여야 온전한 국민 경제를 이룰 수 있었으나, 분단되면서 경제적 자립이 어려워졌다.

한반도의 분단
해방을 맞은 지 3년 뒤인 1948년, 남과 북에 각각 단독 정부가 수립되면서 한반도는 분단되었다.

1946년 3월 - 3상 결정 지지 시위와 빈탁 시위
1945년 12월의 모스크바 3상 회의 결정을 둘러싸고, 우익은 신탁 통치 결정이라며 반발하였고, 좌익은 임시 정부 수립을 위한 방안이라며 찬성하였다. 좌우의 대립은 돌이킬 수 없을 만큼 커져 갔다.

1948년 9월 9일 조선 민주주의 인민 공화국 수립

1945년 9월 9일 - 조선 총독부에 게양된 성조기
한반도의 남쪽을 점령한 미국은 조선 건국 준비 위원회를 인정하지 않는 대신 군정을 실시하였다.

1948년 8월 15일 대한민국 정부 수립

▶ **네루와 진나** 사진은 인도의 초대 총리인 네루(왼쪽)와 파키스탄의 초대 대통령인 진나(오른쪽).

라호르

서파키스탄
(파키스탄)

동파키스탄
(방글라데시)

아라비아해

뭄바이

인도

콜카타

뱅골만

스리랑카

종교 피난민의 이동
→ 이슬람교도 피난민
→ 힌두교도 피난민

▲ **파키스탄으로 떠나는 이슬람 난민**
수천 년 동안 인도 지역에서 평화롭게 살아오던 사람들이 제2차 세계 대전 후 종교의 차이를 극복하지 못하고 인도와 파키스탄으로 갈라졌다. 이 와중에 인도의 통일을 외쳤던 간디도 살해되었다. 파키스탄의 독립으로 인도에서는 대규모 집단 이주가 일어났는데, 이 과정에서 100여만 명이 목숨을 잃었다. 사진은 1947년 기차를 타고 델리에서 파키스탄으로 떠나는 이슬람교도들의 모습이다.

인도, 해방과 분열

인도인들의 강력한 반영 투쟁도 결실을 보았다. 자치권을 주겠다는 영국의 약속을 믿고 제1차 세계 대전 때 영국에 협조하였던 인도인들은, 제2차 세계 대전이 일어나자 영국인들에게 강력히 저항하면서 자치를 넘어서는 완전한 독립을 위한 운동을 벌여 나갔다. 수많은 인도인들이 처형되고 투옥되었지만, 전쟁이 끝날 때까지 인도인들의 저항은 끊이지 않았다. 제2차 세계 대전이 끝날 무렵, 영국인들은 더 이상 인도를 지배할 수 없다는 사실을 깨달았다. 인도의 독립을 인정할 수밖에 없었던 영국인들은 '협상을 통한 명예로운 후퇴'라는 최후의 선택을 하였다.

그러나 영국은 독립 협상의 창구를 단일화하지 않고, 힌두교와 이슬람교로 각각 나눔으로써 이들의 대립을 부추겼다. 1947년 인도는 마침내 영국의 지배에서 벗어나 독립 국가를 이룩하였다. 그러나 종교의 차이를 넘어 하나의 통일 국가를 세우는 데는 실패하였다. 힌두교도들은 인도로, 이슬람교도들은 파키스탄으로 분리 독립한 것이다. 이후 종교가 다른 사람들 사이에서 엄청난 유혈 사태와 갈등이 지속되었다. 국경 분쟁도 끊이지 않아, 수백만 명의 힌두교도가 파키스탄에서 인도로 넘어와야 하였고, 800만 명의 이슬람교도는 인도를 떠나야 하였다.

| 동남아시아, 국민 국가 건설이 결실을 맺다 | 국민 국가 건설을 위한 열정은 아시아의 다른 지역에서도 마찬가지였다. 그러나 그 열정은 이 지역을 지배하였던 제국주의 국가들이나, 이 지역에서 새롭게 패권을 행사하려는 미국과 소련의 압력 때문에 큰 어려움을 맞이하였다. 1945년 이후 베트남의 역사는 이런 상황을 가장 잘 보여 준다.

1945년 9월, 제국주의 일본과 싸우던 베트남 민족 해방 운동 세력은 베트남 민주 공화국의 수립을 선포하였다. 1887년 프랑스에 주권을 빼앗긴 지 거의 60년 만의 일이었다. 베트남 민중이 프랑스에 맞서, 또 일본에 맞서 끈질기게 싸워 온 결과였다.

그러나 감격도 잠시, 프랑스가 베트남의 독립을 부정하면서 군대를 보내자 전쟁이 다시 시작되었다. 영국과 미국은 프랑스를 지원하였다. 그러나 독립을 향한 열망과 오랜 투쟁 경험을 가진 베트남을 꺾을 수는 없었다. 1954년, 프랑스는 항복이나 다름없는 휴전 협정에 서명하였고, 국제 사회는 총선을 통한 통일 국가 수립에 합의하였다. 자신의 힘으로 국민 국가를 세우려는 아시아인들의 노력은 이런 뒤

필리핀의 독립 1934년에 이미 필리핀 독립을 약속하였던 미국은 항일 투쟁에 가장 적극적이었던 공산당을 배제하면서 오히려 친일 지주와 부르주아지를 도와 1946년 필리핀 공화국을 세우게 하였다.

디엔비엔푸 전투와 호찌민 보응우옌잡이 이끄는 베트남군은 프랑스가 점령한 디엔비엔푸 지역을 포위하고 끈질기게 공격하였다. 결국 1954년에 이곳이 함락되면서 프랑스는 베트남에 대한 지배를 포기해야만 하였다. 위쪽 사진은 프랑스 대표와 악수하는 호찌민(오른쪽)

인도네시아의 독립과 수카르노
1948년, 네덜란드는 국제 사회의 비난에도 아랑곳하지 않고 수카르노가 세운 인도네시아 공화국을 다시 침략하였다. 그러나 인도네시아인은 격렬히 저항하였고, 마침내 네덜란드는 굴복하였다. 왼쪽 인물은 인도네시아 초대 대통령인 수카르노.

베트남
라오스
타이
캄보디아
말레이시아
수마트라섬
자와섬
인도네시아
필리핀
브루나이
보르네오섬

틀림 속에서도 한 걸음씩 전진하고 있었다.

| **자기 땅에서 추방당한 팔레스타인 사람들** | 서아시아인의 국민 국가 건설 노력은 큰 시련을 겪었다. 유럽과 미국이 석유의 보고이자 아시아·아프리카·유럽을 연결하는 이 지역에 대한 영향력을 끝까지 포기하지 않았기 때문이다. 이런 과정에서 독립한 국가에는 민주주의가 뿌리내리지 못하였고, 팔레스타인의 비극이 생겨났다.

제1차 세계 대전 때 영국은 유대인들에게 전쟁에 협력하는 대가로 팔레스타인에 나라를 세워 주겠다고 약속하였다. 그리고 같은 약속을 아랍인들에게도 하였다. 그러나 영국은 두 약속 모두 지키지 않았다.

제2차 세계 대전이 끝나자 대학살에서 살아남은 유대인들이 팔레스타인으로 돌아왔다. 더 이상 이 지역을 강제로 점령하고 통치할 수 없게 된 영국은 유대인의 이스라엘 건국을 도와주면서 영향력을 계속 유지하려 하였다. 1948년, 마침내 이스라엘이 건국되었다.

이스라엘이 건국된 다음 날부터 인접한 아랍 국가들과의 전쟁이 일어났다. 전쟁은 꼬리에 꼬리를 물고 계속되었다. 졸지에 삶의 터전을 빼앗긴 팔레스타인 사람들은 목숨을 걸고 이스라엘에 맞서 싸웠다. 수백 년간 평화롭게 공존해 온 유대인과 아랍인들은 이제 원수지간이 되었고, 수많은 팔레스타인 사람들이 자기 땅에서 쫓겨나 난민이 되었다.

그러나 아랍 국가들도 쫓겨난 팔레스타인 사람들을 진정으로 돕지는 않았다. 아랍 국가들 역시 영국이나 미국의 이해관계에 깊숙이 관련되어 있었기 때문이다. 외세와 연결된 지배층은 자신들에게 유리할 때만 아랍 민족주의를 내세웠을 뿐, 아랍 민족의 진정한 단결에는 관심이 없었다. 팔레스타인의 분할과 함께 아랍도 분할되고 말았다. 서아시아 지역의 독립과 민주주의는 제2차 세계 대전이 끝난 후에도 여전히 먼 곳에 있었다.

⊙ 팔레스타인과 이스라엘의 분쟁

제1차 세계 대전 이후 유대인 국가를 세우려는 시오니즘을 기반으로 유대인들이 팔레스타인으로 이주하였다. 이후 유대인이 이스라엘을 건국하자, 팔레스타인 지역은 국제 분쟁의 초점이 되었다. 영국이 철수할 무렵, 팔레스타인 지역에는 아랍인 이슬람교도 110만 명, 유대인 60만 명, 아랍인 크리스트교도 60만 명이 평화롭게 살고 있었다. 그러나 영국의 뒤를 이어 미국은 일방적으로 유대인을 지원하였고, 팔레스타인 분할을 의결하였던 국제 연합조차도 유대인의 편을 들었다. 이후 팔레스타인 땅을 지키려는 사람들과 차지하려는 사람들 사이의 다툼은 피의 보복으로 이어졌다. 이제 아랍 국가와 이스라엘은 국경 문제와 난민 문제를 둘러싸고 날카롭게 대립하였다.

요르단강 서안에 진주하는 이스라엘군 아랍 국가들은 많은 숫자에도 불구하고 매번 이스라엘에 패하였다. 2,000년간의 유랑 생활 끝에 세운 나라를 지키려는 이스라엘인의 의지는 미국의 원조가 있긴 하였지만 분명 높이 살 만하였다. 그러나 팔레스타인 사람들은 그만큼 큰 희생을 치러야만 하였다.

팔레스타인 난민 팔레스타인 사람들은 힘든 삶의 터전에서 생계를 꾸리며 독립운동도 해야 하는 이중고를 겪었다. 특히 팔레스타인 여성들은 이스라엘과 싸우기 위하여 비폭력 정치 운동을 비롯하여 무장 투쟁에도 적극적으로 참여해야 하였다.

이스라엘·팔레스타인 평화 협정 체결 빼앗긴 땅을 되찾기 위한 팔레스타인 사람들의 노력은 1964년 팔레스타인 해방 기구(PLO)의 결성을 통하여 결집되었다. 급기야 그들은 1988년 독립을 선언하였다. 사진은 1993년 9월 13일 미국 백악관에서 평화 협정을 체결한 뒤 미국 대통령 클린턴(가운데)이 이스라엘 총리 라빈(왼쪽)과 팔레스타인 자치 정부 수반 아라파트(오른쪽)의 악수를 유도하는 모습이다.

2 미국과 소련, 유럽을 둘로 나누다

트루먼

미국·영국과 소련은 자신의 세력권을 형성하면서 전후 세계를 사실상 분할하였다. 유럽의 경우 동유럽은 사회주의권으로, 서유럽은 자본주의권으로 나뉘었다. 이후 동과 서, 두 세계가 정치·군사·경제 면에서 첨예하게 대립하여 총성 없는 '차가운 전쟁'이 계속되었다.

■ 가 볼 곳: 베를린   ■ 만날 사람: 해리 트루먼, 이오시프 스탈린
■ 주요 사건: 베를린 봉쇄, 마셜 계획

| 동유럽에 인민 민주 정권이 성립하다 | 제2차 세계 대전 때 유고슬라비아의 파르티잔^{빨치산} 지도자 티토는 산악 지형을 무대로 독일군과 맞서 싸우면서 해방구를 넓혀 나갔다. 공산주의자였던 티토는 독일군을 몰아낸 뒤, 민족과 종교, 이념을 뛰어넘는 대단결을 통하여 인민 전선 정부를 수립하였다.

유고슬라비아와 달리, 소련군이 들어오면서 독일군을 몰아낸 동유럽의 다른 나라들은 사회주의 세력과 민족주의 세력이 인민 전선으로 단결하여 권력을 잡는 경우가 많았다. 이처럼 파시즘에 대항하기 위하여 이념을 뛰어넘어 단결하였던 동유럽의 정권들을 '인민 민주 정부'라고 한다.

▼ **티토** 독일의 침공에 맞서 30만 명의 파르티잔을 이끌었던 티토(앞줄 오른쪽 두 번째)는 해방 후 대통령이 되어 유고슬라비아 연방을 이끌어 나갔다. 그는 소련의 일방적인 지시를 거부하고 독자 노선을 걸었다.

▲ **폴란드 공산당원의 행진** 1947년 1월, 폴란드에서는 선거를 통하여 공산당이 정권을 잡았다. 사진은 1949년 9월 추수 감사절에 폴란드의 대통령 비에루트와 소련의 공산당 서기장 스탈린의 초상화를 든 공산당원들이 행진하는 모습이다.

인민 민주 정부가 수립된 동유럽에서는 산업의 국유화와 토지 개혁을 비롯한 사회주의 개혁이 실시되었다. 또한 독일에 협력하였던 사람들을 처벌하는 등 왜곡된 과거를 청산하고, 경제 안정을 이루려는 노력이 전개되었다.

그러나 공산당이 정권을 잡으면서 민주 정치가 훼손된 경우도 많았다. 당시 소련은 동유럽을 친소 세력권으로 만들려고 하였기 때문에, 동유럽 국가들의 공산당 일당 독재는 더욱 강화되었다. 게다가 소련은 원조를 빌미로 동유럽에 대한 간섭을 더욱 강화하였다. 동유럽 국가들은 주요 생산물을 헐값으로 소련에게 넘겨주어야만 하였다. 결국 동유럽은 소련에 종속되어 갔다.

| 트루먼 독트린과 마셜 계획, 미국이 유럽에 개입하다 | 제2차 세계 대전이 끝날 무렵, 소련은 동유럽을 자기 세력권으로 끌어들이려고 애썼다. 제1차 세계 대전 후 서유럽 자본주의 국가들의 반혁명 정책으로 곤욕을 치렀던 경험을 되풀이하지 않기 위해서였다. 그러나 서유럽 국가들은 이러한 소련의 움직임을 유럽 장악 음모라고 의심하였다.

제2차 세계 대전 당시 협력하였던 미국·영국과 소련은 종전이 가까워지면서 수시로 대립하였다. 두 진영의 대결은 그리스 내전을 계기로 더욱 본격화되었다. 1946년 말부터 그리스에서는 나치에 대항하였던 사회주의자들과 영국이 지원하는 세력 사이에 무장 투쟁이 일어났다.

1947년 3월, 미국 대통령 해리 트루먼은 "오늘날 세계의 모든 국민들은 두 가지 생활 양식 가운데 하나를 선택하도록 강요받고 있다."라고 하면서, 공산주의자로부터 그리스인들의 자유를 지키도록 돕겠다는 '트루먼 독트린'을 발표하였다. 같은 해 6월, 미국은 서유럽 경제를 부흥시켜 사회주의 세력이 확산되는 것을 막으려는 적극적인 유럽 원조 정책, '마셜 계획'을 발표하였다.

마셜 계획 제2차 세계 대전 이후 서유럽에서는 파르티잔을 이끌었던 공산당 세력이 크게 확대되었다. 프랑스와 이탈리아에서 공산당과 사회당이 제1당과 제2당이 되었고, 영국에서도 사회주의 정책을 내건 노동당이 집권하였다. 미국은 사회주의 세력의 이런 약진을 막기 위하여 마셜 계획을 추진하였다.

마셜 계획에 참가한 서방 진영
사회주의화된 동방 진영

| 총성 없는 전쟁 | 소련은 유럽에 대한 미국의 개입에 강력히 반발하였다. 그러면서 동유럽 국가들을 더욱더 자기편으로 끌어들였다. 1947년에는 각국 공산당을 하나로 연결하는 코민포름^{국제 공산당 정보 기구}을 조직하였고, 이를 바탕으로 여러 나라에 공산당 정권을 세웠다.

자본주의 진영과 사회주의 진영의 대결은 독일에서 직접적인 충돌로 이어질 뻔하였다. 독일은 전쟁이 끝나면서 전 국토를 두 진영에 분할 점령당하였고, 특히 수도 베를린은 미국, 영국, 프랑스, 소련에 의하여 네 구역으로 분할되었다. 그런데 소련이 서방 진영 점령지와 베를린의 미·영·프 구역 사이의 교통로를 봉쇄하였다. 서방 진영이 독일을 일방적으로 자본주의화하는 것에 대한 반발이었다. 결국 두 진영은 엄청난 군사력을 동원하여 격렬하게 대립하였다. 다행히 전쟁으로 확대되지는 않았지만, 1949년 독일은 동서로 분단되고 말았다.

같은 해 서방 진영은 소련의 침략에 대비한다면서, 북대서양 조약 기구^{나토(NATO)} 아래에 연합군을 창설하였고, 소련은 동유럽 국가들과 상호 경제 원조 위원회^{코메콘(COMECON)}를 조직하여 서유럽에 대항하였다. 그해에 소련이 원자 폭탄 개발에 성공하면서 미국의 핵무기 독점 시대도 끝났다. 총성은 없었지만, 이제 차가운 전쟁은 절정을 향하여 치닫고 있었다.

냉전 체제
제2차 세계 대전 중 협력하였던 미국·영국과 소련은 전쟁이 끝난 후는 서로 대립하였다. 세계는 또 다른 전쟁인 냉전으로 인하여 다시 갈라져 싸우게 되었고, 자유와 평화를 향한 민중의 염원은 그만큼 다시 목졸렸다.

트루먼 공산주의와 화해하기보다는 대결을 내세운 트루먼 독트린은 미국 외교의 기본 노선이 되었다.

베를린 공수 소련의 베를린 봉쇄에 맞서 서방 진영은 서베를린에 하루 평균 8,000톤이라는 물자를 11개월 동안이나 공중 수송하는 것으로 맞섰다.

| 두 진영으로 나뉜 세계 | 세계는 이제 자본주의 진영과 사회주의 진영으로 나뉘어 대립하였다. 이처럼 냉전이 본격화되면서, 미국과 소련은 각 진영의 맹주로 군림하였다. 미국은 "공산주의의 위협을 막는다."라고 하면서, 소련은 "제국주의의 침략에 맞서 싸워야 한다."라면서 자기 진영의 나라들을 단속하였다.

미국은 프랑스와 이탈리아에 원조를 구실로 공산당을 정치에서 배제하도록 강요하였고, 유럽 밖에서는 사회주의 세력이 주도하는 민족 해방 운동을 탄압하였다. 소련은 자신에게 고분고분하지 않다는 이유로 유고슬라비아에 압력을 행사하였고, 폴란드를 농업국으로, 체코를 공업국으로 할당하는 등 집단 체제를 강요하였다. 파시즘과의 싸움은 끝났으나, 국민의 자유는 여전히 억압받았다.

그러나 냉전 체제와 억압적인 국가 권력에 대한 저항도 한편에서는 계속되었다. 1949년 유럽 민중은 북대서양 조약 기구 결성에 반대하여 파리와 프라하에서 '세계 평화 옹호 대회'를 열었다. 이어서 원자 폭탄 금지 서명 운동에도 5억 명의 세계 민중이 참여하여 평화에 대한 간절한 열망을 보여 주었다.

수소 폭탄 실험 제2차 세계 대전 중 일본에 두 발의 원자 폭탄이 투하되어, 그 사망자가 20만 명을 넘었다. 현대 국가는 과학 기술의 발전과 더불어 무기를 더욱 '발전'시켜 수소 폭탄까지 만들어 냈다. 수소 폭탄 한 발의 위력은 원자 폭탄의 수천 배에 달하여, 그 파괴력은 우리의 상상을 초월할 정도이다.

베를린 장벽 1961년 동베를린에서 서베를린으로 탈출하는 것을 막기 위하여 설치된 이 장벽은 냉전의 상징이 되었다. 그리고 설치된 지 28년 만인 1989년, 민주화 혁명으로 철거되었다.

스탈린 제2차 세계 대전을 승리로 이끈 힘을 바탕으로 동유럽과 세계 각지에 공산주의를 확산시키려 하였다.

시대와 만나다

매카시 선풍과 스탈린주의

매카시 선풍과 스탈린주의는 극단적인 증오를 부추겨 사람들의 인권과 자유를 짓밟았다는 점에서 공통점이 있다. 그뿐만 아니라 이 둘은 서로를 억압의 평계로 삼는 '적대적 의존 관계'에 있었다.

왼쪽부터 스탈린, 트루먼, 처칠

조셉 매카시(1908~1957)
미국 공화당 상원 의원으로 미 국무부 안에 205명의 빨갱이가 있다고 주장하면서 빨갱이 사냥을 시작한 인물. 그의 폭로는 결국 근거가 없는 것으로 드러났지만, 이 현대판 마녀사냥 때문에 수많은 사람들이 빨갱이로 몰려 고통받았다.

이오시프 스탈린(1879~1953)
레닌의 뒤를 이어 소련을 지배한 인물. 강력한 계획 경제로 고속 성장을 가져오기도 하였으나, 냉전을 주도하였고, 반대파에 대한 잔혹한 숙청과 비밀경찰을 이용한 감시로 1인 독재 체제를 확립하였다.

매카시 민주주의란 공산주의나 전체주의와 양립할 수 없다. 반공·반소야말로 민주주의를 살리는 길이다.

스탈린 제국주의는 어디서 시작되었는가? 자본주의에서 시작되었다. 파시즘은 어디서 시작되었는가? 역시 자본주의에서 시작되었다. 민주주의란 한 줌의 자본가들을 물리치고 사회주의를 실현하는 것이다.

매카시 우리는 사회주의자나 공산당원이 장관직을 맡고 있는 프랑스와 이탈리아 같은 나라를 지원할 수는 없다. 공산주의자들을 내쫓지 않으면 달러를 지원할 수 없다는 점을 다시 한번 분명히 밝혀야 한다.

스탈린 사회주의 종주국인 우리 소련을 따르지 않는 티토는 제국주의 반동의 앞잡이다. 유고슬라비아를 코민포름에서 제명한다!

요시프 티토(유고슬라비아 대통령)

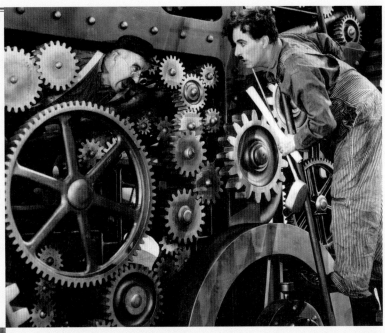
찰리 채플린(영국의 배우이자 영화 감독)

매카시

매카시 빨갱이는 달랠 것이 아니라 제거해야만 한다. 전 세계를 수호하기 위하여 미국은 희생할 용의가 있다. 힘이 곧 정의이다. 병력을 증강하고 국방 예산도 40퍼센트 늘려라. 내부의 적을 감시하기 위하여 연방 수사국(FBI)을 확대하라.

스탈린 자본주의의 찌꺼기를 제거하기 위하여 인민에 대한 국가의 감시는 불가피하다. 사회주의 원칙을 지키기 위하여 사상·문화에 대한 통제가 필요하다. 사회주의 체제를 좀먹는 반동의 싹을 뿌리 뽑기 위하여 국가 보안 위원회(KGB)가 더 많아져야 한다.

매카시 할리우드에는 빨갱이가 가득하다. 찰리 채플린도 공산주의자고, 노동조합에는 공산주의자들이 득실거린다. 의회에도 공산주의자가 잔뜩 있다. 트루먼 대통령도 빨갱이다!

스탈린 설사 노벨상을 받았다 하더라도 부르주아적인 자유를 주장하는 자는 어쩔 수 없는 반동이다. 시베리아로 보내 버려!

알렉산드르 솔제니친(러시아의 소설가)

3 분단과 전쟁, 재무장의 동아시아

마오쩌둥

중국이 사회주의화되자 동서 대립은 동아시아에서 훨씬 더 격렬해졌다. 이윽고 한반도가 열전에 휩싸이더니, 한민족의 평화와 통일에 대한 열망은 거의 빈사 상태에 빠지게 되었다. 한편 미국은 일본을 재무장시키면서 아시아에 대한 영향력을 계속 유지하려 하였다.

■ 가볼 곳: 한국 신천 ■ 만날 사람: 마오쩌둥, 김일성, 더글라스 맥아더
■ 주요 사건: 중화 인민 공화국 수립, 한국 전쟁

| **중국에 사회주의 정권이 수립되다** | 1949년 마오쩌둥은 톈안먼^{천안문}에서 중화 인민 공화국의 수립을 선포하였다. 제2차 세계 대전이 끝났을 때만 해도 공산당 세력은 국민당에 비하여 보잘것없었다. 게다가 장제스의 국민당은 미국의 전폭적인 지원을 받고 있었다. 그래서 공산당의 승리를 예측한 사람은 거의 없었다.

그러나 승부는 무기만으로 결정되는 것이 아니었다. 국민당이 이끈 중화민국 정부는 부정부패와 극심한 인플레이션으로 국민들의 반발을 사고 있었다. 그러나 마오쩌둥이 이끄는 공산당에 대한 농민들의 지지는 절대적이었다. 공산당은 점령 지역 안에서 토지 개혁을 실시하였기 때문에 농민들은 공산당을 위하여 목숨 걸고 싸웠다. 만주로 들어온 소련군으로부터 일본군의 무기를 넘겨받은 것도 도움이 되었다.

압도적인 군사력을 가졌던 국민당 정부는 결국 민중의 지지를 얻지 못하여 몰락하였다. 마오쩌둥의 군대는 베이징을 차지하면서 중국을 빠르게 통일하였고, 장제스의 국민당 정부는 황급히 타이완으로 쫓겨나야만 하였다. 마오쩌둥은 떨리는 목소리로, "중화 인민 공화국은 노동자와 농민이 중심이 되고, 여러 계급과 민족이 힘을 모아 제국주의, 봉건주의, 관료주의를 청산한 새로운 사회를 이룩할 것이다."라고 선언하였다. 중화 인민 공화국이 탄생한 것이다.

중화 인민 공화국의 여성 정책 1949년 마오쩌둥은 중화 인민 공화국 수립을 선포하면서 남녀평등의 권리를 법으로 정하고, 혼인법을 만들어 강제 결혼의 관행을 금지하였다. 그리고 여성의 재산 상속권과 토지 소유권도 인정하였으며, 여성의 정치 참여를 합법화하였다. 사진은 중화 인민 공화국의 탄생을 선포하는 마오쩌둥.

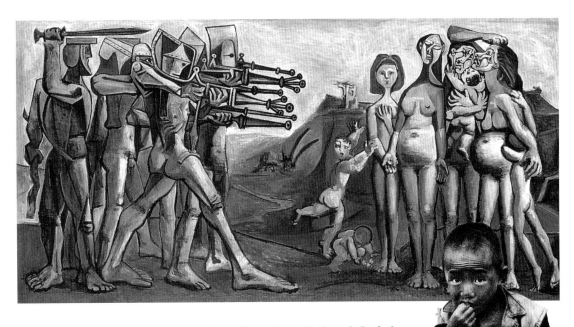

| 냉전 속의 열전, 한국 전쟁 | 주변 정세의 변화는 한반도에서 전쟁으로 이어졌다. 북한이 중국과 소련의 지지와 동의를 받아 한반도를 사회주의 체제로 통일하겠다며 전쟁을 시작한 것이다. 세계적인 냉전이 한국에서는 열전으로 전개된 것이다.

전쟁 초기에는 북한이 압도적으로 우세하였으나, 미국이 개입하면서 전세는 역전되었다. 미국은 유엔군을 결성하여 신속하게 전쟁에 개입하였다. 공산주의에 더 이상 밀리지 않겠다는 의지의 표현이었다. 미군이 38도선을 넘어 압록강까지 접근해 오자, 이번에는 중국이 참전하였다. 전쟁은 국제전의 양상을 띠게 되었고, 무려 3년을 끌었다. 그동안 수백만 명의 목숨이 사라졌고, 국토는 초토화되었다.

1953년 휴전으로 전쟁은 끝났다. 그러나 차가운 전쟁은 이후에도 계속되었다. 남과 북은 전쟁의 기억을 상기시키며 안보를 빌미로 독재를 더욱 강화하였다. 남한의 독재 정권은 반공을 내세우면서 민주주의를 탄압하였고, 미국에 더욱 의존하였다. 북한에서는 전쟁의 책임을 물어 반대파를 숙청하고, 반미를 내걸면서 민주주의를 질식시켰다. 서로에 대한 분노와 증오가 교육과 선전을 통하여 온 국민에게 확산되면서 평화와 통일에 대한 민족적 열망은 억압당할 수밖에 없었다.

한국 전쟁 여느 전쟁이 그러하듯이 총에는 눈이 없다. 한국 전쟁에서도 군인뿐만 아니라 남녀노소를 불문하고 수백만 명의 민간인들이 이념 때문에 죽었다. 위 그림은 피카소의 〈한국에서의 학살〉이라는 작품이다. 한국 신천에서 벌어진 민간인 학살 소식을 전해 들은 피카소는 1951년에 이 작품을 통하여 전쟁과 기계에 의한 생명의 탈취를 고발하였다. 아래 사진은 한국 전쟁 당시 서울 태평로에 앉아 있는 전쟁 고아의 모습을 사진작가 임응식이 찍은 것이다.

일본의 재무장 미국의 극동 사령관 맥아더는 일본을 점령한 후 군국주의 파시즘 체제를 해체하기 위하여 '평화 헌법'을 만들었다. 그런데 평화 헌법에서 천황의 전쟁 책임을 면제하였고, 일본에는 그대로 '천황제'가 유지되었다. 왜 이런 일이 벌어졌을까? 미국은 일본을 소련을 막을 방파제로 삼으려 하였고, 이를 위하여 일본 국민의 정서를 다독일 필요가 있었기 때문이다.

한국 전쟁과 미국의 반공 블록
미국은 한국 전쟁 이후 대외적으로는 북대서양 조약 기구를 주도하였고, 서독을 재무장시켰으며, 아시아에서는 군사 동맹을 만들면서 공산주의 봉쇄 정책을 매듭지었다. 특히 아시아에서는 필리핀에 미군 기지를 설치한 것을 비롯하여, 프랑스의 인도차이나에 대한 군사 원조 강화, 태평양 안전 보장 조약(ANZUS), 동남아시아 조약 기구(SEATO), 중동 방위 조약 기구(METO) 등을 결성함으로써 냉전 대응 능력을 비약적으로 높였고, 재래식 무기를 크게 증강하였다.

| **일본의 재무장과 미국의 반공 노선** | 소련과의 대립, 중화 인민 공화국의 성립, 한국 전쟁의 발발은 일본에 대한 미국의 점령 정책에도 큰 변화를 주었다. 미국은 일본을 민주적인 국가로 개조하겠다는 당초의 방침을 바꿔, '친미, 반공 기지'로 전환하려는 정책을 펴게 된 것이다.

이를 위하여 미국은 제2차 세계 대전의 책임과 배상 문제를 다룰 강화 회담을 하루빨리 매듭지으려 하였다. 이런 사정 때문에 샌프란시스코 강화 조약이 서둘러 맺어졌고, 일본에게 가장 심하게 수탈당한 남북한과 중국은 이 조약에서 철저히 배제되었다. 강화 조약과는 별도로 미·일 안보 조약도 체결되었다. 미국은 오키나와를 태평양의 미군 기지로 확보하였고, 일본 본토 전체를 한국 전쟁을 위한 전초 기지, 나아가 반공·반소의 전초 기지로 확보할 수 있었다.

1954년 일본은 미국의 묵인하에 자위대를 발족시키면서 재무장의 길로 들어섰다. 미·일 동맹도 확대 강화되었다. 미·일 동맹은 한국 전쟁을 거치면서 한·미·일 삼각 동맹 체제로 발전하여 동아시아에서 소련·중국·북한에 맞서는 역할을 하였다.

한편 일본은 한국 전쟁과 베트남 전쟁의 특수로 경제 호황을 맞았고, 수출 제일주의를 내세우며 다시 경제 대국으로 급속히 성장할 수 있었다.

미국의 반공 동맹
한·미, 미·일, 미·타이완

중동 방위 조약 기구 (METO)
터키, 이란, 이라크, 영국 파키스탄

동남아시아 조약 기구 (SEATO)
필리핀, 타이, 파키스탄 오스트레일리아, 뉴질랜드, 미국, 영국 프랑스

태평양 안전 보장 조약 (ANZUS)
오스트레일리아, 뉴질랜드, 미국

평범한 농촌 아낙의 용기

토지 개혁 마오쩌둥이 이끄는 공산당은 오랫동안 지주들의 횡포가 심하던 농촌을 근본적으로 변화시키기 위하여 토지 개혁법을 공포하였다.

"가난한 부모님은 내가 왕원쩌하고 약혼하는 대가로 곡식과 돈을 받았습니다. (중략) 내가 열네 살이 되자 결혼할 것을 요구했어요. 나는 열여섯 살이 될 때까지 기다리고 싶었지만, 그들은 우리를 협박했습니다. (중략) 결혼하고 나서 나는 바깥 출입을 금지당했습니다. 집회에도 종종 가고 싶었지만 감히 참석하지 못했어요. 한번은 시아버지가 대문을, 왕원쩌가 방문을 잠그고는 아무도 못 들어오게 했어요. 그러고는 그들 둘이서 날 때렸습니다. (중략) 마침내 나는 이불 하나만 가지고서 아버지 집으로 도망쳤어요. 이제 남편네 가족한테는 돌아가지 않을 겁니다. 나는 그와 이혼하기로 결심했어요."

- 윌리엄 힌튼, 《번신》 -

* 번신: 몸과 마음을 새롭게 탈바꿈한다는 뜻

위의 이야기는 중국 산시성의 짱쭈앙이라는 마을에서 실제 일어난 일로, 선시엔어라는 젊은 여인이 자신의 어려움을 공개적으로 말하고 있는 장면이다. 선시엔어의 문제를 알게 된 여인들은 부녀자 집회를 열어 해결책을 논의하였고, 마을 전체의 정기 집회에 이 문제를 상정하여 그녀의 어려움을 함께 해결하여 갔다.

1949년 중화 인민 공화국이 선포되기 직전에 공산당이 실시한 토지 개혁은 여성의 재산권을 인정하여 철저히 가부장적이었던 이전의 가족 구조를 크게 변화시켰다.

과거에도 선시엔어와 같은 불행이 많았지만 이를 감히 드러낼 수도, 여성 스스로 해결할 수도 없었다. 그러나 이제 여성 스스로, 또한 남성들도 동참하여 과거의 모순을 하나씩 극복하여 갔다. 아직 여성들이 누려야 할 평등의 이상과 현실간에는 큰 차이가 있지만 한 걸음씩 새롭게 탈바꿈하는 길을 가고 있는 것이다.

발언하는 여성 토지 개혁 이후 가난한 농민들은 나이와 성별을 뛰어넘어 오랫동안 그들을 착취한 지주들을 거리낌없이 비판할 수 있었다.

4 비동맹권, 평화 공존과 반식민주의

네루

아시아·아프리카 나라들은 식민지의 멍에를 벗고, 스스로 해방을 달성한 자신감을 바탕으로 하여 이념과 민족의 차이를 넘어 세계 평화와 협력을 이루고자 애썼다. 이러한 시도는 냉전과 대결로만 치닫던 세계사의 방향을 바꿔보려는 노력이었다.

■ 가 볼 곳: 반둥　■ 만날 사람: 자와할랄 네루, 저우언라이, 요시프 티토
■ 주요 사건: 반둥 회의

| 냉전의 틈바구니에서 피어난 '평화 5원칙' | 1954년 6월 인도의 델리에서 중화 인민 공화국의 저우언라이와 인도의 네루가 손을 굳게 맞잡았다. 인류의 평화를 기원하면서.

인류는 몸서리쳐지는 세계 대전을 두 차례나 겪었으면서도 한국과 베트남에서 다시 피를 흘렸다. 제2차 세계 대전 후 세계인의 기대 속에 등장한 국제 연합^{UN}도 강대국의 이해관계에 휘둘려 평화의 조정자 역할을 하기에는 턱없이 부족하였다. 게다가 당시 중국과 인도도 애써 쟁취한 독립을 미국과 소련의 팽창주의에 맞서 지켜내는 것이 더 절박한 과제였다. 중국은 타이완의 국민당 정부를 후원하는 미국의 봉쇄 정

네루와 저우언라이의 평화 5원칙　1954년 6월 인도 델리에서 네루(맨 왼쪽)와 중국의 저우언라이(가운데)는 영토 주권의 상호 존중, 상호 불가침, 상호 내정 불간섭, 호혜 평등, 평화 공존 등 평화 5원칙에 합의하였다.

책 때문에 어려움을 겪고 있었고, 인도 역시 독립 와중에 파키스탄과 분리되면서 어려움을 겪었다.

두 사람의 만남은 이런 상황에서 이루어진 것이다. 이들은 이념을 초월하여 인류 평화를 위하여 협력할 것을 세계에 호소하면서 상호 존중과 평화 공존을 비롯한 역사적인 '평화 5원칙'을 발표하였다. 평화 5원칙은 기본적으로 양국 관계를 규정한 것이었지만, 아시아·아프리카는 물론 다른 나라에도 적용시킬 수 있는 모델이 되었다. 특히 네루는 전쟁을 위한 집단 안보 체제를 반대하고, 침략적인 요소를 전혀 갖지 않은 집단 평화 체제, 평화 지역을 설정하자고 주장하였다. 이후 평화 5원칙은 인도차이나 휴전 협정 체결에 큰 영향을 끼쳤고, 아시아·아프리카의 독립에도 기여하였다.

중국의 티베트 침략과 국경 분쟁 1950년 중국은 티베트 인민을 봉건적 질서로부터 해방시킨다는 구실로 티베트를 침략하였다. 이후 티베트와 인도의 국경 문제를 놓고 1962년부터 중국과 인도 사이에 분쟁이 일어났다. 양국이 내건 평화 원칙이 무색해진 셈이었다.

| 아시아와 아프리카가 만나다 | 1955년 인도네시아 반둥에서 새로운 국제 질서의 개막을 알리는 함성이 터져 나왔다. 아시아·아프리카 29개국 대표들이 모여 제1차 아시아·아프리카 회의를 연 것이다. 일찍이 역사의 선두에서 문명을 이끌어 왔던 두 대륙이 다시금 자기 목소리를 내는 순간이었다.

중국과 인도의 평화 5원칙은 아시아와 아프리카의 수많은 나라들이 하나로 뭉치는 계기가 되었다. 이들은 반둥 회의에서 식민지 문제

1954년 평화 5원칙

중국… 저우언라이, 인도… 네루

↓

1955년 반둥 회의… 평화 10원칙

1. 기본적 인권과 유엔 헌장 존중
2. 주권과 영토 보전 존중
3. 인류와 국가 간의 평등
4. 내정 불간섭
5. 단독·집단의 지위권 존중
6. 대국에 유리한 집단 방위 배제
7. 무력 침공 부정
8. 국제 분쟁의 평화적 해결
9. 상호 이익·협력 촉진
10. 정의와 국제 의무의 존중

반둥 회의 아시아·아프리카 나라들은 제국주의를 떨쳐내려 하였다. 평화 5원칙을 계승하면서 강대국의 간섭에서 벗어나기 위하여 평화 10원칙을 확립한 것이다.

에 대하여 토론을 벌이고, 소련과 미국 등 강대국을 비판하는 선언문을 채택하였다. 또 영토와 주권의 상호 존중, 인종·국가 간의 평등, 군사 동맹 불참가, 국제 분쟁의 평화적 해결 등을 내용으로 하는 '평화 10원칙'을 발표하였다.

이 회의 이후 아프리카 여러 나라들이 새롭게 독립하였다. 아시아·아프리카의 자각과 연대는 미국과 소련 중심의 냉전 질서에 타격을 주었다.

| 반식민주의가 국제적인 흐름으로 자리잡다 | 1961년 유고슬라비아의 베오그라드에서 반나치즘의 선봉장인 티토와 반영 투쟁의 지도자인 네루, 그리고 이집트의 나세르가 손을 굳게 맞잡고 결연한 의지를 다졌다. 티토는 이 만남의 이유를 다음과 같이 분명히 밝혔다.

"대다수 인류는 냉전과 불신, 긴장이 증대되는 데 반대하고 있다. 그러나 비동맹 국가들은 그 입장이 아무리 올바르고 신의가 있다고 해도 국제적 긴장의 완화를 위하여 어떤 유효한 행동도 개별적으로 할 수 없다. 국제 연합 밖에서 세계 평화를 끊임없이 위협하는 문제가

비동맹 운동
제2차 세계 대전 이후 민족 해방 운동은 주로 아시아에서 일어났으나, 반둥 회의를 계기로 아프리카로 확산되었다. 또한 정부 차원의 회의는 민중의 연대로까지 이어졌다. 반둥 회의에는 29개국이 참가하였으나, 2001년 비동맹 회의에는 참가국이 115개국이나 되었다.

제1 세계
제2 세계
제3 세계

제3 세계 선진 자본주의 진영인 제1 세계, 소련 주도의 사회주의 진영인 제2 세계, 그 어디에도 속하지 않겠다는 비동맹 운동 진영을 제3 세계라고 한다.

베오그라드 회담 유고슬라비아의 베오그라드에서 열린 제1차 비동맹 회의에 참여한 25개국 정상들은 반제국주의, 반식민주의 색채가 강한 선언을 만장일치로 채택하였다. 이들은 세계 평화를 위한 첫 단계로 제3의 진영을 만들었다기보다는 기존의 진영들이 모두 해체되기를 희망하였다. 사진은 티토(오른쪽), 네루(가운데), 나세르(왼쪽)의 모습이다.

생길 경우 강대국의 힘만으로는 해결할 수 없다. 비동맹 국가들은 국제 연합에 참석하는 데 그치지 말고 비동맹 회의를 결성하여 그 일을 해내고자 한다."

냉전이 여전히 기승을 부리고 있었고, 미·소의 패권주의가 약소국을 억누르던 때였다. 제1차 비동맹 회의에 참가한 이들은 반식민주의, 반제국주의, 평화 공존을 내세우며 미·소 어느 진영에도 가담하지 않겠다고 선언하면서 회의를 성공시켰다.

비동맹권의 등장은 국제 사회를 변화시켰다. 비동맹 회의에 참가하는 나라들이 늘어나면서 미국과 소련도 이들을 무시할 수 없게 되었다. 미·소 간의 '동서 갈등'에 더해, 선진국과 후진국 간의 '남북 갈등'이 국제 사회의 현안이 되었다. 하지만 미국과 소련의 영향력은 여전히 막강하였다. 두 나라는 힘을 이용하여 비동맹 국가들을 포섭하려 하였다. 무기와 돈은 강력한 유혹이었다. 신생국의 독재자들은 자신의 권력 유지를 위하여 두 나라 사이에서 줄타기하기도 하였다. 비동맹 운동은 미·소 중심의 세계 질서에 균열을 가져왔지만, 새로운 세계 질서를 만들어 내기에는 아직 역부족이었다.

석유 수출국 기구(OPEC) 비동맹권 중 일부는 석유 자원을 무기로 삼아 강대국의 경제적 지배에서 벗어나려고 하였다. 석유 수출국 기구는 이런 자원 민족주의를 배경으로 성립되었다. 1973년의 제1차 석유 위기에서 보듯, 그 영향력은 세계 경제를 좌우할 정도였다.

2005년의 비동맹 회의 비동맹 운동(NAM)의 모태가 된 '반둥 회의' 50주년을 기념하기 위해, 아시아·아프리카 대륙의 정상들이 다시 만나 냉전 후의 경제 발전에 대하여 논하였다. 사진은 2005년 4월 24일 인도네시아 반둥에서 개최된 아시아·아프리카 정상 회의에 참석한 각국 정상들의 모습이다.

어느 여덟 살 아이의 냉전에 대한 기억

1950년 초가 틀림없다. 어느 날 아침 식사 때 아버지와 나는 하찮은 일로 말다툼을 하였다. 왜 그랬는지는 기억나지 않지만, 말다툼 끝에 무슨 일이 벌어졌는지는 지금도 기억하고 있다. 나는 여느 때처럼 문 밖에서 나를 기다리고 있을 두 친구와 함께 학교에 가려고 문으로 다가가다가, 돌연 몸을 돌려 입을 삐쭉 내밀면서 아버지에게 말했다.
"선생님한테 아빠가 공산주의자라고 이를 테야."
아버지의 안색이 변하였다. 그러나 아무 말도 하지 않았다.

어머니는 몇 초 동안 얼어붙어 있었다. 그 순간을 떠올려 보면, 당시 나는 그 단어가 얼마나 위험한지를 충분히 알았던 것 같다. 왜냐하면, 부모님은 누군가가 아버지의 직업을 물어보면 경제학자라고 대답하라며 단단히 일러두었기 때문이다. 만에 하나라도 공산주의자라는 그 위험한 단어를 내뱉지 않도록 내게 '경제학자'라는 단어를 한 음절씩 또박또박, 정확하게, 여러 차례 발음시켰던 것이다.

아버지는 여전히 소련에 공감하고 있었지만, 공산당에서 나온 지 10년이나 되었다. 아버지는 과거의 입당 사실을 내게도 비밀로 하였다. 그러나 그날 아침에는 미국을 좀먹는 불순 단체 가입죄, 불온한 사상을 가진 죄 등이 내 마음속까지 파고들었다. 아이들은 뭔가 이상한 것을 귀신같이 알아채는 경우가 있는데, 나는 내 가족이 뭔가 다르다는 것을 뼛속 깊이 알고 있었다.

나는 문을 닫고, 늘 하던 익살도 떨지 않은 채 말없이 학교로 걸어갔다. 그리고 내가 한 위협을 실행에 옮길 것인지를 생각하며 하루를 보냈다. 부모님의 운명을 내 손에 쥐고, 마치 획 집어던질 수 있는 동전처럼 이리저리 굴리고 있는 나 자신을 얼마나 대단하게 느꼈던지 지금도 생생하게 떠올릴 수 있다.

그날 선생님은 두 번이나 조지 워싱턴과 에이브러햄 링컨, 자유에 관하여 훈계하였고, 그때마다 나는 속으로 이렇게 말하였다.

'지금이야. 손을 들고 배신자인 아버지를 고발하는 거야.' 집에 돌아왔을 때, 어머니가 나를 기다리고 있었다.

나는 어머니에게, 아버지가 어떤 사람인지를 누구한테도 이야기하지 않았다고 말하였다. 어머니는 나를 끌어안고 착하다고 쓰다듬어 주셨다. 그 뒤 나는 이 문제를 다시는 입 밖에 내지 않았다. 단 한 번도!

- 아리엘 도르프만, 《남을 향하며 북을 바라보다》

243

10
탈식민 운동의 발전과 흔들리는 냉전 질서

너희가 이 편지를 읽게 될 즈음에는

나는 더 이상 너희와 함께

있지 못할 게다.

너희는 더 이상 나를 기억하지 못할 테고,

어린 꼬마들은 이내 나를

잊어버릴지도 모른다.

그러나 아빠는 소신껏 행동했으며,

내 자신의 신념에 충실했단다.

아빠는 너희가 훌륭한 혁명가로

자라기를 바란다.

이 세계 어디선가 누군가에게 행해질 모든

불의를 깨달을 수 있는 능력을 키웠으면

좋겠다. 그리고 혁명이 왜 중요한지 늘

기억해 주기 바란다.

- 체 게바라가 자녀들에게 보낸 편지 -

1954	1954 이집트, 나세르 대통령 취임 알제리, 민족 해방 전선 무장 봉기
1957	1957 가나 독립
1959	1959 쿠바 혁명 흐루쇼프 방미, 미·소 정상 회담 1960 아프리카의 해
1961	1961 동독, 베를린 장벽 설치 1962 쿠바 미사일 위기
1963	1963 미·소, 부분적 핵실험 금지 조약 체결
1965	1965 미국, 북베트남 폭격 1966 중국, 문화 대혁명
1967	1968 체코, 프라하의 봄 아랍, 식유 수출국 기구 상실 1969 미국, 베트남 반전 시위 1969 미국, 아폴로11호 달 착륙

1 아프리카, 식민주의와 결별하다

나세르

아프리카의 독립은 저절로 이루어진 것이 아니었다. 제국주의 국가들과 철저한 결별을 하기 위한 노력은 전쟁으로 나타났다. 그러나 어렵게 이루어 낸 정치적 독립은 험난한 여정의 출발점이었다. 또한 식민지 시대의 경제 구조가 큰 짐으로 작용하여, 경제적 독립도 많은 어려움에 부딪혔다.

■ 가 볼 곳: 수에즈 운하   ■ 만날 사람: 가말 압델 나세르, 넬슨 만델라
■ 주요 사건: 아프리카 나라들의 독립

│ **이집트 혁명과 아랍 민족주의** │ 1956년 7월 이집트 대통령 나세르는 영국이 점령하고 있던 수에즈 운하를 국유화하겠다고 선언하였다. 이집트는 영국으로부터 일찍이 독립하였지만, 수에즈 운하는 여전히 영국이 관리하고 있던 터였다.

영국은 이스라엘과 프랑스를 끌어들여 이집트에 무력 공격을 감행하였다. 영국과 프랑스의 이집트 침략에 대하여 소련은 강력히 반발하였다. 결국 이집트는 이 전쟁에서 패배하였지만 굴복하지 않았다. 이후 소련을 중심으로 한 국제 사회의 강력한 지원에 힘입어 이집트는 외국군을 철수시킬 수 있었다.

나세르는 1952년에 자유 장교단을 주축으로 쿠데타를 일으켜서 외세 의존적인 왕정을 무너뜨리고 정권을 잡았다. 그는 "제국주의 타도, 봉건 제도 타도, 사회주의 실현"을 내걸고 왕정 폐지, 공화정 수립 등의 정치 개혁과 동시에 토지 개혁을 실시하여 국민들의 전폭적인 지지를 얻었다.

수에즈 전쟁을 통하여 '서방 세계에 도전한 첫 아랍인'이 된 나세르는 단숨에 아랍 세계의 영웅으로 떠올랐다. 또한 오랫동안 제국주의 침략과 식민 지배로 고통받던 서아시아와 아프리카의 아랍인들에게 용기와 자신감을 심어 주었다. 그 영향으로 이라크에서도 혁명이 일어나 군주제가 무너지고 공화정이 성립되었다. 또한, 이란에서는 일시적으로나마 석유 국유화를 단행하기도 하였다.

| 알제리의 독립 | 이집트 혁명의 바람은 이웃 나라 알제리에도 불어 왔다. 당시 프랑스의 식민지였던 알제리는 10퍼센트밖에 안 되는 이 주 유럽인이 정치 권력뿐만 아니라 경제력까지 장악하고 있었다.

프랑스에 맞선 베트남의 승리에 자극을 받은 알제리인들은 1954 년에 무장봉기를 일으켰다. 베트남에서 패배한 프랑스도 지중해를 사 이에 둔 알제리만은 끝까지 차지하기 위하여 혼신의 힘을 쏟았다. 프 랑스 정규군 50만 명과 치안 부대 30만 명이 알제리에 배치되었고, 여기에 소요된 막대한 군사비는 프랑스 재정을 파탄시킬 정도였다.

프랑스는 알제리 봉기군 8만 명을 체포하고, 3만 명을 수용소에 가 두었으며, 5,000명을 암매장하는 등 잔학 행위도 서슴지 않았다. 프 랑스의 드골 대통령이 알제리인의 끈질긴 투쟁에 굴복하여 자치권을 부여하려고 하자, 이번에는 알제리 거주 프랑스인들이 폭동을 일으 켰고, 알제리의 프랑스군도 쿠데타를 일으켜 이에 저항하였다.

그러나 알제리인들의 끈질긴 투쟁과 아시아·아프리카 회의 등에 서 제기된 국제 여론에 힘입어 알제리는 1962년 마침내 독립을 달성 하였다. 알제리는 독립 후 사회주의 경제 정책을 추진하였고, 비동맹 주의를 내세웠다.

수에즈 전쟁 정권을 잡은 나세르가 1956년 수에즈 운하를 국유화하자 영국의 무력 공격으로 수에즈 전쟁이 발발하였다. 사진은 수에즈 전쟁 당시 영국군의 공격으로 파괴된 석유 탱크의 모습이다.

독립을 축하하는 알제리인 수단이나 모로코, 튀니지 등이 비교적 큰 충돌 없이 독립을 이룩한 것과 달리, 알제리는 이주 프랑스인의 거센 저항에 부딪혀 오랜 투쟁 끝에 독립을 쟁취할 수 있었다.

아프리카 국가들의 독립
1960년은 '아프리카의 해'라고 불릴 정도로 많은 나라들이 독립하였다.

- 제2차 세계 대전 전 독립국
- 제2차 세계 대전 후 독립국
- 1960년의 독립국
- 1960년대의 독립국
- 비독립 국가

은크루마 영국에서 아프리카 회의를 이끌던 은크루마는 반영 활동을 통하여 가나 공화국을 독립시키고, 초대 대통령이 되었다. 그러나 그는 곧 독재자가 되었다. 이 같은 사례가 적지 않았는데, 이를 통하여 아프리카 민주주의의 길이 그만큼 험난하였음을 알 수 있다.

| 아프리카 여러 나라의 독립 | 이집트와 알제리의 독립 열기는 사하라 사막의 모래바람을 뚫고 사하라 이남에도 전해졌다. 1957년 은크루마는 노예와 상아 무역으로 유명한 가나의 독립을 선언하면서 찬란하였던 가나 왕국의 재건을 약속하였다. 가나의 독립으로 시작된 아프리카 해방의 물꼬는 1960년을 '아프리카의 해'로 만들었다. 이 해에만 무려 17개국이 독립을 이룬 것이다. 1960년대 중반에는 아프리카 대부분 지역이 식민지의 굴레를 벗고 독립하였다.

1960년에는 나이지리아도 독립을 달성하였다. 그러나 독립은 저절로 이루어진 것이 아니었다. 영국의 기만적인 자치 정책에 반대하여 나이지리아의 광산 노동자들이 격렬히 투쟁한 결과였다. 나이지리아는 석유, 천연 가스, 석탄 등이 풍부하고, 철을 만드는 데 필수 광물인 니오브가 세계에서 가장 많은 나라였다. 이 때문에 국가 권력을 장악하여 경제적 이익을 차지하려는 여러 세력들 간의 다툼이 격렬하게 일어나 수많은 사람들이 희생되었다.

1963년, 독립을 달성한 아프리카의 30개 나라들은 아프리카 국가 간의 정치·경제적 통합을 목표로 '아프리카 통일 기구^{OAU}'를 결성하였다. 이 기구는 기본적으로 반둥 회의의 정신을 이어받아 비동맹과 중립 노선을 선언하였다.

독립을 기뻐하는 아프리카 아프리카의 독립은 오랜 시간에 걸친 투쟁의 열매였다. 그러나 유럽 국가들은 풍부한 자원을 가진 아프리카 나라들을 여전히 조종하고 간섭하려 하였다. 아프리카 여러 나라들은 내전, 난민, 기아, 빈부의 격차 같은 험난한 문제를 해결하며 자립으로 나아갔다.

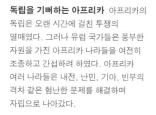

| **신생 독립국들의 시련과 도전** | 아프리카 나라들의 정치적 독립은 진정한 해방을 위한 험난한 여정의 출발점이었다. 어렵사리 독립을 쟁취한 아프리카 나라들은 왜 이렇게 피비린내 나는 다툼을 벌여야 하였을까?

아프리카의 국경선은 기본적으로 유럽 제국주의 국가들이 정한 것이었기 때문에 한 나라 안에도 여러 종족이 섞여 있었고, 이들 사이에는 분쟁이 일어나는 경우가 많았다. 게다가 제2차 세계 대전 이후 불어닥친 민족주의 열풍은 민족 해방 투쟁에 불을 댕겨 독립을 이끌어 내기도 하였지만, 종족 간 대립을 심화시키기도 하였다.

또, 식민지 시절에 만들어진 커피, 카카오, 땅콩 등 단일 작물을 대량 재배하는 플랜테이션 경제 구조는 독립 후에도 계속 자립을 방해하였다. 이 틈을 타서 자본주의권과 공산권, 이슬람권이 끊임없이 줄서기를 강요하였다. 그러나 이런 시련을 겪으면서도 아프리카는 무기력한 노예 상태보다는 위험을 수반하는 독립을 선택하였다.

남아프리카 공화국의 경우, 다수 흑인들이 소수 백인 지배층의 극악한 아파르트헤이트^{인종 차별} 정책에 대항하여 오랫동안 격렬한 투쟁을 벌였다. 그 결과 마침내 1994년 넬슨 만델라의 흑인 정부가 탄생함으로써 인종간 화합과 통합의 가능성을 보여 주었다.

아파르트헤이트와 만델라
아파르트헤이트에 반대하는 투쟁을 벌이다 27년간이나 감옥 생활을 하였던 만델라는 마침내 흑인 차별을 철폐하는 데 성공하였고, 남아프리카 공화국의 대통령이 되었다.

2 미국과 소련이 공존을 모색하다

흐루쇼프

제2차 세계 대전 후 최강국이 된 미국과 소련은 쿠바 위기를 정점으로 대결보다는 체제의 안정을 택하였다. 미국과 소련의 공존으로 중국은 독자적인 사회주의의 길을 모색하였고, 미국과 중국의 국교 수교는 이념의 장벽이 난공불락이 아니라는 것을 보여 주었다.

■ 가 볼 곳: 쿠바 ■ 만날 사람: 존 F. 케네디, 니키타 흐루쇼프
■ 주요 사건: 쿠바 위기, 문화 대혁명

| **쿠바 위기와 미·소의 공존 모색** | 1962년 10월 미국 대통령 존 F. 케네디는 상기된 표정으로 텔레비전에 나와, 소련이 미국의 앞마당인 쿠바에 미사일 기지를 만들어 미국의 턱밑에 미사일을 들이대고 있다고 발표하였다. 또한 그는 소련이 미사일을 철수하지 않으면 쿠바를 공격하겠노라고 선언하였다. 바야흐로 미국과 소련, 아니 전 세계가 핵전쟁에 휩싸일 수 있는 긴박한 상황이었다.

미국의 힘은 핵무기의 독점에서 나왔다. 그런데 소련이 원자 폭탄뿐만 아니라 1953년에는 수소 폭탄까지 개발하자, 미국의 핵 독점은 무너져 버렸다. 게다가 소련이 인류 최초로 인공위성 스푸트니크호를 쏘아 올려 미국의 자존심에 큰 상처를 입혔다. 미국은 이에 맞서 군비를 한층 강화하였다. 계속되던 미국과 소련의 군비 경쟁은 쿠바 미사일 위기로 절정에 달하였다. 그러나 핵전쟁 직전의 상황까지 치닫던 쿠바 미사일 위기는 소련이 쿠바에서 미사일을 철수하는 대신 미국도 쿠바의 영토를 보전한다는 데 동의함으로써 겨우 돌파구를 찾았다.

쿠바 위기를 넘기면서 1960년대에는 핵전쟁의 위기감이 점차 줄어들었다. 스탈린 사망 이후 등장한 흐루쇼프는 1인 독재 체제에 대한 개혁을 단행하면서 대외적으로 자본주의와의 평화 공존을 모색하였다. 극단적으로 상승 중이던 군비를 축소하자는 논의도 진전되어 1963년에 핵 실험 금지 조약이, 1969년에는 전략 무기 제한 협정이 조인되었다.

⊙ 쿠바 위기와 미국과 소련의 경쟁

미국에 대항하여 소련도 원자 폭탄과 수소 폭탄을 개발하자, 본격적인 핵무기 경쟁이 시작되었다. 쿠바 위기는 바로 그 정점에 있었다. 미국과 소련은 제3차 세계 대전이라는 극단적인 대립을 피하였으나, 여전히 우주 개발을 통하여 경쟁을 계속하였다.

▲ **핵 실험** 과학 기술의 발전은 인류의 삶을 크게 향상시켰으나 인류를 단숨에 멸망시킬 수 있는 무기를 만들어 내기도 하였다. 1955년 히로시마에서 제1회 원폭·수폭 금지 세계 대회가 열렸다. 이후 핵의 평화로운 사용과 생존을 위한 지속적이고도 의식적인 운동이 민중 차원에서 전개되었다.

▲ **쿠바 미사일 기지** 소련은 쿠바에 미사일 기지를 은밀하게 설치하여 미국을 위협하려 하였다.

▼ **흐루쇼프(왼쪽)와 케네디(오른쪽)** 흐루쇼프는 미국과의 관계를 개선하고, 제3 세계 국가들과 유대를 돈독히 하는 등 활발한 외교 활동을 펴서 소련의 국제적 지위를 신장시키는 데 큰 도움을 주었다. 그러나 쿠바 미사일 위기를 비롯해서 미국과의 평화 공존 정책이 흔들리고, 경제 정책이 거듭 실패하면서 1964년에 실각하였다.

▲ **스푸트니크호(위)와 아폴로 11호(아래)** 1957년 소련이 최초의 인공 위성 스푸트니크호 발사에 성공하자, 미국은 큰 충격을 받았다. 이로써 미국과 소련 간의 본격적인 우주 개발 경쟁이 시작되었다. 우주 개발 경쟁에 뒤처졌던 미국은 막대한 예산을 쏟아부으면서 1969년 아폴로 11호를 통하여 인류 최초로 사람을 달에 착륙시켰다.

대약진 운동 중국은 한국 전쟁을 계기로 미국의 군사적 압력에 대항하여 경제 자립을 단기간에 달성하는 것을 최우선 과제로 삼았다. 그래서 도시 노동자에 대한 식량 공급과 공업화에 필요한 자금 축적을 위하여 농업 집단화로 생산력을 향상시키고자 하였다. 그러나 농민들의 의사에 반하는 집단화 정책은 결국 실패하였다.

| 중국, 문화 대혁명을 일으키다 | 미국과 소련이 공존을 모색하던 1966년 8월, 베이징의 톈안먼천안문 광장은 수많은 젊은이들로 발 디딜 틈이 없었다. 이들은 "봉건 잔재와 자본주의 잔재를 타파하자."라고 주장하며 유교의 상징인 공자 사당을 파괴하고, 중국의 전통 복장이나 양복을 입은 사람을 조롱하였다. '문화 대혁명'이 시작된 것이다.

공산 혁명을 달성한 중국에 새삼 혁명이 왜 또 필요했던 것일까? 1950년대 중국은 농업국에서 공업국으로 변신하기 위하여 온 힘을 쏟아 세계 10대 공업국이 되었다. 그리고 원자 폭탄 개발에도 성공하면서 군사 강국이 되었다. 그러나 미국과 화해를 추진하던 소련이 1960년에 일방적으로 원조를 끊자, 경제에 큰 타격을 입었다. 악화되던 중국과 소련의 관계는 1969년에 국경 분쟁으로 치달았다. 게다가 미국은 1965년 북베트남을 폭격하며 베트남 전쟁을 일으켰다. 중국의 위기감은 극도에 달하였다.

게다가 급속한 공업화를 부르짖으며 인민들을 다그쳤던 '대약진 운동'이 실패하자, 마오쩌둥은 '문화 대혁명'으로 이를 돌파하고자 하였다. 문화 대혁명은 사회주의 문화를 새롭게 건설한다는 명목으

문화 대혁명과 홍위병들 문화 대혁명에 적극적으로 가담하였던 고등학생과 대학생 또래의 젊은이들을 '홍위병'이라고 불렀다. 이들의 젊은 열정은 극단으로 치닫기 쉬웠고, 마오쩌둥은 이런 그들을 이용하여 자신의 권력을 강화하였다. 그러나 마오쩌둥의 문화 대혁명으로 수많은 지식인들이 반동으로 몰려 농촌 오지나 힘든 공장으로 재교육을 받으러 가야만 하였기에 중국의 경제와 문화는 황폐해졌다.

로 전통문화를 철저히 파괴하고, 지식인이나 전문가 집단을 억압하여 산업, 과학 기술, 교육에 큰 피해를 주었다.

소련과 적대적이던 중국은 1970년대에 들어서면서 고립을 피하기 위하여 미국과 화해하였다. 곧이어 자본주의 국가들과 잇따라 수교를 맺어 외교·경제 위기 상황을 동시에 해결하려고 하였다. 자기 나라의 이익 앞에 이념의 장벽은 이렇게 무너지고 있었다.

| 남과 북, 체제 경쟁을 계속하다 | 한국 전쟁에서 적이 되어 싸웠던 미국과 중국이 화해하였다는 놀라움이 채 가시지도 않은 1972년 7월 4일, 이번에는 세계인의 이목이 한반도로 집중되었다. 불과 20여 년 전만 하더라도 서로 총부리를 겨누며 동족상잔을 벌였던 남과 북이 자주·평화·민족 대단결의 원칙에 합의하고 남북 공동 성명을 발표한 것이다.

그러나 3개월도 채 지나기 전에 7·4 남북 공동 성명은 남북한의 정치적 계산에 의한 속임수였음이 드러났다. 남한의 박정희 정권은 국민의 기본권을 빼앗고 영구 집권을 보장하는 유신 헌법을 통과시켰으며, 북한의 김일성 정권도 김일성 개인에게 절대적인 권한을 부여하는 국가 주석제를 강행하였다.

남북한 양 정권은 자주·평화·민족 대단결의 풍선을 띄워 놓고, 실제로는 안보를 구실로 삼아 민주주의를 질식시키고 독재 체제를 강화하였던 것이다. 이후 남북한 양측은 치열한 체제 경쟁을 일삼았다. 특히 경제 성장은 체제 경쟁의 우열을 가늠하는 지표가 되었으므로, 양측은 수치와 외형상의 성장에 치중하였다.

◀ **주체 사상의 나라** 1972년 북한 헌법은 전문에 "조선 민주주의 인민 공화국 사회주의 헌법은 위대한 수령 김일성 동지의 주체적인 국가 건설 사상과 국가 건설 업적을 법화한 김일성 헌법이다."라고 하면서 김일성 개인에게 절대적인 권한을 부여하는 체제를 완성시켰다. 사진은 1982년에 건립된 평양의 주체 사상 탑이다.

▲ **'유신만이 우리가 살 길이다'** 1972년 박정희 정권은 계엄령이 내려진 상태에서 대통령에게 초법적인 권한을 부여하는 유신 헌법을 통과시켰다. 사진은 1974년 유신 체제 수호를 위한 단합 대회의 모습이다. 유신 체제는 이런 단합 대회를 통하여 전국을 병영 국가로 만들려고 하였다.

3 베트남 전쟁과 프라하의 봄

호찌민

미국은 베트남의 민주화와 통일을 저지하였고, 소련은 프라하에서 체코슬로바키아인의 민주화와 자유를 향한 열망을 억눌렀다. 수많은 사람들의 희생 뒤에는 체제를 유지하기 위한 강대국의 계산이 도사리고 있었다. 이러한 미국과 소련의 적대적인 공생 관계는 세계 곳곳에서 나타났다.

■ 가 볼 곳: 미라이, 프라하   ■ 만날 사람: 호찌민, 알렉산드르 둡체크, 피델 카스트로
■ 주요 사건: 쿠바 혁명, 베트남 전쟁, 프라하의 봄

| 베트남 전쟁 | "얼마나 많은 포탄이 날아야 포탄이 사라질까? 얼마나 많은 죽음이 이어져야 너무 많이 죽었다고 생각할까? 오, 내 친구여, 그 대답은 바람 속에 있지."

1960년대 미국의 젊은이들은 밥 딜런의 〈바람만이 아는 대답〉을 부르며 부르며 베트남 전쟁에 반대하였다. 그전까지 이들은 미국이 정의와 선을 지키는 카우보이인 줄 알고 있었다. 그러나 베트남 전쟁의 실상이 알려지자 이들뿐만 아니라, 세계 곳곳의 지식인들이 반전 시위에 나섰으며, 세계 각지의 여성들도 서로 연대하여 전쟁을 규탄하였다.

1954년 베트남은 프랑스와의 협정에 따라 총선거를 통한 통일을 눈앞에 두고 있었다. 그러나 이번에는 미국이 끼어들었다. "공산주의의 위협에 대항하기 위하여"라는 명분을 내걸었지만, 실제로는 인도차이나 지역을 자신의 영향력 아래 두려는 속셈이었다. 미국이 개입하면서 베트남은 공산당이 지배하는 북베트남과 친미 정권이 지배하는 남베트남으로 분단되었다.

1960년 남베트남에서 독재자 응오딘지엠 정권에 저항하는 게릴라전이 벌어졌다. 미국은 북베트남이 이 게릴라들을 지원하고 있다면서 북베트남에 폭격을 퍼부었다. 베트남 전쟁이

참전과 반전 베트남 전쟁에는 우리나라도 미국 다음으로 많은 병력을 파견하였다. 그 대가로 많은 외화를 벌여들였고, 이러한 베트남 특수는 경제 성장의 밑거름이 되었지만, 국제 사회의 비난을 면할 수는 없었다. 사진은 미국 내에서 일어난 반전 시위의 모습이다.

1945	베트남 민주 공화국
1946	인도차이나 전쟁
1949	베트남국
1954	디엔비엔푸 전투

제네바 협정

1955	베트남 공화국
1960	베트남 민족 해방 전선 발족
1965	미, 북베트남 폭격 개시
1973	파리 평화 협정
1975	사이공 함락(호찌민 작전)
1976	베트남 사회주의 공화국 수립

○ 디엔비엔푸

북베트남(베트남 사회주의 공화국) 소련·중국이 원조

북위 17도선

남베트남 (베트남 공화국) 미국이 지원 (오스트레일리아, 타이, 한국 등 파병)

○ 사이공

베트남 민족 해방 전선 (남베트남 정부에 대항)

본격적으로 시작된 것이다. 미국은 엄청난 병력과 화력을 쏟아부었다. 밀림을 불태울 네이팜탄을 투하하고 식물을 말려 죽일 고엽제를 마구 뿌리는 비인도적인 전술까지 감행하였다. 그 결과, 베트남은 동식물 파괴, 토양 침식, 기형아 출산, 각종 질병 발생 같은 엄청난 피해를 겪어야 하였다. 그러나 호찌민의 지도 아래 베트남인들은 자주적인 통일 국가를 세우겠다는 의지를 꺾지 않았고 끝까지 미군에 저항하였다. 게다가 미군의 파괴와 잔학 행위가 전 세계에 보도되면서 미국은 비난의 표적이 되었고 국민의 지지도 상실하였다. 결국 미국은 '명분 없는 전쟁'에서 패배하여 베트남에서 철수하였다. 1976년, 마침내 남북을 아우르는 베트남 사회주의 공화국이 수립되었다. 기나긴 외세와의 전쟁을 베트남이 승리로 이끈 것이다.

베트남 전쟁과 희생자들 베트남군은 미군의 엄청난 화력에 온몸으로 맞서 싸웠다. 베트남 전쟁 중에 일어난 미라이 학살에 참여하였던 미군 병사 심슨의 증언에 따르면, 미군은 미라이에서 최소 300여명이 넘는 비무장 민간인을 집단 학살하였다고 한다.

프라하의 봄과 소련군의 진주
체코슬로바키아 민중은 "너희의
아버지는 우리를 해방시키러 왔는데,
너희는 왜 우리를 말살하러 왔느냐?" 라고
외치면서 격렬히 저항하였다.

| 프라하의 봄 | 베트남 전쟁이 한창이던 1968년 8월 20일. 소련군을 비롯한 바르샤바 조약 기구 군대 20만 명이 체코슬로바키아를 점령하고, 공산당 서기장 알렉산드르 둡체크를 연행하였다. 이에 시민들은 총파업을 벌여 항의하였지만, 군대는 이마저도 진압하였다.

1960년대에 이르러 체코슬로바키아는 기업의 자주성과 수익성을 중시하는 경제 개혁을 실시하였다. 경제의 분권화는 정치의 민주화 요구로 발전하여 공산당의 권한을 제한하는 개혁이 추진되었다. 1968년 대중들의 지지를 한 몸에 받으며 서기장이 된 둡체크는, 언론의 자유를 승인하면서 '인간의 얼굴을 한 사회주의'를 추진하였다. '프라하의 봄'이 온 것이다.

그러나 소련은 이런 개혁을 사회주의 체제에 대한 도전으로 간주하고, 군대를 동원하여 이를 무산시켰다. 결국 체코슬로바키아 민중의 민주화 염원은 탱크에 무참히 짓밟혔다. 이런 진압을 통하여 소련은 동유럽에서 계속 패권을 유지할 수 있었으나, 세력권 유지에 광분하는 패권 국가로 낙인찍히게 되었다.

라틴아메리카 혁명 1960년 이후 라틴아메리카에서도
미국의 간섭에 저항하는 혁명 운동이 광범위하게 확산되었다.

지도 라벨:
- 미국
- 멕시코
- 쿠바 혁명 (1959)
- 니카라과 혁명 (1979)
- 혁신 군정 수립 (1968)
- 쿠바
- 니카라과
- 파나마
- 혁신 군정 수립 (1968)
- 페루
- 혁신 군정 (1970)
- 볼리비아
- 브라질
- 인민 연합 정권 (1970)
- 칠레
- 아르헨티나

| 미국과 소련, 적대적 공생 관계 | 1960년대 이후
미국과 소련은 서로 대결을 삼가고 체제를 유지하는 선에서
'동반자'의 길로 들어섰다. 두 강대국은 세계 곳곳에서 약소국을
억압하는 동반자가 되었다. 서로 상대방의 체제를 헐뜯고 비난하
였지만, 자기 진영 내에서 패권을 행사하기 위해서는 상대의 존재
가 꼭 필요하였다.

미국은 '공산주의를 막기 위하여' 베트남에서 전쟁을 벌였고, 라
틴아메리카에서는 쿠데타를 지원하였다. 소련은 '미국의 봉쇄에 맞
서기 위하여' 프라하의 봄을 짓밟고, 아프가니스탄을 침공하였다.
미국과 베트남이 전쟁을 벌일 때 소련은 사회주의 베트남을 실질적
으로 지원하지 않았다. 그리고 소련이 프라하의 봄을 진압할 때 미국
은 애써 침묵하였다.

이처럼 미국과 소련은 서로 싸우면서 공존하는 동반자, 적대적 공
생 관계를 이어 나갔다. 그리고 이것은 라틴아메리카와 서아시아에
서도 계속되었다.

| 쿠바 혁명과 라틴아메리카 | 1956년 11월, 어둠 속에서 한 무리의
젊은이들이 쿠바 해안에 상륙하였다. 정부군의 추격을 피하여 산속으
로 숨은 사람은 불과 12명. 대장은 서른을 갓 넘긴 피델 카스트로였
고, 그 옆은 전직 의사인 체 게바라가 지키고 있었다. 이후 그들은 쿠
바에서 3년간 게릴라전을 벌인 끝에 대통령궁을 접수하였다. 기껏 12
명에 불과했던 게릴라들이 어떻게 정권을 차지할 수 있었을까?

제2차 세계 대전 후 라틴아메리카에서도 사회주의가 확산되었고,
민주화와 개혁의 기운이 높아졌다. 그러나 냉전이 시작되면서 미국
은 반공을 내세워 보수 세력과 군부를 노골적으로 지원하였고, 그 결

쿠바 혁명 카스트로(오른쪽)는 체
게바라(왼쪽)와 함께 쿠바 혁명을
일으키면서 "나는 내 형제 70명의 생명을
앗아 간 간악한 독재자의 분노를
두려워하지 않는다. 나에게 유죄 판결을
내려라. 역사가 나를 무죄로 할
것이다."라고 말하였다.

칠레의 쿠데타 아옌데 정권은 미국의 지원을 받은 피노체트의 군부 쿠데타로 무너졌다. 쿠데타 후 학살자 4만 명, 국외 탈출자 100만 명이라는 수치가 보여 주듯이, 군사 정권의 탄압은 극심하였다. 아옌데를 지지하던 국민 시인 파블로 네루다는 쿠데타에 상심하며 세상을 떠났다. 사진은 쿠데타 세력이 대통령궁을 폭격하는 장면으로, 아옌데 대통령은 이 전투 중에 사망하였다.

소련의 아프가니스탄 침공 20세기 초반 제정 러시아가 남하 정책을 펴 중앙아시아를 침공하였던 것처럼, 소련도 1979년에 아프가니스탄을 침공하였다. 중앙아시아와 인도양의 통로를 확보하기 위한 제국주의적 침략이었다.

과 여러 나라에서 쿠데타가 일어나 군사 독재 정권이 수립되었다.

쿠바 혁명은 미국의 이러한 라틴아메리카 지배에 제동을 걸었다. 카스트로는 쿠바인의 해방과 자립을 목표로 내걸어 민중의 지지를 얻었고, 폭정과 부패, 경제적 빈곤으로 얼룩진 친미 정권을 무너뜨리는 데 성공하였다.

쿠바 혁명은 라틴아메리카에 충격을 주어 좌익 무장 게릴라 활동이 각지에서 벌어졌다. 미국의 케네디 대통령은 이에 맞서 라틴아메리카의 '자유와 민주주의'를 위하여 10년간 200억 달러를 원조하겠다고 약속하였다. 그러나 그의 약속과는 다르게 미국의 지원을 받은 것은 자유와 민주주의가 아니라 친미 보수 세력과 쿠데타뿐이었다.

1970년 칠레에서는 사회당과 공산당이 내세운 살바도르 아옌데가 대통령에 당선되는 일이 벌어졌다. 아옌데의 인민 연합 정부는 극심한 빈부 격차를 완화하고자 소득 재분배 정책을 실시하였다. 또한 구리를 비롯한 주요 자원과 미국계 거대 기업을 국유화하고 농지 개혁을 단행하는 등 사회주의 정책을 추진하였다. 이러한 정책은 국민의 전폭적인 지지를 받았다. 라틴아메리카에서 선거를 통하여 민주적 변혁과 경제 개혁을 이루려는 찰나였다. 그러나 아옌데 정권은 1973년 미국의 지원을 업은 군부 쿠데타로 붕괴되었다. 결국 칠레의 역사적 실험은 좌절되고 말았다.

소련도 미국에 뒤질세라 아프리카와 라틴아메리카에서 눈에 보이지 않게 패권을 유지하려고 안간힘을 기울였다. 1979년 소련은 돌연 아프가니스탄을 침공하였다. 중앙아시아와 인도양의 통로를 확보하기 위한 패권주의적 침략이었다. 하지만 미국이 베트남 전쟁에서 그런 것처럼 소련도 10년간 아프가니스탄이라는 수렁에 빠져, 외교적으로나 경제적으로 큰 타격을 입었다.

아프가니스탄은 1988년에 소련군이 철군한 뒤 내전의 수렁에 다시 빠졌다가 이슬람 근본주의자인 탈레반 세력이 정권을 장악하면서 반서구적인 노선을 견지하였다.

베트남 전쟁의 여성 전사

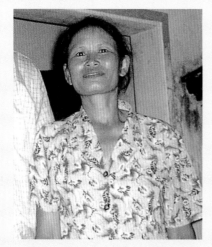

우엔티쑤언 열여섯 살의 어린 나이에 빨치산으로 활동하였던 베트남 여성 전사. 중년이 된 그녀의 온화한 표정은 베트남을 해방시킨 사람들이 평범한 민중이었음을 깨닫게 해 준다.

"우리에게 가장 큰 규율이 하나 있었지요. 같이 죽고 같이 산다. 나 혼자 살려고 탐욕을 부리지 않는다는 것이죠. 모두 죽거나 모두 살 거나 ······."

우엔티쑤언은 착 가라앉은 목소리로 말하였다. 주민의 절반이 열사 인 마을, 한 명이라도 열사 없는 집이 없는 마을, 이 마을에는 '어머 니 영웅' 만도 27명이 있다. 자식 셋 이상을 전투에서 잃거나, 하나 또는 둘인 자식 모두를 잃은 어머니에게 '어머니 영웅'이라는 호칭 이 주어졌다.

— 방현석, 《하노이에 별이 뜨다》 —

제2차 세계 대전 때보다 더 많은 폭탄이 뿌려져 전 국토가 황폐해졌 던 베트남. 그 땅을 해방시키고 명분 없는 전쟁을 끝내기 위하여 수 많은 베트남 사람들이 미국에 대항하여 싸웠다.

이러한 사람들 중에는 여성 전사들도 많았다. 그들은 10대의 어린 나이에 전사가 되어 빨치산으로 활약하기도 했는데, 열여덟 살의 나이로 분대원들을 이끌고 전투를 지휘한 여성 전사도 있었다. 또 남편이 전사하자 아이들을 이웃에 맡기고 산으로 올라가 끝까지 육탄전을 벌이며 저항한 여성 전사도 있었다.

이러한 전사들은 주로 가족이나 마을 친구들로 구성되었는데, 죽음을 두려워하지 않고 끝까지 힘써 싸운다 는 규율을 가지고 있었다. 전투 후에는 항상 사랑하는 사람들의 죽음이 있 었고, 살아남은 자들은 이를 극복하고 다시 싸우러 나가야만 하였다.

직접 싸우지 않고 전사가 되는 경우도 있었다. 전투가 벌어진 마을마다 자식들을 잃어버린 어머니들이 많았는데, 심한 경우에는 자녀 모두를 잃 은 어머니도 있었다. 이 어머니 영웅들의 눈물과 희생은 베트남 전쟁의 아 픔을 오롯이 보여 주는 것이라 할 수 있다.

베트남 전쟁에 참여한 여성 전사들

4 급격한 산업화가 사회를 바꾸다

비틀스

자본주의가 성장하면서 과학 기술은 크게 발달하였다. 사회주의도 예외는 아니었다. 기술의 발전은 사람들의 삶에 풍요와 안락을 가져다주었다. 하지만 그 혜택은 일부 국가와 일부 사람들에게만 돌아갔다. 또한 생태계는 경제 발전에 비례하여 심각한 위협을 받게 되었다.

■ 가 볼 곳: 포드 자동차 공장 ■ 만날 사람: 비틀스
■ 주요 사건: 텔레비전 발명, 인터넷 발명, 피임약 개발

| 대중문화가 꽃을 피우다 | 1964년 미국의 한 텔레비전 쇼를 통하여 영국 출신의 록 그룹 비틀스가 등장했을 때, 전 세계 젊은이들은 그들이 들려주는 새로운 음악에 열광하였다. "20세기에 가장 영향력 있는 아티스트!", "20세기 최고의 밴드!" 비틀스가 가는 곳마다 젊은이들은 환호하였고, 그들이 발표하는 음반은 기록적인 판매고를 올렸다. 비틀스는 이렇게 1960년대 세계 젊은이들의 우상이 되어 갔다.

비틀스가 이렇게 화려하게 등장할 수 있었던 것은 미국 경제의 번영 덕분이었다. 제2차 세계 대전 후 산업화가 크게 진전되면서, 미국의 경제는 빠르게 성장하였다. 제2차 세계 대전 때까지만 해도 부자들의 사치품이었던 자동차, 카메라, 텔레비전, 냉장고, 세탁기, 청소기 등이 기술의 발달과 대량 생산으로 가격이 떨어지면서 대중화되었다. 이런 제품들은 금방금방 모델을 바꾸어 끊임없이 수요를 만들어 냄으로써

텔레비전과 대중문화 1936년 영국 BBC가 텔레비전 방송을 개시한 이래, 텔레비전은 국가의 틀을 넘어 언어의 벽을 없애고 지구를 하나로 이어 주는 유력한 매체가 되었다.

1970년대 자동차 문화 중산층의 상징이었던 자동차는 점차 보편화되었으며, '마이카'는 사회주의 국가에서조차 화두였다.

'대중 소비 사회'를 만들었다. 피임약의 개발과 가전제품의 발달은 여성들을 가사 노동으로부터 어느 정도 해방시켰으며, 자동차, 카메라의 보급은 관광 산업의 발전을 가져왔다.

　여유가 생긴 사람들은 패션에도 눈을 뜨기 시작하여 미니스커트와 같은 유행이 생겨났다. 식기 세척기와 세탁기를 돌려 놓고 텔레비전 앞에 앉은 사람들은 비틀스의 노래를 따라 흥얼거리거나, 스포츠·연예 프로그램에 열광하였다. 대중들은 이전 세대가 전혀 누릴 수 없었던 '문화생활'을 누리게 되었고, '대중문화'가 형성되었다. 이렇게 비틀스는 변화한 사회, 대중문화를 대표하는 상징이 되었다.

| 서유럽과 일본의 번영 | 1960~1970년대 미국의 백화점이나 슈퍼마켓에는 일제 텔레비전, 세탁기, 냉장고가 즐비하였다. 일제 가전 제품의 세심한 디자인과 품질, 합리적인 가격은 미국뿐만 아니라 전 세계적으로 일제 가전 제품의 붐을 일으키기에 충분하였다. 전후 폐허 상태의 일본이 세계적인 상품을 생산하는 경제 대국으로 성장할 수 있었던 배경은 무엇일까? 한국 전쟁을 거치면서 공업 국가로 다시 발돋움한 일본은, 미국과 소련의 대결이 한창일 때 미국의 핵우산 아래에서 군사비 지출을 최소화하며 경제 개발에만 박차를 가할 수 있었다.

　서독도 마찬가지였다. '라인강의 기적'은 자본주의 체제의 우월성을 과시하려는 미국의 지원 덕분에 가능하였다. 마셜 계획으로 전

대중문화와 미국 중산층 가정
이전까지는 문화를 향유할 수 있는 사람들이 소수에 불과하였다. 그러나 경제가 발전하면서 문화를 누릴 수 있는 계층의 폭은 점점 확대되었다. 이제 중산층은 '자유와 기회의 땅'에서 풍요와 안락을 누릴 수 있게 된 것이다.

주방의 혁신　냉장고의 보급 등 주방의 혁신은 여성을 가사로부터 자유롭게 함으로써 여성 해방의 기폭제가 되었다.

일본 경제 성장의 비밀
제2차 세계 대전 후 일본의 경제 성장은 과히
기적이라 할 만하다. 그러나 이것은 한국
전쟁과 베트남 전쟁이라는 특수와 미국의
핵우산 정책이 어우러져서 가능한 것이었다.
사진은 일본의 자동차 공장과 한국 전쟁이
일본 경제 성장의 원동력이었음을 입증하는
미국 국립 문서 기록 관리청(NARA)의
기밀 해제 문서이다.

《침묵의 봄》 "돌아온 새들로 봄을 맞는
지역이 갈수록 줄어들고 있다. 한때
새들의 지저귐으로 요란했던 이른 아침도
이상할 정도로 고요하기만 하다."
1962년 출간된 《침묵의 봄》은 살충제
남용으로 인한 생태계의 파괴를 지적하여
이후 환경 운동이 발전하는 계기가
되었다. 사진은 이 책의 저자 레이첼
카슨의 모습이다.

쟁의 상처를 복구한 서유럽은 국가와 국경을 초월하여 시장, 자원, 노동력을 공동 이용하고, 유럽을 단일한 경제권으로 통합하는 것에서 재생의 길을 찾았다.

유럽과 일본은 1950년대 초부터 1970년대 초까지 그야말로 고속 성장을 하였다. 이 20년간 이 나라들이 생산한 제품의 양은 지난 200년간 생산한 제품의 총량을 능가하는 것이었다. 실업률은 낮아지고 임금이 높아졌으며 사람들의 생활도 상당히 개선되었다. 가히 '자본주의의 황금시대'라고 할 만하였다.

| 자본주의가 질주하다 | 대공황과 전쟁이라는 끔찍한 기억을 가진 자본주의 국가들은 생산 활동과 사회 복지에 국가가 적극 개입하도록 자본주의를 수정하였다. 즉 이윤을 추구하는 개인의 창의성은 여전히 보장하면서도 국가의 지원과 개입이라는 수정이 가해진 것이다. 제2차 세계 대전 후, 표준화된 생산 공정을 단순 반복하는 포드주의적 생산 방식이 확산되었다. 이에 따라 '대량 생산 시대'가 활짝 열렸다. 그러나 자본주의는 상품의 소비를 통하여 이윤을 가져오는 제도이다. 이제 서구 자본주의는 노동자들의 임금 상승과 노동 조건 개선 및 노동 운동을 포용함으로써 이들을 적극적인 구매자, 즉 소비자로 끌어들였다. 이로써 대량 소비 사회가 가능하게 되었으며, 민주주의도 크게 확대되었다.

유럽의 서부와 북부의 나라들은 여전히 야기되는 심각한 소득 격차 문제를 해결하기 위하여 사회 보장 제도를 더욱 강화하는 방식을 택하였다. 출생, 육아, 교육, 질병, 사고, 실업, 노쇠, 사망 등 '요람에서 무덤까지' 인간의 기본적인 생활을 사회 전체가 함께 책임지는 체계가 갖춰진 것이다. 그 결과, 국민 통합이 이루어지고, 소득 수준이 향상되었으며, 경제도 한층 발전할 수 있었다.

그러나 1970년대의 '석유 위기'는 '자본주의의 황금기'에 종말을 가져왔다. 아랍 여러 나라들이 자원 민족주의를 내세워 석유 가격을 불과 석 달 사이에 4배나 인상하였던 것이다. 이 때문에 미국과 유럽의 경제가 활기를 잃자, 값싸고 우수한 노동력을 가진 신흥 국가들이 도약하였다. 이 나라들은 외국 자본을 도입하여 수출 지향적인 공업을 발전시켜 1970년대 후반부터는 급속히 경제 성장을 이루었다. 한국을 비롯한 동아시아 국가들과 멕시코, 브라질 등이 대표적인데, 이런 나라들을 신흥 공업 경제국NIE이라 부른다.

하지만 자본주의가 수정을 가하며 활로를 찾은 반면에, 인간 활동에 필요한 모든 것, 심지어 인간마저도 상품화되는 인간 소외 현상이 더욱 심화되었고, 자원 낭비와 생태계 파괴도 심각해졌다.

| 사회주의도 산업화에 열을 올리다 | 사회주의 국가도 산업화를 맹렬히 추구하였다. 소련과 동유럽 사회주의 국가의 목표도 '국민 모두가 승용차를 갖는 것'이었다. 그런 점에서는 사회주의 국가도 자본주의 국가와 본질적으로 다를 것이 없었다. 성장을 우선시하니 생태, 환경 따위는 거의 고려되지 않았다.

제2차 세계 대전 후 사회주의 국가들은 소련을 본받아 중공업 발전에 치중하는 중앙 집권적 계획 경제 체제를 수립하였다. 정부의 계획에 따라 전국의 인적·물적 자원을 집중시킴으로써 비약적인 공업 발전이 이루어졌다. 1950년대에 사회주의 국가들의 연평균 경제 성장률은 자본주의 국가들보다 훨씬 높은 8퍼센트 이상으로, 사회주의의 우월성을 보여 주는 듯하였다.

그러나 1960년대 중반부터 사회주의 국가들의 경제 성장률은 하락하기 시작하였다. 경제 규모가 커지면서 중앙 집권적 계획 경제는 인간의 창의성도, 시장의 역동성도 살리지 못하는 지극히 비효율적인 체제임이 드러났다. 게다가 끊임없이 자본주의와의 체제 경쟁에 내몰리다 보니 중공업과 군비 경쟁에만 막대한 자원을 쏟아부었고, 결국 이것은 경제 성장을 가로막는 큰 걸림돌이 되었다. 사회주의 경제는 점차 활력을 잃어 갔다.

콤비나트 원료의 확보부터 완성품에 이르기까지, 전 생산 과정에서 상호 연관된 공장을 일정한 지역에 집중하여 유기적으로 결합한 형태를 콤비나트라고 한다. 소련은 1928년부터 실시한 5개년 계획의 합리적인 운영을 목표로 콤비나트를 조성하였다. 사진은 콜라반도에 있는 몬체고르스크의 니켈 광산과 가공 공업 단지의 모습이다.

모든 권위에 저항하다

"우리 안에 잠자고 있는 경찰을 없애야 한다."
"모든 권력을 상상력으로!"
"보도블록을 들추어라! 해변이 나타날 것이다."

1968년 봄, 파리 근교의 낭테르 대학교 학생들이 파업을 일으켰다. 학내 문제로 시작된 이 시위는 곧 미국의 베트남 침략과 소련의 체코슬로바키아 침공에 항의하는 시위로, 기성 세대와 국가 권력에 저항하는 혁명으로 발전하였다. 이른바 '68혁명'은 독일과 미국, 멀리 일본까지 세계 곳곳으로 퍼져 나갔다.

68혁명은 개인의 삶에 대한 국가 권력의 간섭과 통제를 거부하였다. 당시 동서양 진영은 냉전을 핑계 삼아 국민들에 대한 감시와 통제를 일상화하고 있었다. 국가는 끊임없이 외부의 적에 맞서야 한다고 소리를 높였지만, 학생들은 자신을 감시하고 억압하는 국가에서 내부의 적을 발견한 것이다.

젊은이들은 인간의 가치와 이상을 우습게 여기고 물질적인 풍요만을 추구하는 기성세대와 사회 풍조에도 저항하였다. 이들은 자유로운 개인의 공동체를 꿈꾸며, 자신들을 억누르는 모든 권위와 권력, 체제, 조직에 반대하였다.

이들은 록 음악을 통하여 열정을 발산하기도 하고, 책이나 유인물을 펴내 자신들의 주장을 알리기도 하였다. 방

우드스탁 축제 저항의 정신은 록 음악으로 표현되기도
하였다. 1969년 8월 15일부터 18일까지 사흘간
계속된 이 축제에는 무려 50만 명이 참가하였다. 원래 이
축제는 우드스탁에서 열릴 예정이었으나, 미국 당국의
허가를 받지 못하여 뉴욕 주 근교의 베델에 위치한 맥스
야즈거의 농장에서 열렸다.

랑이나 마약 흡입, 프리 섹스 같은 도발적인 행위로 기성세대의 가치관에 도전하는 경우도 있었다. 이러한 행위는
청년들뿐만 아니라 장애인이나 빈민 같은 사회·경제적 약자들이 자기 의사를 표현하고 뭉칠 수 있는 기회가 되기
도 하였다. 특히 여성들은 정치와 노동 조건의 평등뿐만 아니라 사회·애정·가정의 평등도 요구하였다. 여성들은
자유 연애, 자유로운 이혼, 낙태의 권리 등을 주장함으로써 사회적 평등을 위한 새로운 여성 운동을 본격화하였다.

68혁명은 세계 각지로 퍼져 나가 전 세계 젊은이들의 체제 저항 운동으로 이어졌고, 동서양 양 진영에서 어느
정도 민주화를 끌어내는 성과를 거두기도 하였다. 이후 68혁명의 이념은 노동 운동, 여성 해방 운동, 언론 운동,
반핵 평화 운동, '녹색당'과 '그린피스' 같은 환경 운동, '국경 없는 의사회' 같은 인권 운동 등이 성장하는 데
밑거름이 되었다.

전 세계로 번진 '68혁명' 68혁명은 프랑스의 학생 시위에서
시작되어 유럽뿐만 아니라 일본에까지 퍼져 나갔다. 특히 일본에서는
대학생 중심의 학교 개혁과 미·일 안보 조약 체결에 반대하는 격렬한
투쟁이 동시에 전개되었다. 사진은 1968년 프랑스의 소르본 대학교
학생들이 시위 행진을 벌이는 모습.

피부색으로 차별하지 말라!

라디오에서는 학교에서 벌어지고 있는 사태에 대하여 아무런 언급이 없다. 텔레비전이나 신문에서도 마찬가지이다. 그들이 보도하는 것을 보면, 이 나라에 사는 모든 아이들이 직각 삼각형의 면적을 내는 공식과 아마존 정글에 사는 앵무새들에 대하여 배우면서 행복한 얼굴로 책상에 앉아 있다. (중략)

"왜 경찰이 너를 쫓아다니는 거냐?"

"저만 쫓아다니는 게 아니에요. 모든 사람을 쫓아다니고 있어요. 전 아무 짓도 하지 않았어요. 그런데 경찰들은 학생처럼 보이는 애들은 누구나 붙잡으려고 해요. 우리는 아무 짓도 하지 않아요. 다만 학교에 가지 않겠다고 한 것뿐이에요. 그런데 그들은 우리를 붙잡다 못해 우리한테 테러를 가하고 있어요. 그들은 테러리스트예요."

"왜 학교에 가지 않으려는 거지?"

"학교가 뭐 하는 곳인데요? 지금 학교는 우리를 아파르트헤이트에 맞추는 곳일 뿐이에요."

- 존. M. 쿳시, 《철의 시대》 -

'아파르트헤이트'란 남아프리카 공화국에서 소수의 지배층인 백인이 다수의 흑인을 차별하며 극단적으로 분리시켰던 정책을 말한다.

1976년, 흑인 주거지인 소웨토 지역에서 대대적인 시위가 발생하였다. 학교에서 백인의 언어만 사용하고, 흑인 아이들에게 백인의 언어를 강제로 가르치도록 규정한 법령이 발표되었기 때문이다. 10대 아이들은 그들의 나이에 어울리지 않는 화염병과 돌을 손에 쥐었고, 학교는 곧 불길에 휩싸였다. 시위를 진압하기 위하여 출동한 경찰은 자신의 아들딸 같은 학생들에게 마구 총을 쏘아 댔다. 여기저기에서 총소리가 들렸고 하나둘씩 아이들이 쓰러졌다.

어린 학생들의 죽음은 격렬한 저항을 불러일으켜, 이후 학생 운동의 발판이 되었다. 1983년, 학생들은 "교육보다 해방이 먼저!"를 외치며 학교 내에 주둔한 경찰을 철수시킬 것과 차별 정책을 폐지할 것을 요구하는 동맹 휴학에 들어갔다.

1994년, 드디어 아파르트헤이트 정권은 무너졌다. 수많은 학생과 흑인 운동가들의 눈물겨운 투쟁 끝에 이룩한 성과였다. 풀어야 할 과제는 여전히 많지만, 진정한 인종 평등과 아이들의 권리를 보장하는 세상으로 가는 문이 열리기 시작한 것이다.

11
세계화와
오늘의 민주주의

1. 어떠한 폭력에도 맞서고 갈등의 평화로운 해결을 위하여 사회, 정치, 제도 면에서 세계 인권 선언을 지킨다.

2. 정책 결정 과정과 정책 집행에 모든 시민이 직접, 그리고 평등하게 참여할 수 있도록 돕는다.

3. 민중의 민주적인 주권을 회복시키기 위하여 일한다.

-〈포데모스 윤리 강령〉-

1985
1985 소련, 고르바초프 공산당 서기장 취임
1986 소련, 체르노빌 원전 사고
1989 베를린 장벽 붕괴 미·소 정상 회담(냉전 종결 선언)
1990 한·소 수교, 독일 통일
1991 걸프 전쟁 발발 남아프리카 공화국, 인종 차별 철폐 소련, 연방 해체 유고슬라비아 내전 발발
1992 한·중 수교 리우 지구 환경 회의 핵무기 감축 조약

1993
1993 마스트리히트 조약 유럽 연합(EU) 출범
1995 세계 무역 기구(WTO) 출범
1997 아시아 외환 위기
1999 시애틀 반세계화 시위

2000
2000 한국, 남북 정상 회담
2001 미국, 9·11 테러 발발
2003 미국, 이라크 침공 브라질, 룰라 대통령 취임

2007
2007 미국, 서브프라임 모기지 사태
2008 미국, 최초의 흑인 대통령 오바마 취임

2010
2010 아랍의 봄
2011 일본, 후쿠시마 원전 참사 시리아, 내전 발발
2014 러시아, 우크라이나 침공
2016 한국, 촛불 항쟁
2018 제1차 북미 정상 회담

1 냉전이 끝나고, 소련이 사라지다

독일 시민들

베를린 장벽이 무너지고 독일이 통일되었다. 냉전 시대를 이끌던 소련은 해체되었고, 동유럽 사회주의 국가에서도 체제 전환이 이루어졌다. 그러나 중국과 베트남, 북한에서는 사회주의 체제를 유지하면서 시장 경제를 도입하였다.

■ 가 볼 곳: 몰타, 베를린, 모스크바, 베이징 ■ 만날 사람: 고르바초프, 발트 3국의 인간 띠 잇기 행사에 참여한 이들 ■ 주요 사건: 독일 통일, 소련 해체, 톈안먼 사건

냉전 종식의 과정

○ 1985년 소련, 고르바초프가
　개혁 · 개방 정책 시작

○ 1989년 동유럽 혁명
　중국, 톈안먼 사건
　미국과 소련, 냉전 종식 선언

○ 1990년 독일 통일

○ 1991년 소련 해체

○ 1992년 보스니아 내전

○ 1994년 북한, 김일성 사망

| 미국과 소련, 냉전이 끝났음을 선언하다 | 1989년 12월 2일, 지중해의 아름다운 섬 몰타Malta에서 미국과 소련의 최고 지도자 두 사람은 손을 맞잡고, 역사적인 공동 선언을 발표하였다.

"우리 두 나라는 이제 더는 서로를 적으로 여기지 않는다. 그리고 함께 평화의 새 시대를 열어갈 것이다."몰타 선언, 1989. 12. 2.

제2차 세계 대전 이후 수많은 나라를 자유주의 진영과 사회주의 진영으로 나누고, 참혹한 전쟁과 핵전쟁 위협에 시달리게 하였던 냉전이 공식적으로 끝났다. 변화는 사회주의 지도 국가인 소련에서 시작

냉전 종식의 주역 미국과 소련의 최고 지도자는 1989년 12월 2일부터 이틀 동안 진행된 미소 정상 회담에서 냉전의 종식에 합의하였다. 이로써 전쟁의 위협은 줄어들었지만 여전히 인류를 한순간에 멸망시킬 수 있는 수만 발의 핵무기는 그대로 남아 있다.
사진은 미국의 부시 대통령(왼쪽)과 소련의 고르바초프(오른쪽) 서기장.

1989. 11. 베를린 장벽 붕괴
1990. 10. 독일 통일

1980. 자유 노조 운동
1990. 바웬사 집권

바르샤바

폴란드
(1989)

서독 동독

베를린

독일 연방

본

프라하

체코
(1989)

슬로바키아
(1993)

1988. 시장 경제의 도입
1993. 슬로바키아 분리 독립

라티슬라바

헝가리
(1990)

루마니아
(1989)

1990. 자유 선거

슬로베니아

1989. 차우셰스쿠 정권 붕괴

크로아티아

1991 유고슬라비아 내전
1992 유고슬라비아 해체

보스니아
헤르체고비나

유고슬라비아 연방

불가리아
(1989)

소피아

마케도니아

1989. 민주화 운동

알바니아

동유럽 국가의 움직임 1989년 헝가리를 시작으로 불가리아와 체코슬로바키아를 비롯한 동유럽 각국에서 자유화 운동이 폭발하였다. 민중은 사회주의 체제를 상징하는 레닌과 스탈린의 동상을 끌어내리고, 자유선거를 통한 민주 정부 수립을 요구하였다. 사진은 루마니아 시민들이 독재자 차우셰스쿠를 끌어내리던 시위 장면이다.

되었다. 1985년부터 소련 공산당을 이끌던 고르바초프는 사회주의 체제의 변화를 시도하였다.

"하나의 완벽한 사회주의 모델은 존재하지 않는다. …… 한 국가의 장래와 체제는 그 나라 국민만이 결정할 수 있고, 어느 나라든 다른 나라 국내 문제에 간섭하거나 압력을 가해서는 안 된다." 고르바초프, 1989. 8.

고르바초프는 사회주의 체제가 추구한 이상을 유지하면서도, 언론의 자유와 국민의 참여를 보장하는 새로운 정치를 추구하였다. 다른 사회주의 나라 인민들이 더 나은 체제를 모색하는 것도 존중하겠다고 하였다. 공산당이 독점하였던 정치를 개방하고 개혁하겠다는 뜻이며, 나아가 동유럽 공산 정권에 대한 소련의 지원과 간섭이 사라진다는 뜻이었다.

변화는 곧바로 나타났다. 헝가리에서 복수 정당제가 채택되고 선거를 통하여 비공산 정권이 성립되었다. 폴란드에서는 노동 운동가 출신이 선거를 통하여 대통령에 당선되었다. 체코슬로바키아와 불가리아에서도 자유선거를 통하여 비공산 정권이 들어섰다. 자유화를 기부하고 시위대를 공격하였던 루미니이 대통령은 군사 재판에서 사형을 선고받고 처형되었다.

베를린 장벽의 붕괴 동서 베를린을 가로지른 43킬로미터의 벽은 냉전의 상징이었다. 1961년부터 1989년까지 베를린 장벽을 넘어 탈출에 성공한 동독인은 5,000명에 이르고, 장벽을 넘다 경비병에게 사살되거나 사고로 죽은 사람은 254명으로 추산된다.

| 독일의 통일과 소련 해체 | 소련이 동독 공산 정권의 버팀목이 되지 않겠다고 선언하였을 때, 동독 인민들도 자유화 운동을 활발히 벌였다. 이들은 한편에서 공산당 정권을 비판하고, 다른 한편에서는 국경을 넘어 서독 이주를 시도하였다. 동독 정권이 이들을 막으려 하자, 대규모 민중 봉기를 일으켜 저항하였다. 결국 공산당은 스스로 물러났으며, 분단의 상징이던 베를린 장벽도 무너졌다.

동독에서도 복수 정당제를 바탕으로 자유로운 선거가 치러졌다. 새로 구성된 동독 정부와 서독 정부는 먼저 경제 통일을 추진하였으며, 독일을 분단으로 이끌었던 네 당사국 미국·영국·프랑스·소련이 참가한 2+4회의를 열어 통일에 대한 국제 합의를 이끌어 냈다.

1990년 8월 31일, 동·서독 두 정부는 통일 조약에 조인하였다. 곧이어 동독 의회가 해산되고, 10월 3일 0시를 기하여 통일이 완성되었다. 통일된 독일은 새로운 총선을 실시하여 새 정부를 구성하였다.

그 무렵 소비에트 사회주의 연방 공화국소련을 구성하던 개별 공화국이 연방 탈퇴를 시작하였다. 그루지야조지아 공화국이 가장 먼저 독립을 선언하였고, 제2차 세계 대전 때 소련에 강제 편입된 발트해 연안의 세 나라가 뒤를 따랐다. 세 나라 시민들은 연방 탈퇴를 요구하면

소련의 해체

옛 소련은 15개의 공화국으로 나누어졌다. 과거 소련이 누렸던 국제적 지위는 러시아가 계승하였으며, 발트 3국을 제외한 국가들은 독립 국가 연합(CIS)이란 새로운 협력 체제를 만들었다.

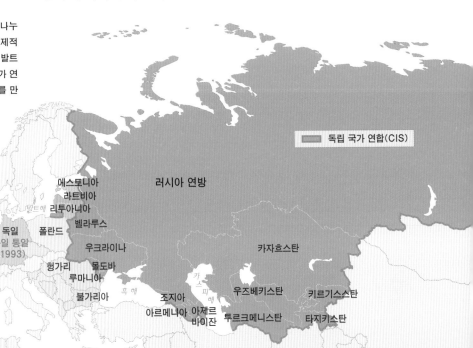

독립 국가 연합(CIS)

에스토니아
라트비아
발트해 리투아니아
폴란드
벨라루스
독일
독일 통일
(1993)
우크라이나
헝가리 몰도바
루마니아
불가리아 흑해
러시아 연방
카자흐스탄
카 스 피 해
조지아
아르메니아 아제르바이잔
우즈베키스탄
키르기스스탄
투르크메니스탄
타지키스탄

서 거대한 인간 띠를 만들어 국제 사회에 큰 인상을 남겼으며, 소련군이 투입됐을 때도 정면에서 맞섰다. 비슷한 흐름은 소련 내 다른 공화국에서도 이어졌다.

소련 군부는 권력을 장악한 뒤 군대의 힘으로 연방과 사회주의를 유지하려 하였다. 1991년 8월, 중무장한 군대가 소련의 수도 모스크바로 들어왔다. 그러나 러시아 시민들은 강력히 저항하였고, 쿠데타는 실패로 끝났다. 러시아 공화국의 옐친 대통령이 실권을 잡았고, 연방 전체를 개혁하려던 고르바초프는 물러났다. 이제 소비에트 연방을 구성하던 공화국들은 독립으로 치달았다. 사회주의 국가 건설이 시도된 지 70여 년, 제2차 세계 대전을 승리로 이끈 뒤 미국과 함께 냉전의 시대를 이끌었던 소련이란 나라는 신기루처럼 사라졌다.

인간 띠 잇기 1989년 8월 23일, 에스토니아 수도 탈린에서 리투아니아 수도 빌뉴스까지, 200여만 명의 시민이 인간 띠를 이루어 자유를 요구하였다. 이를 '발트의 길'이라 부른다.

│ **중국과 베트남, 다른 길을 걷다** │ 동유럽 사회주의 체제의 붕괴, 소련의 해체는 아시아 사회주의 국가들에도 영향을 미쳤다. 1989년 중국인들도 동유럽의 자유화 운동을 연상케 하는 대규모 집회와 시위를 이어갔다. 이미 개혁·개방 정책이 10년을 넘기며 시장 경제가 꾸준히 확산되던 때였다.

청년 학생이 주도하는 시위대는 보통 선거 실시, 복수 정당제 등을 요구하면서 중국 혁명의 상징인 베이징의 톈안먼 앞 광장에 집결하였다. 전국에서 학생이 몰려들고, 여러 계층의 시민이 모여들어 한때 시위대의 수가 100만 명을 넘었다.

중국 공산당 안에서도 논쟁이 벌어졌다. 학생과 시민의 요구를 받아들여 정치 개혁을 추진하자는 주장도 거셌다. 그러나 질서 있는 경제 건설을 위해서는 공산당의 강력한 지도가 필요하다는 주장이 더 많았다. 결국 공산당은 군대를 동원하여 강제 진압에 나섰다. 저항하던 시위대 중 수많은 사람이 죽거나 다치는 참극이 일어났다. 1989. 톈안먼 사건

이후 중국은 공산당 정권을 유지하면서, 시장 경제를 도입하고 경제 개방을 적극적으로 추진하면서, 해안 지역을 거대한 수출 공업 지

변화하는 비유럽 사회주의 국가들
베트남을 비롯하여 중국, 쿠바, 북한 등 비유럽 사회주의권 국가는 공산당 정권을 유지해 나가는 가운데 시장 경제를 도입하여 생산을 증대한다는 정책을 펴고 있다. 위 사진은 2004년 10월 6일 아시아·유럽 정상 회의(ASEM)가 열리는 베트남 하노이의 중심가로 출근하는 베트남 시민들의 모습이다.

톈안먼 광장의 집회 장면 수도의 중심부에서 대규모 집회 시위가 여러 날 이어지자, 공산당 지도부는 군대를 동원하여 시위 군중을 해산시켰다. 탱크까지 등장한 무력 진압 과정에서 수많은 사람이 죽거나 다쳤으며, 관련자들 상당수가 체포되어 고통을 받았다. 사망자가 수백 명이란 주장도 있고 2,000~3,000여 명이란 주장도 있으나, 지금까지도 정확한 상황은 알 수 없다.

역으로 육성하였다. 이후 중국 북쪽의 다롄에서 남부의 광저우에 이르는 연안 지역이 거대한 공업 지역으로 탈바꿈하였으며, 중국은 세계 경제의 새로운 실력자로 떠올랐다.

베트남도 중국과 비슷한 길을 걸었다. 1986년 베트남 공산당은 쇄신이란 뜻의 '도이머이' 정책을 채택하였다. 공산당 일당 체제를 유지함으로써 정치적 안정을 도모하면서도, 시장 경제 요소를 도입하고 외국 자본을 끌어들여 산업화를 도모하겠다는 내용이었다. 중국, 미국과 화해하고 동남아 국가들과 협력도 강화하였다. 이를 바탕으로 1990년대 내내 연간 7퍼센트 이상의 경제 성장률을 기록하였다.

북한 역시 비슷한 방식을 도모하였다. 그러나 북한이 체제 안전을 도모한다며 추진한 핵 개발이 미국과 국제 사회의 우려를 불러와 대외 관계 개선과 경제 개혁은 진전을 이루지 못하였고, 1990년대 중반에는 최악의 경제 위기를 맞기도 하였다.

⊙ 냉전이 끝난 자리에 찾아온 비극

냉전 시절 유고슬라비아는 소련에 자주적이었고, 시장 경제를 대폭 도입하여 경제적으로도 다른 동유럽 국가들보다 앞선 편이었다. 다양한 민족과 종교가 섞여 있었지만, '평등과 우애'의 원칙을 앞세워 큰 문제 없이 하나의 연방 공화국으로 지냈다.

그러나 강력한 지도력으로 연방을 이끌던 티토가 사망하고, 소련이 해체되고 동유럽이 민주화되면서 급격한 정치 변화가 일어났다. 1991년에 슬로베니아와 크로아티아가, 1992년에는 보스니아·헤르체고비나가 연방을 탈퇴하였다. 세르비아가 이를 저지하려 하면서, 처음에는 세르비아와 크로아티아 사이, 그다음에는 세르비아와 보스니아 사이에 격렬한 내전이 일어났다. 이 과정에서 인종 청소라 부를 정도의 참혹한 학살도 일어났다. 나중에는 세르비아인들이 코소보 지방에 살던 알바니아인들의 독립 요구를 저지하기 위하여 무자비한 학살을 자행한 일도 벌어졌다.

냉전 시기 하나의 연방을 구성하였던 옛 유고슬라비아는 오늘날 슬로베니아, 크로아티아, 보스니아 헤르체고비나, 세르비아, 몬테네그로, 코소보, 마케도니아로 나누어졌다.

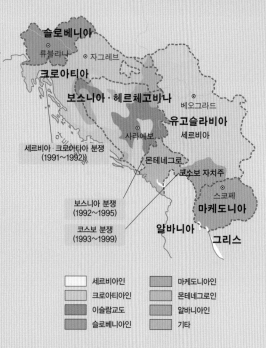

코소보 분쟁
코소보는 원래 세르비아 왕국의 중심지였으나 14세기에 오스만 제국에게 빼앗긴 영토이다. 10만 명의 세르비아인을 학살하면서 코소보를 점령한 오스만 제국은 이슬람교도인 알바니아인을 이주시켜 이곳을 다스리게 하였다. 이후 알바니아인이 코소보 주민의 70퍼센트 이상을 차지하게 되었다. 알바니아인들은 1990년대에 들어서 갈수록 심해지는 세르비아의 억압에서 벗어나고자 독립을 주장하였지만, 세르비아인은 코소보를 성지로 여겨 이를 저지하려 하였다.

인종 청소 세르비아인들은 코소보에서 이슬람교도인 알바니아인들을 완전히 말살하기 위하여 끔찍한 학살을 자행하였다. 국제 연합의 평화 협정 후에는 이에 대한 반발로 알바니아인이 세르비아인을 학살하기도 하였다. 사진은 피난길에 나선 알바니아 난민들의 수용소(왼쪽)와 지친 표정의 난민(오른쪽).

2 세계화의 물결이 뒤덮다

"20세기를 지배해 온 자유 민주주의와 공산주의의 대결에서 자유 민주주의가 최종적으로 승리하였다. 자유 민주주의와 시장 자본주의는 인류의 진화와 정부의 최종 형태이며, 역사의 종착점이다." 프랜시스 후쿠야마는 이렇게 '역사의 종말'을 주장하였다. 과연 역사는 끝난 걸까?

■ 가 볼 곳: 브리셀, 바그다드 ■ 만날 사람: 조지 부시, 우고 차베스
■ 주요 사건: 9·11 테러, 유럽 연합 출범, 세계 무역 기구 출범

| 세계 무역 기구가 출범하다 | 사회주의가 무너지면서 세계화의 물결이 그 어느 때보다 거세졌다. 국경에 갇혀 있던 자본이 저임금, 긴 노동 시간, 높은 생산성을 찾아 자유롭게 이동하였고, 후발 자본주의 국가들도 경제 성장을 기대하며 다국적 기업의 투자를 두 팔 벌려 환영하였다.

세계화와 함께 신자유주의 경제 논리가 크게 확산되었다. 정부의 재정 지출을 줄이고 기업 규제를 완화하며, 국가 기간산업을 민영화하고 자본 시장을 자유화하는 것이 핵심이었다. 기업의 활력을 앞세워 복지와 노동 정책을 수정하는 것도 포함되었다. 1980년대 말 외환 위기에 빠진 아르헨티나, 멕시코에 대하여 국제 통화 기금IMF과 세계은행IBRD이 권고한 정책 패키지가 대표적인 사례였다. 워싱턴 컨센서스

신자유주의 세계화는 '세계 무역 기구WTO' 출범으로 날개를 달았다. 이 기구는 '자유 무역'을 세계에 확산시키는 것을 목적으로 만들어졌는데, 한국을 비롯한 자본주의 국가 대부분이 가입하였다. 세계 무역 기구는 국가 간 무역 분쟁을 조정하고 강제력 있는 판결을 내릴 수 있는 권한을 갖게 되었다. 이제 '기업은 세계를 상대로 생산하고, 소비자는 세계에서 가장 값싸고 질 좋은 상품을 골라 쓸 수 있다'는 '세계화 시대'가 본격적으로 개막되었다. 인터넷으로 대표되는 정보 통신의 발달은 세계화를 더욱 촉진하였고, '지구촌'이라는 말도 낯설지 않게 되었다.

| 세계화, 외환 위기를 가져오다 | '신자유주의'의 기원은 영국과 미국이었다. 1970년대 이후 경기 침체가 이어지자, 영국의 대처 총리와 미국의 레이건 대통령은 정부의 복지·교육 분야 지출을 줄이고, 부자와 기업의 세금을 깎아 주었으며, 철도와 전기 등 공영 기업을 민영화하였다.

신자유주의 정책은 기업의 활력을 높이는 데 어느 정도 성공하였다. 세금이 줄고 규제가 사라지니 투자가 늘고 경제 성장률도 높아졌다. 기업들은 다른 나라에도 개방과 자유화를 요구하였고, 이윤이 나면 어디든 투자하였다. '금융 자유화' 바람이 전 세계를 휩쓸었다.

1990년대 이후 투자가 투기로 변질하는 경우가 많아졌고, 금융 투기 세력은 자유롭게 국경을 드나들며 국가 경제를 위협하였다. 거대해진 금융 분야의 위기는 곧바로 국가 경제 전체를 위태롭게 만들었다. 1997년 아시아의 여러 나라, 1998년 러시아, 1999년 브라질, 2001년 아르헨티나가 그런 경우였다.

1997년 타이에서 시작된 아시아 외환 위기는 1980년대 후반 라틴

워싱턴 컨센서스
1990년대 개발 도상국에 대한 미국식 개혁 처방을 일컫는 말이다. 워싱턴에 있는 미국 정부와 국제 통화 기금(IMF), 세계은행(IBRD) 등이 합의한 내용이란 뜻이다.

세계 무역 기구의 출범 WTO는 GATT를 대신하여 1995년 출범하였다. GATT는 제2차 세계 대전 이후 자본주의 체제의 안정을 위하여 세계 여러 나라가 함께 맺은 '관세와 무역에 관한 일반 협정(GATT)'을 말한다. 세계 무역 기구는 국가 간 무역 분쟁을 조정하고 강제력 있는 판결을 내릴 수 있는 권한을 가지게 되었는데, 그 조정 대상도 공산품과 농산물을 비롯하여 서비스, 지적 재산권까지 넓어졌다.

국제 통화 기금(IMF) 자유 무역 촉진에 필요한 금융 분야의 국제 협력을 목표로 1944년에 만들어졌다. 여러 나라가 공동으로 조성한 기금을 바탕으로, 외환 위기를 겪은 나라를 긴급 지원하는 역할을 여러 차례 맡았는데, 신자유주의 정책을 강요하는 경우가 많았다. 미국 워싱턴에 본부가 있고, 출자금이 가장 많은 미국과 일본 등의 입김이 강하다는 평가가 많다.

아메리카의 경우와 흡사하였다. 갑작스러운 외화 유입은 부동산과 주식 시장에 거품을 일으켰고 외국인 투자자들은 단기간에 큰 이익을 남긴 뒤 철수하였다. 외화가 순식간에 빠져나가면서 엄청난 외환 위기가 발생하였다. 위기는 타이에서 시작하여 말레이시아, 인도네시아, 필리핀 그리고 한국으로 급속히 퍼져 나갔다.

국제 통화 기금은 긴급 자금을 빌려주는 대가로 긴축 재정, 기업 매각, 구조 조정, 민영화, 자본 시장 개방 등을 요구하였다. 국가 부도 사태에 직면한 나라들은 그들의 요구를 거절하기 어려웠다. 수많은 기업이 쓰러졌고, 실업자가 넘쳐났다. 그러나 외국 투자자를 비롯한 극소수 부자들은 헐값에 알짜배기 자산을 확보할 수 있었다.

국제 통화 기금의 처방은 대다수 나라에서 주목할 만한 경제 성장을 끌어내지 못하였다. 독자적인 국민 경제의 육성, 경제 개발 과정에서 소외된 국민 보호 등 국가가 수행해야 할 균형 잡힌 역할을 무시하였기 때문이다. 약간의 경제 성장이 이루어진 곳에서도 빈부 격차는 빠르게 확산하였고, 사회 보장과 노동 정책은 크게 후퇴하였다.

| **'유일 초강대국' 미국의 딜레마** | 1991년, 전 세계는 텔레비전을 통하여 생중계되는 전쟁을 시청하였다. 뉴스 앵커는 페르시아만의

9 · 11 테러 사건과 이라크 침공
9 · 11 테러는 이슬람 근본주의자들의 소행으로 밝혀졌다. 이들은 미국이 이슬람교를 압살하려는 악의 화신이므로, 이를 응징하는 것은 알라의 뜻이라고 주장하였다. 한편, '테러와의 전쟁'을 외치며 2003년 이라크를 침공한 미국 정책의 이면에는 '크리스트교 근본주의자'가 있다는 주장이 많다. 이들 역시 세계를 선과 악으로 나누고, 악을 제거하는 것이 신이 부여한 미국의 의무라고 주장하였다. 한편 미국은 "이라크가 대량 살상 무기를 보유하고 있을 가능성이 크다."라며 이라크 전쟁을 시작하였으나, 전쟁이 끝난 2004년 10월, 미국 조사단은 이라크에 대량 살상 무기는 존재하지 않는다는 최종 보고서를 제출하였다.

미국 항공 모함에서 발사된 미사일이 이라크 수도 바그다드에 있는 축구 경기장 골문을 명중시킬 수 있다며 열을 올렸다. '걸프 전쟁'의 시작이었다.

이라크가 쿠웨이트를 점령하자, 미국이 주도하는 다국적군이 이라크를 공격하였다. 전쟁은 다국적군의 일방적인 승리로 끝났다. '세계 경찰'을 자처해 온 미국의 군사적 위력을 유감없이 보여 준 전쟁이었다.

그로부터 10년 뒤인 2001년 9월 11일, 이슬람교를 믿는 테러리스트 몇 명이 뉴욕의 세계 무역 센터를 비롯한 미국 주요 지점 여러 곳에 테러를 가하였다.

미국은 즉각 '테러와의 전쟁'을 선포하였다. 테러리스트를 보호하고 있다는 구실로 아프가니스탄을 공격하고, 대량 살상 무기를 없앤다는 구실로 이라크를 공격하였다. 두 전쟁 모두 미국의 일방적 승리로 끝났다. 그러나 이라크에 평화는 오지 않았으며, 무슬림의 반미 의식은 더욱 커졌고 테러는 이후에도 계속되었다. 미국이 부담하는 전쟁 비용도 천문학적으로 늘어났다.

| **유럽 연합이 출범하고, 중국이 부상하다** | 1993년 '유럽 연합ᴱᵁ' 이 출범하였다. 오랜 갈등으로 두 차례의 세계 대전을 치른 나라들이 하나의 정치 공동체를 만들기로 합의한 것이다. 평화를 향한 기대,

유럽 연합(EU)의 형성과 확장

- 1951년 프랑스, 서독, 이탈리아, 벨기에, 네덜란드, 룩셈부르크
  (1951년 6개국이 유럽 석탄 철강 공동체(ECSC) 설립 후 1967년 유럽 연합으로 발전)
- 1973년 영국, 덴마크, 아일랜드
- 1981년 그리스
- 1985년 에스파냐, 포르투갈
- 1995년 오스트리아, 핀란드, 스웨덴
- 2004년 체코, 슬로바키아, 폴란드, 헝가리, 슬로베니아, 라트비아, 에스토니아, 라투아니아, 몰타, 키프로스
- 2007년 불가리아, 루마니아
- 2013년 크로아티아
- 2016년 영국 유럽 연합 탈퇴 결정

유로존

유럽 연합의 오랜 회원국들은 1999년부터 유로라는 단일 화폐를 도입하였으며, 2002년에는 이전 화폐 사용을 중지하였다. 유로를 사용하는 국가를 유로존이라 하는데, 2015년 현재 19개 국가에 이른다. 유로존에 가입하기 위해서는 재정, 부채, 물가, 환율 등의 조건을 충족하여야 한다.

아시아·미국에 맞서 유럽 차원의 경제를 육성해야 한다는 절박함이 어우러진 결과였다.

유럽 연합은 단일 통화인 유로를 발행하고 유럽 의회를 구성함으로써 경제뿐 아니라 정치 통합의 길을 열었다. 프랑스·독일, 폴란드·독일 등 전쟁을 겪었던 나라 간에 역사 교과서를 공동으로 만들어 갈등을 해소하거나 화해와 협력을 강화하기 위하여 애썼다. 유럽 연합에는 동유럽 국가들도 계속 가입하여, 2016년에는 27개국 5억 명에 이르는 대규모 국가 공동체로 성장하였다.

일찍이 '사회주의 시장 경제'를 채택한 중국의 경제 성장도 국제 질서에 큰 변화를 가져왔다. 중국은 낮은 임금을 활용한 수출 공업 육성을 통하여 점차 '세계의 공장'으로 떠올랐다. 2001년에는 세계 무역 기구에도 가입하였으며, 2006년에는 중국의 외환 보유액이 일본을 제치고 세계 1위로 올라섰다. '차이나 머니'는 세계 곳곳으로 퍼져 나갔으며 중국은 세계 금융의 큰손으로도 떠올랐다.

| 반세계화, "다른 세계는 가능하다" | 세계화의 물결이 넘쳐나던 2000년 전후, 신자유주의 세계화에 반대하는 운동도 활발하였다. "다른 세계는 가능하다Another World Is Possible"라는 기치를 내건 반세계화 운동가들은 1999년 시애틀에서 세계 무역 기구 각료 회담을 무산시킨 이래, 신자유주의를 촉진하는 국제 통화 기금이나 세계 무역 기구의 활동을 비판하였다. 반세계화 운동가들은 세계 사회 포럼이라는 국제 연대 조직을 결성해서 활동하였으며, 2003년에는 이라크 전쟁 반대 국제 연대 시위를 조직하였다.

신자유주의 세계화로 크게 고통받은 라틴아메리카에서는 반세계화를 내건 좌파 정부가 잇달아 들어섰다. 베네수엘라가 시초였다. 우고 차베스는 1998년 대통령에 당선된 뒤, 미국이 주도하는 신자유주의 정책에 정면으로 맞섰다. 풍부한 석유 자원을 바탕으로 국내 극빈층에게도 주거와 교육, 의료를 무상으로 지원하였으며, 가난한 이웃 나라를 도왔다. 극빈층의 삶은 크게 개선되었으며 복지 수준도 향상되었다.

2002년 남미 최대 국가인 브라질 국민들은 역사상 처음으로 좌파 정당 소속의 대통령을 선출하였다. 저학력의 가난한 노동자 출신인 룰라 다 시우바였다. 룰라는 경제 성장이라는 성과를 내면서도 빈곤층에 대한 과감한 지원을 통하여 불평등을 개선하고자 하였다.

칠레 국민들은 이전에 사회주의자 살바도르 아옌데를 대통령으로 선택하였다가 군부 쿠데타로 혹독한 시련을 겪었지만, 2000년 선거에서 다시금 사회주의자 리카르도 라고스를 대통령으로 뽑았다. 볼리비아, 에콰도르 국민들도 반세계화를 내건 좌파 후보를 선택하였다. 남미의 좌파 정부들은 서로 협력하면서 신자유주의 세계화에 맞설 대안적인 전략을 모색하였다.

차베스 차베스의 개혁은 결국 실패하였다. 반대 세력의 저항도 거셌지만, 무엇보다 석유로 얻는 수입에만 의존하며 과도하게 복지 지출을 늘렸기 때문이다. 국제 유가가 떨어지면서 베네수엘라 경제는 마비 상태에 빠졌다.

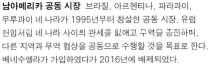

남아메리카 공동 시장 브라질, 아르헨티나, 파라과이, 우루과이 네 나라가 1995년부터 창설한 공동 시장. 유럽 연합처럼 네 나라 사이의 관세를 없애고 무역을 증진하며, 다른 지역과 무역 협상을 공동으로 수행할 것을 목표로 한다. 베네수엘라가 가입하였다가 2016년에 배제되었다.

3 경제 위기, 세계를 흔들다

푸틴과 시진핑

2008년 미국은 심각한 금융 위기를 맞았다. 그 파장은 마국 사회 전체를 흔들었고, 세계 곳곳에 영향을 미쳤다. 위기에서 벗어나 있던 중국과 러시아는 경제 성장을 바탕으로 국제 사회에서 영향력을 키워 나갔다.

■ 가 볼 곳: 월가 ■ 만날 사람: 버락 오바마, 블라디미르 푸틴, 시진핑
■ 주요 사건: 미국 금융 위기, 유럽 재정 위기

| **미국에서 금융 위기가 발생하다** | 2007년 미국에서 서브프라임 모기지subprime mortgage사태가 터졌다. 서브프라임 모기지는 신용도가 기준 이하인 저소득층을 대상으로 한 주택 담보 대출을 말한다. 미국 정부는 2000년대 초부터 경제를 살린다며 초저금리 정책을 폈다. 금융 회사들은 저소득층에게도 대출을 부추기며 이익을 챙겼고, 시중에 돈이 넘쳐 나 부동산 붐이 일어났다.

위험을 감지한 정부와 연방 은행이 뒤늦게 금리를 인상하였지만 때는 늦었다. 거품이 한순간에 꺼지면서 돈줄이 마르고 집값이 내려갔으며 채권은 휴짓조각이 되었다. 2008년에는 여러 금융 회사들이 잇달아 파산하였다. 다급해진 금융 기관들이 투자를 기피하고 대출을 회수하면서, 미국에서만 800만 명이 일자리를 잃고 600만 명이 집을 날렸다. 그리고 그 여파는 세계 곳곳으로 확산되었다.

그해 가을 미국인들은 버락 오바마를 대통령으로 선출하였다. 금융 위기를 극복하고 중산층과 서민의 삶을 회복하여야 한다는 절박함이 반영된 선거였다. 오바마 정부는 수조 달러의 자금을 투입하고서야 금융 시스템을 정비할 수 있었다. 그러나 금융 위기의 최대 희생자들인 국민 대다수의 삶은 개선되지 못하였다.

2011년 9월 대규모 시위대가 미국 금융 기관이 모여 있는 월가를 점령하였다. 시위대는 한 달 이상, 근본적인 개혁을 촉구하며 집회와 시위를 이어 갔다. 워싱턴, 보스턴을 비롯한 미국 여러 도시로 시위는 확산되었고, 아랍 국가와 남유럽, 인도 등 지

구촌 전역으로도 시위가 퍼져 나갔다.

| **유로존이 위기를 겪으며 흔들리다** | 미국의 금융 위기는 얼마 지나지 않아 유럽 경제 전반의 위기로 확산되었다. 대다수 국가가 타격을 입었지만, 특히 유럽 연합 내에서 경제력이 뒤처졌던 그리스와 스페인, 이탈리아, 포르투갈에서는 국가 부도가 우려스러울 정도였다. 유럽 연합의 경제 시스템, 유로존이 무너질지 모른다는 우려도 커졌다.

이 사태를 겪으며 유럽의 정세는 급속히 변하였다. 여러 나라의 경제 성장률이 크게 둔화하고 정부와 개인 부채가 급속히 증가하였다. 정치에도 큰 영향을 미쳐 각국에서 정권이 바뀌고 기존 정당이 무너졌다. 대신 유럽 통합에 반대하는 민족주의 정당들이 약진하였다. 유럽 여러 곳에서 몇 차례 일어난 이슬람 극단주의자의 테러는 이런 경향을 더욱 부채질하였다. 다문화를 포용하던 유럽의 관용 정신이 심각하게 흔들렸고, 반이민을 내건 극우 세력이 크게 성장하였다.

오바마 대통령 취임(2009) 케냐 출신의 아버지와 유럽계 미국인 어머니 사이에서 태어난 그는 미국 역사상 최초의 흑인 대통령이다. 위기에 빠진 금융 시스템을 정비하였으며, '오바마 케어'라 불린 의료 보험 개혁으로 빈민층에게 의료 혜택을 제공하였다.

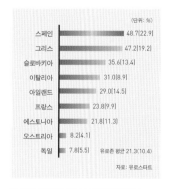

	(단위: %)
스페인	48.7(22.9)
그리스	47.2(19.2)
슬로바키아	35.6(13.4)
이탈리아	31.0(8.9)
아일랜드	29.0(14.5)
프랑스	23.8(9.9)
에스토니아	21.8(11.3)
오스트리아	8.2(4.1)
독일	7.8(5.5) 유로존 평균 21.3(10.4)

자료: 유로스터트

유로존 주요국 청년 실업률(2011년 12월) 글로벌 금융 위기의 영향으로 2011년 유로존의 실업률은, 지난 1998년 유로화 출범 이후 14년 만에 최고치를 나타냈다. 높은 실업률로 가장 고통받고 있는 세대는 청년층이다.

| 중국과 러시아가 손잡다 | 2015년 5월 모스크바에서 제2차 세계 대전 승전 70년 기념식이 열렸다. 9월에는 베이징에서 같은 행사가 열렸다. 블라디미르 푸틴과 시진핑이 나란히 서서 화려한 행사를 지켜보았다.

체제 전환 이후 러시아는 몇 차례 경제 위기를 맞았다. 그러나 풍부한 에너지 자원을 활용하여 외환 보유고를 늘리고 경제 성장에 박차를 가하였다. 이 과정을 주도한 푸틴은 국민적 지지를 바탕으로 권력을 강화하였고, 국제 문제에 적극적으로 개입하였다.

러시아는 2008년에 조지아를 침공하였다. 2014년에는 우크라이나를 공격하고 크림반도를 병합하였다. 러시아 변경에 있는 두 나라가 유럽 연합에 다가서는 것을 견제하기 위해서였다. 2015년에는 시리아 내전에 개입하면서 미국과 대립각을 세웠다.

중국도 급속한 경제 성장으로 얻은 자신감을 바탕으로 국제 사회에서 영향력을 키우고자 하였다. 중국은 아시아·라틴아메리카·아프리카 여러 나라에 대한 원조와 개발·투자에 활발하게 참여하였다. 미국 주도의 국제 질서에 맞서며, 21세기 새로운 실크로드를 건설하겠다는 '일대일로' 구상도 추진하였고, 트럼프 행정부의 거듭되는 무역 전쟁에도 굴복하지 않고 맞섰다.

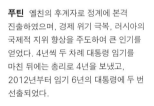

푸틴 옐친의 후계자로 정계에 본격 진출하였으며, 경제 위기 극복, 러시아의 국제적 지위 향상을 주도하여 큰 인기를 얻었다. 4년씩 두 차례 대통령 임기를 마친 뒤에는 총리로 4년을 보냈고, 2012년부터 임기 6년의 대통령에 두 번 선출되었다.

시진핑 공산당과 군대 · 정부를 함께 이끄는 중국의 최고 지도자이다. 중화 민족 부흥을 앞세워, 미국과 대립각을 세우면서 경제, 군사 강국으로서 중국의 면모를 보여 주려 하였다. 최고 지도자의 10년 임기 조항을 바꾸어 종신 집권이 가능하도록 하였다.

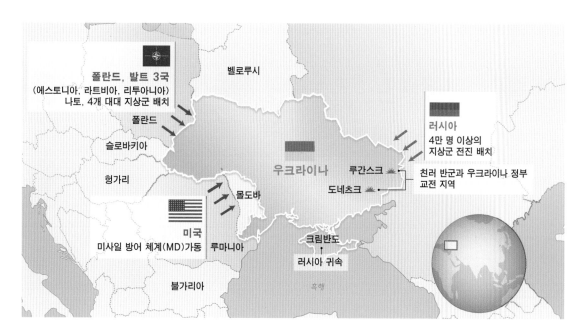

러시아의 침공 우크라이나는 소련의 간섭에서 벗어나려 하였으나, 러시아는 소비에트 연방이었던 우크라이나가 북대서양 조약 기구에 접근하여 크림반도를 잃어버리는 것을 절대 용납하지 않았다.

| 새로운 냉전의 도래일까 | 2000년대 들어 러시아와 중국은 중앙아시아 국가들과 함께 '상하이 협력 기구'를 결성하여, 유엔과 국제 사회에서 영향력을 키워 나갔다. 그와 함께 2003년 조지아의 장미 혁명, 2004년 우크라이나의 오렌지 혁명 등 민주화의 물결이 국경을 넘어오는 것을 막을 방안도 공동으로 모색하였다. 냉전 시대에 결성된 북대서양 조약 기구NATO의 경계선이 러시아 국경에 가깝게 확장되자, 러시아는 경제적·군사적 개입을 서슴지 않았다. 중국도 티베트와 신장 위구르웨이우얼 자치구를 무력으로 계속 단속하였고, 또한 미국과 남중국해에서 대립하였다. 2016년 한국의 사드 배치에 대해서도 한국에 보복 조처를 하며 불편한 심기를 드러냈다.

이처럼 아시아·아프리카·라틴아메리카에서는 미국과 중국이, 유럽과 중앙아시아에서는 북대서양 조약 기구와 러시아가 대립각을 세우고 있는 형세이다. '새로운 냉전'이 우려스러운 상황이다.

국제 무대에서 위상 강화하는 러시아

영국 브렉시트로 유럽 연합의 러시아 제재에서 이탈, 러시아와 관계 개선 추구함.

터키 터키 쿠데타 막는 데 러시아가 중요한 역할을 함.

중국 한반도 사드 배치 반대, 남중국해 지배 위하여 러시아와 공조함.

미국 시리아 IS 소탕에 러시아의 협력이 필요함.

룰라, 금속 노동자에서 대통령으로

대통령에 당선된 룰라(위)와 그의
지지자들(아래)

"우리는 분명히 변할 것입니다. 그 결과가 일관성 있게 오래 지속될 수 있도록, 서두르지 않고 대화와 협상을 통하여 변화를 추구할 것입니다."

2003년 1월 1일, 룰라 다 시우바는 브라질 국민들에게 이처럼 희망을 던지는 감격적인 대통령 취임 연설을 하였다.

룰라는 브라질 시골에서 가난한 농부의 아들로 태어났다. 가정 형편이 어려워 열 살 때부터 일하기 시작하여, 열네 살 때에는 정식으로 근로자 자격을 얻어 금속 공장에 취직하였다. 룰라는 결혼 후 부인이 출산 도중 의료 혜택을 받지 못하여 사망한 일을 계기로 적극적인 노조 활동을 시작하였으며, 1975년에는 브라질 철강 노조 위원장에 당선되었다. 룰라는 노동 운동을 하면서 노동자의 삶을 근본적으로 바꾸기 위해서는 정치가 바뀌어야 한다는 사실을 깨달았다. 1980년 그는 노조 지도자 및 지식인들과 함께 노동자당을 결성하여 정계에 진출하였다. 노동자와 농민, 민중의 정치를 내세운 룰라와 노동자당은 여러 차례 낙선과 실패를 거듭하였으나 포기하지 않았고, 마침내 2002년 룰라는 대통령으로 당선되었다. 브라질 국민들은 역사상 최초로 좌파 성향의 대통령을 뽑은 것이다.

2003년 대통령 취임 당시, 브라질은 높은 인플레이션에 시달리며 경제적 어려움을 겪고 있었다. 룰라는 경제를 안정시키기 위하여 강력한 통화 정책과 재정 정책을 실시하고, 정부 지출을 줄여 나갔다. 그는 브라질 재정 위기의 가장 큰 원인이었던 방만한 사회 보장 제도를 개혁하고, 국가 신임도를 높이기 위하여 시장주의 정책을 추진할 것임을 국내외에 밝혔다.

이러한 정책은 자신의 정치적 성향이나 활동과는 사뭇 다른 것이었다. 성급한 사람들은 룰라를 '배신자'라고 비난하였다. 그러나 룰라 정부는 한편으로는 '기아와 빈곤 퇴치'를 최우선의 국가 목표로 삼아 이전의 정부와는 확실히 다른 모습을 보여 주었다.

2006년 브라질은 다시금 룰라를 대통령으로 뽑았다. 전투기 도입 사업을 중단하고 빈곤 퇴치 정책을 펴는 룰라의 손을 들어 준 것이다. 성장과 분배 사이에서 균형을 맞춘 브라질은 2004년부터 2008년까지 연평균 5퍼센트 이상의 경제 성장률을 기록하면서, 2008년에는 국제 통화 기금의 구제 금융을 모두 다 갚고 순채권국이 되었다.

룰라와 노동자당의 실험은 여전히 현재 진행형이다. "나의 꿈과 희망은 서민의 영혼과 가난에서 나왔다."라는 룰라의 고백에서 보듯, 이들의 실험은 낡은 이념이 아닌 민중의 삶의 질을 향상시킬 수 있는 개혁만이 미래의 희망이라는 것을 확실히 보여 주었다. 그러나 계속되는 우파 세력의 도전으로, 퇴임 후 룰라가 부패 혐의로 수감되는 등 브라질 개혁은 아직도 우여곡절을 겪고 있다.

국제 연합에서 기자 회견을 하는 룰라 '미국의 뒷마당'이라고 불리는 중남미에서 그래도 꾸준히 독자적인 목소리를 내왔던 브라질은, 1990년대 초반부터 계속 남미 통합을 추진하고 있다. 사진은 2004년 1월 29일 룰라 대통령이 제네바 국제 연합 본부에서 브라질의 외국 자본 유치에 관한 기자 회견을 하는 모습이다.

4 민주주의, 도전에 직면하다

한국 촛불 시위대

귀하는 대한민국의 평화적 집회와 장기간 지속한 비폭력 시위에 참여하고, 권위주의에 대항하여 새로운 민주주의, 대한민국 법치 국가의 실현을 위하여 헌신하고, 집회의 자유 행사를 통한 모범적 인권 신장에 기여한 공로가 인정되어 이 상을 수여합니다.   -2017년 12월 5일, 프리드리히 에베르트 재단 대표 쿠르트 벡-

■ 가 볼 곳: 튀니지, 서울 ■ 만날 사람: 트럼프, 시리아 난민들, 촛불 시민
■ 주요 사건: 아랍의 봄, 한국의 촛불 항쟁

| 겨울로 돌아간 '아랍의 봄' | 2010년 12월 북아프리카 튀니지에서 노점상 단속에 항의하여 한 청년이 분신자살하였다. 국가가 언론을 통제하여 사건은 보도조차 되지 않았으나 페이스북과 트위터를 통하여 분신 소식은 급속히 전파되었다. 이 사건을 계기로 반정부 시위가 급격히 확산하였고, 결국 독재 정권이 무너졌다. '재스민 혁명'이 일어난 것이다. 집권 세력의 부패, 빈부 격차, 청년 실업 등이 원인이 된 시위는 리비아, 이집트에 이어 홍해 건너 시리아, 바레인, 예멘 등 아랍 전역으로 확산되었다. 튀니지에 이어 이집트, 예멘에서도 독재자가 몰락하였으며, 42년 동안 리비아를 통치한 카다피는 시민군의 손에 죽임을 당하였다. 그러나 독재자가 사라진 자리에 민주주의가 정착하지 못하고 이슬람 근본주의자들이 세력을 넓혔다. 독재자를 대신하여 권력을 차지한 이슬람 근본주의자들은 더 강력한 독재자가 되어 민주주의를 억압하였다.

| 유럽, 포퓰리즘의 확산 | 2017년 5월 프랑스 대선에서 '앙 마르슈' 전진라는 신생 정당의 후보자 에마뉘엘 마크롱이 사상 최연소 대통령으로 당선되었다. 결선 투표의 상대는 극우파로 분류되던 민족 전선의 마린 르 펜이었고, 주류 정당 자리를 이어온 공화당과 사회당의 자리는 없었다. 이어진 총선도 비슷하여, 오랜 집권당인 사회당은 군소 정당으로 전락하였다.

실패한 아랍의 봄, 그리고 난민들
튀니지를 제외하고 아랍의 봄이
민주화로 이어지는 못하였다.
이집트는 군부 중심의 반혁명이 일어나
독재 국가로 되돌아갔고, 리비아, 예멘,
시리아에서는 종교와 부족 갈등이
이어졌다. 아랍의 봄이 성과를 거두지
못하고 저물면서 독재 정권에
시달리거나 내전과 가난에 내몰린
수많은 사람들이 무작정 지중해를 건너
유럽으로 향하였다. 대규모 난민 문제가
생겨난 것이다.

글로벌 금융 위기를 전후하여 유럽에서는 포퓰리즘 정당이 약진하였
다. 경기 침체, 유럽 연합에 대한 반감, 이슬람 난민의 급증과 이민자
증가에 따른 위기감이 가져온 결과였다. 프랑스와 독일, 이탈리아에
서 극우 세력이 지지를 넓혔으며, 오스트리아에서는 난민 반대 기치
를 내건 총리가 등장하였다. 공공연하게 나치 계승을 주장하는 정당
도 나왔다. 그리스의 시리자와 스페인의 포데모스처럼, 유럽 연합의
전횡을 비판하고 경기 침체에 대한 민중적 대안을 모색하는 급진적
좌파 정당도 세력을 얻었다.

동유럽에서는 민족주의와 인종주의가 더 빠르
게 확산하였다. 포퓰리즘 정당은 빠르게 세력을
확장할 수 있었다. 민주주의와 시장 경제의 성
공 사례로 꼽혔던 폴란드에서는 2015년 극
우 정당이 집권하면서 언론 자유를 억압하
며 시위를 금지하는 등 민주주의의 시계를
거꾸로 돌려놓았다. 헝가리도 사정은 비슷
하였다. 과거 헝가리 자유화에 앞장선 이가
법을 앞세운 독재자로 변신하였다.

유럽 우파 정당 지지율 글로벌 금융
위기 후 반(反)난민, 반(反)유럽 연합
등을 내세운 극우 포퓰리즘 정당이
세력을 크게 넓혔다.

스웨덴
민주당(SD)
13%

덴마크
국민당(DPP)
21%

폴란드
법과 정의당(PIS)
39%

독일
독일을 위한
대안(AfD)
4.7%

프랑스
국민 전선(NF)
14%

오스트리아
자유당(FP)
21%

헝가리
요빅(Jobbik)
21%

스위스
국민당(SPP)
29%

이탈리아
북부 연합(NL)
4%

그리스
황금 새벽당(GD)
7%

국가별 최근 총선 결과 기준
1~8%
9~18%
19~28%
29% 이상

자료: BBC 등 외신 종합(2016년 5월)

| 브렉시트와 트럼프의 당선 | 2016년 6월 영국, 유럽 연합 잔류냐 탈퇴냐를 두고 국민 투표가 실시되었다. 투표자의 51.9퍼센트가 유럽 연합 탈퇴를 지지하였다.^{브렉시트} 금융 위기를 거치며 일자리를 잃거나 소득이 줄어든 사람들, 구직이나 소득 면에서 차별을 받은 사람들, 집권 보수당의 긴축 정책에 반발한 사람들이 브렉시트를 찬성하였다. 기득권층에 대한 불만, 이민자 문제와 외국인 혐오증이 투표 결과에 영향을 미쳤다. 포퓰리즘 정당인 영국 독립당이 세력을 넓혔다.

비슷한 시기에 치러진 미국 대통령 선거도 포퓰리즘의 영향이 컸다. 도널드 트럼프는 주류 정치인들 모두를 기득권층으로 몰아붙였다. 그리고 "국민을 위한 정치", "미국을 다시 위대하게"란 슬로건을 내걸었다. 트럼프는 극단적 대비와 과장된 말, 차별적인 언행으로 스캔들을 일으키기도 하였지만, 양당 정치에 실망한 백인 노동 계층의 압도적 지지를 받아 2016년 대통령에 당선되었다.

| '후퇴하는 민주주의, 꺼지지 않은 촛불' | 2012년 선거에서 자민당이 승리한 후, 일본의 우경화가 뚜렷해졌다. 총리가 된 아베 신조는 경제 활성화를 내걸고 신자유주의에 국가주의를 덧입힌 정책을 추진

포퓰리즘
부자나 기업가, 엘리트나 주류 정치인을 싸잡아 기득권층으로 규정하고, 기득권층과 국민의 대변자를 대비시킨다. 세계화, 금융 위기를 거치면서 기존 주류 정당들이 문제 해결에 실패하면서 큰 흐름을 형성하였다. 민족주의, 인종주의를 공공연하게 내거는 우파 포퓰리즘 운동이 많지만, 세계화에 맞서 민중적 대안을 모색하는 좌파적 운동도 활발하다.

트럼프와 샌더스 2016년 미국 대통령 선거는 두 가지 신조어를 만들어 냈다. 하나는 트럼프 현상, 다른 하나는 샌더스 현상이다. 트럼프 지지자와 샌더스 지지자의 공통점은 백인과 남성이 많으며, 기존 정치권을 불신한다는 점이다. 차이점은 미국 문제의 책임과 관련하여 트럼프 지지자는 기존 정치인과 불법 이민자, 테러리스트를, 샌더스 지지자는 대형 은행과 경제적 불평등을 지목하였다는 점이다.

하였다. 또한 북한의 위협을 적절히 활용하면서 평화 헌법 개정과 군사 대국화를 도모하고 있다.

중국과 러시아에서도 국가 안보와 경제 성장을 앞세워 권위주의 통치를 정당화하고 있다. 아시아 여러 나라에서는 권위주의 통치가 확대되었다. 터키의 에르도안, 필리핀의 두테르테 같은 권위주의 통치자들이 등장하였고, 여러 차례 민주화 운동이 일어났던 타이에서도 군부의 정치 개입이 그치지 않고 있다.

세계적으로 민주주의가 후퇴하던 2016년, 대한민국 시민들은 민주적 절차를 통하여 민주주의 후퇴를 막아 냈다. 한국의 시민들은 권위주의 통치를 해 오던 박근혜 정권에 맞서, 겨우내 평화 집회와 비폭력 시위를 이어 갔다. 국회와 헌법 재판소는 대통령 탄핵을 결정하였고, 곧이어 열린 선거를 통하여 평화적인 정권 교체를 이루어 냈다.

모든 인간은 평등하며 인권은 존중되어야 한다는 믿음, 민주주의는 단순한 제도가 아니라 끊임없이 지켜 내고 키워 가야 할 우리 삶이라는 자각은 퇴행을 막는 힘이 될 것이다. 한국에서 그리고 전 세계에서 그러하였듯이.

일본의 우경화 일본의 우경화 정책은 군국주의 부활을 우려하는 주변국들의 우려를 사고 있다. 사진은 2018년 10월 사취내 사열식에 참석한 아베 송리의 보습이다.

한국의 촛불 항쟁 2016년 10월 말부터 이듬해 3월까지, 시민들은 매수 선국의 주요 도시에서 촛불을 들고 '대통령 퇴진', '재벌 개혁' 등을 요구하는 대규모 집회와 시위를 벌였다.

남녀평등 사회를 향하여

과학과 의학의 눈부신 발전은 여성들의 생활에도 큰 영향을 끼쳤다. 이제 냉장고와 세탁기, 청소기, 전기 밥솥과 같은 가전 제품은 가정의 필수품이 되었고, 피임법이 보급되면서 아이도 적게 가지게 되었다. 이러한 변화로 인하여 여성들은 가사 노동의 부담을 덜게 되었고, 대신 각종 사회 활동에 투자할 시간과 여가 시간을 갖게 되었다. 특히 교육의 기회가 확대되어, 사회에서 자신의 몫을 다하는 여성들이 많아졌다. 이들은 정치·경제·사회·문화의 각 분야에서 당당히 활동하고 있으며, 자신의 분야에서 두각을 나타내고 있다.

그러나 모든 여성이 이런 경험을 하고 있는 것은 아니다. 남녀 차별과 불평등이 완전히 사라진 것도 아니다. 가사 노동 시간이 짧아졌다고 해서 가사 분담까지 평등해진 것은 아니며, 여성의 사회 활동이 늘면서 오히려 직장 일에 집안일까지 이중으로 떠맡는 경우가 많다. 여전히 출산과 육아를 여성의 책임으로 떠맡기려는 경향이 크고, 이 때문에 여성들의 사회 활동은 크게 제한받고 있다. 게다가 아직도 태아 성 감별과 낙태 수술 때문에 태어나지도 못하고 죽는 여아들이 많다.

진정한 남녀평등 사회가 실현되려면, 사람들의 근본적인 인식 변화와 함께 정부의 적극적이고도 현실적인 정책이 절실하다. 출산과 육아, 가사 노동은 결코 여성만의 일이 아니다. 여성의 교육과 사회 진출은 결국 국가 경쟁력에도 크게 영향을 끼치는 중요한 문제이기 때문이다. 사회적으로 남녀평등 인식이 확산되고 국가적으로는 남녀평등 정책이 실시될 때, 비로소 여성들도 여성이기 이전에 인간으로서 바로 설 수 있을 것이다. 그래야만 남녀가 평등한 새로운 미래의 역사를 열어갈 수 있을 것이다.

국가명		스위스	덴마크	네덜란드	벨기에	핀란드	대한민국	싱가포르	일본	중국
순위		1	2	3	5	8	10	12	22	36
점수		0.039	0.040	0.044	0.048	0.058	0.063	0.067	0.103	0.152
생식 건강	모성 사망률	5	6	7	7	3	11	10	5	27
	청소년 출산 비율	3.0	4.1	4.0	4.9	6.8	1.6	3.7	4.1	6.4
여성 권한	여성의원 비율	29.3	37.4	35.6	41.4	42.0	17.0	23.0	13.7	24.2
	중등 이상 교육받은 인구 여성	96.4	90.1	86.4	82.2	100	89.8	76.1	94.8	74.0
	중등 이상 교육받은 인구 남성	97.2	91.3	90.4	86.7	100	95.6	82.9	91.9	82.0
노동 참여	경제 활동 참가율 여성	62.9	59.2	58.0	47.8	60.8	54.8	72.8	52.2	60.5
	경제 활동 참가율 남성	74.1	67.2	69.2	58.7	61.9	73.2	76.8	70.6	76.1

〈2018년 인간 개발 보고서 '성 불평등 지수(GII)'〉　　　　　　　　　　　* 자료: 유엔 개발 계획(UNDP)

⊙ 20세기의 여성들

김복동(1926~2019)
한국의 인권 운동가. 유엔 인권 위원회에서 일본군
'위안부' 피해 사실을 직접 증언하고, 전쟁과 각종
폭력에 고통받고 있는 여성들을 격려하였다.

리고베르타 멘추(1959~)
과테말라의 인권 운동가. 자서전
《나, 리고베르타 멘추》를 통하여 원주민에
대한 억압과 차별을 폭로하고, 원주민들의
권리 회복에 힘썼다.

타우왁쿨 카르만(1979~)
예멘의 언론인이자 시민운동가. 독재
정권과 언론 탄압에 저항하고
예멘의 민주화 운동을
주도하여 '혁명의
어머니'라고 불렸다.

마돈나 (1958~)
'팝의 여왕'으로 불리는 가수이자
배우. 마돈나는 성(性)을
개방적이면서도 긍정적으로
바라보게 만든 인물로
평가받는다.

〔왕〕가리 마타이 (1940~2011)
〔케냐〕의 환경 운동가. 아프리카에
〔30〕00만 그루의 나무 심기
〔운동〕을 주도하는 등 '지속
〔가능〕한 발전'을 위하여
〔노력〕하였다.

**도로시
호지킨(1910~1994)**
영국의 과학자. X선을 이용하여
분자 구조를 밝혀낸 연구로 노벨
화학상을 받았다. 말년에는 세계
평화와 빈곤 퇴치를 위해 노력하여
'마음씨 고운 천재'라는 별명을 얻었다.

페트라 켈리 (1947~1992)
독일 녹색당의 창시자. '녹색 정치의 잔
다르크'로 불린 페트라 켈리는 1983년
의회에 진출하여 생태주의, 여성주의, 비폭력의 녹색
정치를 실현하려 노력하였다.

제인 구달 (1934~)
세계적인 침팬지 연구가이자 환경 운동가.
이프리키에서 침팬지를 관찰하며 흥게를 늘리게
하는 연구 결과를 많이 발표하였다.

아이들이 희망하는 평화로운 세상

사람들은 이라크에 폭탄을 떨어뜨린다고 하면, 군복을 입은 사담 후세인의 얼굴이나, 총을 들고 있는 검은 콧수염의 군인들이나, 알라시드 호텔 바닥에 "범죄자"라는 글씨와 함께 새겨진 조지 부시 대통령의 얼굴을 떠올립니다.

하지만 이걸 아세요? 이라크에 살고 있는, 2,400만 명 중에서 절반 이상이 15세 미만의 어린이들이라는 것을. (중략) 저를 한번 보세요, 찬찬히 오랫동안.

여러분이 이라크에 폭탄을 떨어뜨릴 때, 여러분 머릿속에는 바로 제 모습이 떠올라야 합니다. 저는 여러분이 죽이려는 바로 그 아이입니다. (중략) 이건 액션 영화도 아니고, 공상 영화도 아니고, 비디오 게임도 아닙니다. 바로 이라크의 아이들이 처한 현실입니다. (중략)

우리는 우리가 언제 죽을지 모를 때 두렵습니다. 우리는 사람들이 우리를 죽이려 하거나 다치게 하거나 미래를 훔치려 할 때 화가 납니다. 우리는 내일도 엄마와 아빠가 살아 있기만을 바랄 때 슬퍼집니다. 그리고 우리는 우리가 무엇을 잘못했는지 모를 때 혼란스럽습니다.

– 커니햄중학교 샬롯 앨더브런, 2003 –

이라크 친구들에게

미안합니다.
피비린내 나고
고통의 신음 속에서
울부짖을지 모를 사람들에게.

미안합니다.
아이들과 장난스레 논쟁했던 전쟁이
당신들의 슬픔, 고통, 분노라는 것에.

– 서울 가락중학교 3학년 학생, 2003 –

오키나와 아이들이 그린 반전 그림

베트남 아이들이 그린 반전 그림

20세기는 전쟁의 세기였다고 해도 과언이 아니다. 그 과정에서 평범한 사람들, 특히 꿈 많은 어린아이와 청소년들이 수없이 희생되었다. 수많은 전쟁의 명분보다도 어린 생명과 그들의 행복이 훨씬 더 가치 있는 것이 아닐까? 전쟁 없는 평화로운 세상, 이것이 우리가 꿈꾸고 실현해야 할 희망찬 미래의 모습이다.

12

21세기
어떤 미래를
건설할 것인가

시리아의 눈물 시리아 내전은 2011년 민주화 요구 시위로 시작되었으나, 이후 이슬람 극단주의 세력이 등장하고 서아시아 패권과 관련하여 이해관계를 가진 주변국들이 개입하면서 혼란을 거듭하였다. 2019년 현재 전쟁은 거의 마무리되었으나 평화의 길은 아직 멀기만 하다.

전 쟁 없 는 평 화 로 운 세 상 은
불 가 능 한 가

│ **계속되는 한반도 위기** │ 2017년 7월 26일, 미국 국방부는 아침부터 초긴장 상태였다. 트럼프 대통령이 트위터를 통하여 중대 발표를 한다고 하였기 때문이다. 북한에 전쟁을 선포할지도 모른다는 추측이 나돌았다.

"장군들과 상의한 결과,"

다음 문장이 나오기까지 9분이 걸렸고, 불안감은 더욱 커졌다.

"정부는 트랜스 젠더의 입대를 허용하지 않기로 하였다."

안도의 한숨이 터져 나왔다.

2017년 7월 4일, 북한은 미 본토를 공격할 수 있는 장거리 미사일, 즉 대륙 간 탄도탄ICBM 시험 발사에 성공하였다. 북한에 억류되어 있던 미국인의 사망 보도와, 조만간 북한이 ICBM에 핵탄두를 탑재할 수 있을 것이라는 진단까지 나오면서 긴장은 더욱 고조되었다. 특별 검사의 조사를 받는 등 정치적 어려움을 겪고 있던 트럼프 대통령이 북한을 공격하여 분위기 반전을 노릴지도 모른다는 소문이 돌았다. 하루하루 북미 간의 긴장이 고조되는 것을 우리 국민들은 공포와 불안 속에 지켜봐야만 하였다.

한반도는 냉전이 가장 먼저 현실화되었고, 냉전으로 가장 큰 아픔을 겪었으며, 아직도 냉전이 계속되고 있는 지역이다. 2017년의 위기 이후 분위기가 반전되어 남북 정상 회담에 이어 북미 정상 회담이 열리면서 평화에 대한 기대가 높아지고 있지만, 섣부른 기대는 조심스럽다. 우리도 모르는 사이에 언제든 전쟁이 일어날 수 있으니 끔찍한 일이다. 우리가 소리 높여 평화를 이야기해야 하는 이유가 여기에 있다.

세계 핵무기 보유 실태

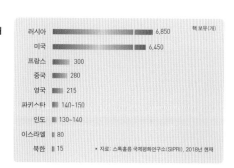

	핵 보유(개)
러시아	6,850
미국	6,450
프랑스	300
중국	280
영국	215
파키스탄	140~150
인도	130~140
이스라엘	80
북한	15

* 자료: 스톡홀름 국제평화연구소(SIPRI), 2018년 현재

계속되는 핵 전쟁의 위협 5년마다 열리는 핵 확산 금지 조약(NPT)의 재평가 회의에서 핵보유국들은 핵무기의 전면적인 폐기를 약속하였지만, 21세기에 들어서도 수많은 핵 실험이 계속되고 있다. 그중 절반 이상이 미국이 실시한 핵 실험이었다.

| **전쟁은 왜 일어나는가** | 인류의 역사는 전쟁의 역사라고 해도 될 만큼 전쟁은 인류의 역사와 함께해 왔다. 그래서 사람들은 흔히 전쟁을 '싫지만 피할 수 없는 일' 또는 '당연히 존재하는 일'로 생각한다. 그러나 과연 그럴까? 끔찍하고 무모한 전쟁이 계속 일어나는 까닭은 사람들의 도를 넘은 탐욕과 무지, 맹신 때문이 아닐까?

서구 자본주의가 제국주의 침략을 감행하면서 전쟁은 한층 규모가 커지고 잔인해졌다. 서구의 자본가들은 더 많은 이윤을 위하여 식민지가 필요하였고, 식민지를 얻기 위해서는 기꺼이 전쟁까지 벌일 준비가 되어 있었다. 그들은 생산의 힘을 파괴의 힘으로 둔갑시켰고, 인간의 창의성을 비인간적인 광기에 체계적으로 이용하였다. 과학은 끔찍한 무기 개발로 전쟁에 복무하였다. 이런 탐욕은 제1차 세계 대전으로 이어졌다.

제2차 세계 대전은 '국가와 민족의 영광'을 내건 파시스트의 침략 전쟁으로 시작되었다. 그릇된 믿음은 광기로 이어졌고 자기편이 아닌 사람들을 거리낌 없이 학살하는 지경에 이르렀다. 냉전은 미국과 소련으로 대표되는 두 진영이 벌인 패권 쟁탈전이었고, 그 와중에 힘없는 나라에서는 냉전이 아닌 열전이 벌어지기도 하였다. 냉전이 끝난 후에도 패권주의는 여전히 맹위를 떨치고 있고, 세계 곳곳에서 민족 분쟁이나 영토·종교 분쟁이 끊이질 않고 있다. 특히 내전은 문화나 전통·종교·이념이 다른 민족 또는 부족 간 갈등 때문에 발생하는 것처럼 보이지만, 그 배후를 좀 더 깊이 파고 들어가 보면 정치적·경제적 이해관계가 걸려 있는 경우가 대부분이다. 종교적·이념적 맹신은 전쟁을 일으키는 뇌관 역할을 하였다.

전쟁이 자주 일어날수록 이익을 보는 것은 바로 군수 산업체와 무기 수출국들이다. '죽음의 상인'이라 부르는 거대 군수 산업체의 규모는 상상을 초월할 만큼 어마어마하며, 무기 수출의 80퍼센트 이상은 국제 연합 안전 보장 이사회 상임 이사국, 즉 미국·영국·프랑스·중국·러시아 같은 강대국들이 주도하고 있다.

| **칼을 쳐서 보습으로, 평화를 위하여** | 끊임없이 이어지는 전쟁을 막고 평화를 지키려는 인류의 노력도 꾸준히 계속되어 왔다. 처음에는 전쟁의 피해를 줄이기 위한 개인적인 구호 활동이 대부분이었지만, 차츰 그 한계를 깨닫고 서로 연대하여 전쟁 자체에 반대하기 시작하였다. 20세기 초의 적십자 운동이나 제1차 세계 대전 후 맺어진 '전쟁하지 않겠다'는 조약은 이러한 노력의 결실이었다.

엄청난 인명이 희생된 제2차 세계 대전이 끝나고도 냉전이 계속되자, 세계인들은 파리와 프라하에서 세계 평화 옹호 대회를 열어, 원자 폭탄 사용 금지와 일본·독일의 재무장 반대를 선언하였다. 1950년대와 1960년대에는 비동맹 운동이 거세게 일어나, 제국주의와 패권주의에서 벗어나 자주적이고 평등한 국제 관계를 통하여 평화를 이루고자 하였다. 핵무기의 사용으로 인류가 멸망할지도 모른다는 두려움에 미국과 유럽을 중심으로 반핵 운동이 곳곳에서 일어나기도 하였다.

냉전 막바지인 1982~1983년에는 미국 핵무기의 유럽 배치에 반대하는 시위가 맹렬하게 일어났다. 100만 명이 넘는 사람들이 시위에 참여하였고, 비동맹국 정상 회의도 핵무기 철폐를 호소하였으며, 국제 연합도 군비 축소 특별 총회를 개최하였다. 그 결과, 1987년 지상 발사 중거리 핵전력 협정INF Treaty이 미국과 소련 간에 조인되었다.

2003년 2월 15일 무려 1,000만 명이 넘는 사람들이 미국의 이라크 침공에 반대하여 세계 곳곳에서 동시다발 시위를 벌였다. 'NO WAR' 라는 구호가 전 세계를 뒤덮었다. 2015년에는 이슬람을 풍자하는 만평을 실었다가 끔찍한 테러를 당한 잡지사 샤를리 엡도의 희생자들을 추모하며, 100만 명이 넘는 사람들과 여러 나라 정상들이 함께 반테러 시위에 나서기도 하였다.

전 세계적으로 소모되는 전쟁 비용은 지구에서 기아를 완전히 없애고 전 세계 인류가 인간다운 삶을 영위하기에 충분할 만큼 크다. 소수 정치 권력과 군수 산업체의 배를 불리는 군비를 축소하고 전쟁의 위협을 없앰으로써, 평화를 바라는 인류의 오랜 소망이 결실을 보기를 기대한다.

반전 평화 운동 2003년 3월 일본 히로시마에 있는 평화 기념 공원의 원폭 돔 앞에서 수많은 시민이 미국의 이라크 침공에 반대하여 촛불 시위를 벌이고 있다.

기아와 빈곤, 불평등을 제거할 수는 없을까

| 경제 위기, 그리고 양극화 | 2008년 미국에서 '서브프라임 모기지 사태'가 터졌다. 미국 정부는 엄청난 돈을 은행과 기업에 쏟아부어 위기를 벗어나려 하였다. 국민의 세금으로 조성된 막대한 자금 지원을 통하여 살아남은 은행과 기업들은 도산한 기업들을 합병하며 더욱 몸집을 불려갔다. 경영진들은 엄청난 보너스를 챙기며 자기들끼리 이익을 나눠 가졌다.

이에 대한 분노의 목소리가 터져 나오자, 미국 의회는 기업 최고 경영자^{CEO}의 연봉과 전체 노동자 연봉의 중간값 사이의 비율을 신고하도록 하는 법을 만들었다. 2018년을 기준으로 미국 100대 기업의 최고 경영자가 받은 연봉의 중간값은 1,560만 달러^{약 177억 원}로, 노동자 연봉의 중간값보다 254배 높았다. 최고 연봉을 받은 사람은 1억 829만 달러^{약 1,230억 원}를 받았으며, 그 비율이 가장 높은 최고 경영자는 노동자 연봉 중간값의 무려 2,508배를 받았다. 100대 기업에 포함되지 않은 테슬라의 일론 머스크는 무려 4만 668배나 더 많이 받는 것으로 드러났다. 우리나라의 사정도 다르지 않아서, 2017년 삼성전자의 최고 경영자와 일반 직원 간 연봉 격차는 208배에 이르렀다. 2016년에 62배였던 것에 비하면 격차가 더욱 커지고 있음을 알 수 있다.

전 세계적으로 절대 빈곤층, 즉 하루 1.9달러 이하의 소득으로 살아가고 있는 인구는 1993년 18억 5,000만 명^{전체 인구의 약 33.5퍼센트}에서 2013년 7억 7,000만 명^{약 10.7퍼센트}으로 많이 줄어들었다. 그러나 여전히 전 세계 인구 10명 중 1명은 기본적인 의식주 생활을 보장받지 못하고 있다. 게다가 상대적 빈곤의 문제는 갈수록 점점 커지고 있다. 경제는 나날이 성장하고 과학 기술은 계속 발전한다는데, 빈부 격차는 왜 계속 커지고 가난한 사람은 가난에서 벗어나지 못하는 걸까?

| 월가를 점령하라! Occupy the wall street! | "우리는 미국의 최고 부자 1퍼센트에 저항하는 99퍼센트의 입장을 대변한다.", "상위 1퍼센트가 미국 전체 부의 50퍼센트를 장

아프리카의 미래 GDP 1천 달러 미만의 최빈국 대부분은 아프리카에 몰려 있다. 종교 갈등이나 부족 간 분쟁, 자원을 둘러싼 내전, 독재, 부패 등으로 인하여 국가가 제 역할을 못 하고, 그 때문에 산업화, 경제 성장의 길도 막혀 짧은 시간 내에 개선이 힘든 경우가 대부분이다. 더 나은 아프리카의 미래를 위하여 교육에 대한 투자 등 세계의 도움이 절실하다.

악하고 있다.”

2011년 9월 미국의 심장 뉴욕 월가에서 대규모 시위가 일어났다. 경제 위기로 어려움을 겪게 된 시민들이 소수 자본가의 탐욕과 그들을 보호하는 정부 정책에 항의해 들고 일어난 것이다.

같은 시기 유럽에서도 비슷한 시위가 연이어 일어났다. 에스파냐에서는 경제 위기로 인한 민생 파탄에 항의하여 2011년 5월 ‘분노하는 사람들’이 들고 일어나 격렬한 시위를 벌였고, 그 결과 좌파 대중 정당인 ‘포데모스podemos, 우린 할 수 있다’ 당이 만들어졌다. 경제 위기를 계기로 국가 부도의 위기를 맞은 그리스에서도 저항이 일어났다. 나랏빚을 갚아야 한다며 가난한 사람들을 더욱 가난하게 만드는 정책에 반대하여 ‘긴축 반대’와 채권단과의 ‘재협상’을 내걸었던 ‘시리자Syriza, 급진 좌파 연합’가 급속도로 지지세를 넓혀 나갔다. 라틴아메리카의 좌파 정당 열풍도 계속 이어지는 듯 보였다.

하지만 이런 저항이 근본적인 대안을 제시하지는 못하였다. 한때 기대를 모았던 좌파 정당들의 실험은 대부분 ‘찻잔 속의 태풍’으로 마무리되었고, 우파의 복귀가 이어졌다. 그렇다고 저항이 무의미하다고 할 수는 없다. 이런 저항들이 자본주의 세계화의 무분별한 질주를 제어하고 최소한의 균형을 잡아 주는 브레이크 역할을 하기 때문이다.

다른 세계는 가능하다

경제 위기가 반복되고 선진자본주의 국가들의 성장률이 떨어지면서 자본주의가 위기를 맞고 있는 것이 아닌가 하는 불안이 커지고 있다. 성장률이 둔화한 선진국은 후발국의 급속한 성장에 두려움을 느껴 이를 견제하려는 유혹에 빠지기 쉽다. 사다리를 먼저 올라간 나라가 ‘자유 무역’을 내세워 다른 나라의 사다리를 걷어차 버리는 것이다. 최근 미국과 중국의 갈등은 이런 측면을 반영한다.

세계화의 진전으로 정보가 실시간으로 교환되면서 가난한 나라 국민들은 더 나은 삶을 찾아 선진 자본주의 국가로 이주하려는 경향이 커지고 있다. 극단적 종교나 이념, 부정부패와 무능, 분쟁과 내전 등으로 국가의 기능을 상실한 나라의 국민들도 살 길을 찾아 목숨을 걸고 국경을 넘고 있다. 이민과 난민의 증가는 선진국의 안전과 경제에 부담으로 작용하였고, 경제 성장이 둔화하면서 이들을 배척하는 목소리는 더욱 커져 극우 세력이 성장하는 배경이 되었다. 특히 유럽의 경우 유럽 연합 체제가 출범하면서 각 나라가 가지고 있던 주권의 상당 부분이 유럽 연합으로 넘어갔지만, 국민 국가를 완전히 대체하여 예전처럼 국민들을 보호할 수 있을 정도는 아니기 때문에 불안감이 더욱 커지는 경향이 있다.

20세기 초 공황으로 위기를 맞던 자본주의는 '수정'을 통하여 되살아날 수 있었다. 국가의 적절한 개입과 복지 정책은 '자본주의의 황금기', '영광의 30년'을 가져왔다. 오늘날의 위기도 '시장'에 모든 것을 맡겨서는 해결될 수 없다. 갈수록 커지고 있는 기업의 힘을 견제하고, 독점을 막아 공정한 경쟁이 이루어질 수 있도록 시장을 감시·조정하며, 경쟁에서 탈락하여 좌절한 사람들도 다시 일어설 수 있도록 도움을 주는 것이 필요하다. 국가가 소수 자본가의 입김에 좌우되는 것을 막고 다양한 계층의 다양한 의사를 폭넓게 반영할 수 있으려면, 민주주의를 더욱 강화해야 한다.

근대 이후 인류는 유한한 지구를 황폐하게 만드는 개발과 숫자상의 성장을 진보와 발전이라고 믿어 왔고, 다수의 패배자가 생길 수밖에 없는 무한 경쟁을 발전의 원동력이라고 강조해 왔다. 그러나 이제 '지속 가능한 성장', '삶의 질', '함께 나누는 삶'이 과제가 되고 있다. 빵이 작아서 빈곤이 발생하는 것이 아니라, 빵을 나누지 않기 때문에 문제가 되는 것이다. 이런 주장은 너무 이상적으로 보일지도 모른다. 그러나 역사는 우리에게 여러 사람이 함께 꾸는 꿈은 결국 현실이 된다는 것을 보여 주지 않았던가!

타임스퀘어를 점령한 시위대 자본주의의 심장부 월가를 점령한 시위대는 뉴욕 한복판 타임스퀘어까지 진출하며 99퍼센트를 위한 새로운 세상을 요구하였다.

AI의 시대 인간의 지능으로 할 수 있는 일들을 컴퓨터가 모방하여 수행하는 컴퓨터 공학 및 정보 기술 분야를 인공 지능(AI, Artificial Intelligence)이라고 한다. 초창기의 인공 지능은 게임 등의 분야에서 제한적으로 사용되었으나, 점차 실생활의 여러 분야로 확대되고 있다.

인 간 과 자 연 의 조 화 로 운
삶 을 꿈 꾸 다

| 과학 발전의 빛과 어둠 | 오늘날 우리는 날이 갈수록 발전하는 첨단 과학의 세계에서 살아간다. 체세포 복제 기술로 난치병을 고쳐 인간의 수명을 연장하고, 유전자 조작으로 식량 생산을 늘리고, 우주 과학의 발달로 로봇의 화성 탐사까지 가능해졌다. 또한 전쟁이 일어날 때마다 개발되는 새로운 무기와 그 파괴력에 입을 다물지 못할 지경에 이르렀다.

거창하게 생각할 것 없이 우리가 늘 손에 쥐고 있는 휴대 전화 하나만 봐도 그렇다. 휴대 전화로 통화도 하고, 사진도 찍고, 음악도 듣고, 은행 거래도 하고, SNS로 다른 사람과 소통한다. 검색 한 번에 이동하는 곳마다 인근 음식점이나 쇼핑센터를 친절히 알려주고, 연령대와 성별에 맞춰 눈길을 끄는 광고들이 손바닥 안에서 수시로 펼쳐진다.

지구상의 수많은 사람은 온라인으로 연결되어 각종 정보의 생산자이자 소비자로 활약하고 있다. 이렇게 구축된 빅데이터^{Big Data}는 컴퓨터와 연결되어 사람들의 생각을 순식간에 분석하고 예측한다. 그뿐만 아니라 빅데이터를 이용한 인공 지능이 자동차를 운전하고 외과 수술을 집도하며 흉악한 범죄도 잡는다. 이러한 첨단 정보 통신 기술은 다양한 산업·서비스 부문과 융합하여 혁신적인 변화를 주도하고 있는데, 이를 '4차 산업 혁명'이라 부르기도 한다.

그러나 우리가 뿌듯하게 생각하는 과학 발전의 이면에는 그림자도 짙다. 원자 폭탄이나 첨단 화학 무기로 수많은 사람이 목숨을 잃는다면 어떨까? 유전자 조작으로 생산된 식량에서 인체에 해로운 물질이 발견된다거나, 살충제와 같은 화학 물질 때문에 암과 같은 질병에 걸린다면 어떨까? 컴퓨터가 오작동을 일으켜 위험에 처하거나, 인터넷에 올려놓은 개인 정보가 유출되어 범죄에 이용된다면 어떨까? 인공 지능의 효율성에 집착하거나, 유통 기업의 온라인화^{아마존 효과} 때문에 일자리를 잃는 사람들이 많아지면 이렇게 될까?

인류를 진정으로 행복하게 만드는 것은 무조건적인 기술의 발전이 아니다. 과학 기술은 인간의 삶을 더욱 행복하고 풍요롭게 하는 데 사용되어야 한다. 이를 위해서 우리는 어떤 노력을 해야 할까?

| 오염에 허덕이는 지구 | 영화에서나 볼 수 있을 법한 일들이지만 실제로 세계 여러 곳에서 다음과 같은 일이 종종 벌어지고 있다. 앞으로 이런 재앙이 또 일어나지 않는다고 누가 장담할 수 있을까?

이탈리아 동부 해안에 오렌지 크기의 우박이 쏟아졌다. 지름이 무려 10센티미터에 달하는 우박이 내려 임산부를 포함한 18명이 크게 다쳤다. － 《연합뉴스》, 2019. 7. 11.

프랑스 기상청은 수도 파리의 낮 최고 기온이 섭씨 42.4도에 달했다고 발표했다. 이는 기상 관측을 시작한 이래 가장 높은 기온이다. － 《연합뉴스》, 2019. 7. 26.

비쩍 마른 북극곰 지구 온난화의 속도를 늦추려면 이산화탄소 농도를 낮춰야 한다. 북극의 얼음은 이미 몇 년째 빠른 속도로 녹고 있고, 북극곰의 개체 수는 최근 10년간 절반 가까이 급감하였다. 비쩍 말라버린 북극곰의 모습이 지구 온난화의 실상을 한눈에 보여 준다.

오늘날 지구 온난화 현상은 수많은 환경 문제 중에서도 가장 심각한 것으로 인식되고 있다. 그뿐만 아니다. 스모그 현상과 대기 오염, 강과 바다의 오염, 살충제와 같은 화학 물질로 인한 오염, 핵폐기물로 인한 오염 등 지구는 지금 온갖 오염으로 병들어 있다.

환경을 보호해야 한다는 생각과 노력은 이미 고대 사회부터 있어 왔다. 그러나 당장 눈에 보이지 않는 환경 파괴의 문제보다는 자연을 개발하여 곧바로 얻을 수 있는 경제적 이익 때문에 적극적으로 환경 보호에 나서지 않았다.

수메르 문명을 비롯한 고대의 여러 문명은 '개발이냐, 환경 보호냐'의 갈림길에서 끊임없는 개발을 택함으로써 멸망하였다. 유럽의 식민지 개발은 아시아·아프리카·아메리카 대륙의 환경을 급속도로 파괴하였다. 산업 혁명과 과학의 발달은 사람들의 생활을 매우 편하게 해 주었지만, 전과는 비교할 수 없을 만큼 환경을 오염시켰다.

일본 후쿠시마 원전 참사 체르노빌 사건을 떠올리게 하는 일본의 원전 사고는 수많은 사상자를 낳았다. 이 사건 이후 많은 나라들이 원자로 가동을 줄이는 대신 풍력·수력·태양광 등을 이용한 재생 가능 에너지 산업에 주목하고 있다.

개발 우선의 사고방식은 지금도 계속되고 있다. 환경 파괴와 안전 문제에 대한 지속적인 우려에도 불구하고 일부 국가들의 원자력 의존도는 아직 높다. 2011년 일본 대지진으로 인한 후쿠시마 원전 사고는 개발 지상주의 신화에 빠진 현대인에게 경종을 울리며 환경의 중요성을 일깨워 주었다.

| 녹색 지구를 향한 노력 | 1987년 환경과 개발에 관한 세계 위원회[WCED]는 〈우리 공동의 미래〉라는 보고서에서 환경 보호를 위한 '지속 가능한 발전'이라는 개념을 처음으로 제시하였다. '지속 가능한 발전'이란 미래 세대의 욕구를 충족시킬 힘과 여건을 저해하지 않으면서 현재의 욕구를 충족시키는 개발을 말한다. 이런 생각은 1992년 브라질 리우데자네이루에서의 〈의제21[Agenda21]〉, 2012년 리우+20정상 회의의 〈우리가 원하는 미래〉에서 재확인되었다.

그러나 이러한 논의만 있다고 해서 '지속 가능한 발전'이 가능한 것은 아니다. 환경을 먼저 생각할 수 있도록 사람들의 인식부터 근본적으로 바뀌어야 한다. 경제 성장과 환경 보호가 대립하지 않고 상생함으로써 훨씬 더 인간다운 삶을 누릴 수 있다

지속 가능 발전 목표(SDGs) SDGs는 '지속 가능한 발전'을 위한 국제적인 약속으로, 2015년 유엔 회원 국가들이 모여 합의한 17가지 목표를 의미한다. 빈곤 퇴치, 양성 평등, 깨끗한 에너지, 양질의 일자리와 경제 성장, 기후 변화 대응 등 '사회 발전', '경제 성장', '환경 보존'의 세 가지 영역을 모두 중요하게 여긴다.

는 것을 국제적·국가적 차원에서 정책적으로 뒷받침해야 한다.

　'지속 가능한 발전'을 위하여 노력하고 있는 사례는 많다. 원자력 발전을 단계적으로 중단하겠다고 선언한 독일은 2018년에 재생 가능 에너지만으로 35퍼센트가 넘는 전기를 생산하여 처음으로 재생 에너지가 석탄 사용을 추월하는 기록을 세웠다. 그간 태양광과 풍력 등을 이용한 재생 에너지 발전에 꾸준히 노력한 결과였다.

　한편 덴마크의 수도 코펜하겐은 최근 세계에서 가장 걷기 좋은 도시로 손꼽히고 있다. 일상생활에서 자동차 사용을 줄이는 대신 자전거를 많이 이용하고, 아스팔트 못지않게 푸른 녹지가 많은 까닭이다. 교통 정책의 변화를 통하여 환경과 인간 삶의 질을 동시에 개선한 획기적인 시도이다.

　자연을 정복과 착취의 대상으로만 인식하던 인간 중심주의, 국가 간의 무한 경쟁 체제, 정치 권력과 결탁한 극단적 개발론, 일상생활을 짓누르는 소비를 향한 욕망……. 이런 낡은 주술을 끊으려는 노력을 더 많이 실천할수록 세계의 환경은 더 빠르게 되살아날 것이며, 진정으로 행복한 인간의 역사를 다시 쓸 수 있게 될 것이다.

독일의 태양광 주택 독일은 2030년까지 재생 에너지의 전력 생산 비율을 50퍼센트로 올리겠다는 목표를 세우고 실천에 옮기고 있다.

코펜하겐의 '카고 바이크' 일상생활에서 편리하게 이용하는 카고 바이크. 코펜하겐 시내에만 411킬로미터에 이르는 자전거 도로가 정비되어 있다.

부록

우리나라

기원전

70만 년 전	구석기 시대 시작
6000년경	신석기 시대 시작
2333	고조선 건국(《삼국유사》)
1500년경	청동기 문화의 전래
500년경	철기 문화의 전래
194	위만, 고조선의 왕이 됨
108	고조선 멸망, 한 군현 설치
57	신라 건국
37	고구려 건국
18	백제 건국

기원후

313	고구려, 낙랑군을 멸망시킴
372	고구려, 불교 전래, 태학 설치
384	백제, 불교 전래
427	고구려, 평양으로 수도 옮김
494	부여, 고구려에 복속
503	신라, 국호와 왕호 정함
527	신라, 불교 공인
538	백제, 사비로 수도 옮김
612	고구려, 살수대첩
645	고구려, 안시성에서 당군에 승리
660	백제 멸망
668	고구려 멸망
676	신라, 당군 몰아 내고 삼국 통일
685	신라, 9주 5소경 설치
698	대조영, 발해 건국(~926)
828	장보고, 청해진 설치
900	견훤, 후백제 건국

동아시아

기원전

2500년경	중국 문명 등장
1600년경	중국, 상 등장
1100년경	중국, 주 건국
770	중국, 춘추 시대 시작
403	중국, 전국 시대 시작
300년경	일본, 야요이 문화 시작
221	진(秦), 중국 통일, 만리장성 축조
209	흉노, 묵특선우 흉노 부족 통일
202	중국, 한 건국
139	한 무제, 장건 서역 파견(비단길 개척)
136	한, 오경박사 설치(유교의 국교화)

기원후

105년경	한, 채륜 종이 개량
184	한, 황건적의 난
220	한 멸망, 삼국 시대 시작(~280)
280	진(晉), 중국 통일(~316)
304	중국, 5호 16국 시대 시작
317	중국, 강남에 동진 성립(~420)
439	선비족의 북위 화북 통일, 남북조 시대 시작
589	수, 중국 통일(~618)
605	수, 대운하 착공
612	수의 양제, 고구려 침입
618	수 멸망, 당 건국(~907)
645	일본, 다이카 개신
710	일본, 나라로 수도 옮김, 나라 시대
751	당, 탈라스 전투에서 이슬람군에 패배
755	당, 안사의 난(~763)
794	일본, 헤이안으로 수도 옮김, 헤이안 시대

유럽·아메리카

아프리카·서아시아·인도 동남아시아

901	궁예, 후고구려 건국	875	당, 황소의 난(~884)
918	왕건, 고려 건국(~1392)	907	당 멸망, 5대 10국 시작(~960)
926	발해 멸망	916	거란 건국(~1125)
935	신라 멸망	936	거란, 국호를 '요'라 함
936	고려, 후삼국 통일	960	중국, 송(宋) 건국(~1279)
958	과거제 처음 실시	1038	서하 건국
993	거란(요)의 1차 침입, 고려 강동 6주 획득	1115	여진, 금 건국(~1234)
1019	강감찬, 귀주대첩	1125	거란, 금에 의해 멸망
1033	천리 장성 축조(~1044)	1127	북송 멸망, 남송 성립
1107	윤관, 여진 정벌	1192	일본, 가마쿠라 막부 성립(무사 정권 시작)
1126	이자겸의 난	1206	칭기즈 칸 즉위, 몽골 통일
1135	묘청의 서경 천도 운동	1227	서하, 몽골에 멸망
1170	무신 정변	1234	금, 몽골에 멸망
1198	만적의 난	1258	몽골, 바그다드 침략, 아바스 왕조 멸망
1231	몽골의 1차 침입	1271	원 제국 성립(~1368)
1232	강화도로 수도 옮김	1279	남송 멸망, 원의 중국 통일
1270	개경으로 환도, 삼별초의 대몽 항쟁(~1273)	1336	일본, 무로마치 막부 성립, 남북조의 대립
1274	여·원 연합군의 1차 일본 원정	1368	중국, 명 건국(~1644), 원 몽골로 쫓겨 감
1376	최영, 왜구 토벌	1392	무로막치 막부의 요시미쓰가 남북조 통일
1388	이성계, 위화도 회군	1405	정화의 항해(~1433)
1389	박위, 쓰시마섬 정벌	1467	일본, 센코쿠 시대 시작
1392	고려 멸망, 조선 건국(~1910)	1543	일본, 포르투갈인이 총포 전래
1394	조선, 한양에 수도 정함	1578	명, 포르투갈인에게 광동 무역 허용
1402	호패법 실시, 무과 설치	1590	도요토미 히데요시, 센코쿠 시대 통일
1446	훈민정음 반포	1592	일본, 조선 침략(임진왜란)
1510	삼포 왜란	1603	일본, 에도 막부 수립(~1867)
1592	임진왜란(~1598), 한산도 대첩	1616	만주족(여진족)의 누르하치, 후금 건국
1608	경기도에 대동법 처음 실시	1636	후금, 국호를 청으로 고침, 조선 침략
1609	일본과 국교 회복(기유약조)	1644	명 멸망, 청이 중국 지배
1623	인조반정	1661	청, 강희제 즉위(~1722)
1624	이괄의 난	1689	청·러시아 네르친스크 조약 체결
1627	정묘호란	1712	청, 조선과 백두산 정계비 설정
1636	병자호란	1715	청, 영국 동인도 회사가 광둥에 상관 설치
1678	상평통보 유통	1722	청, 옹정제 즉위
1696	안용복, 독도에서 일본인들을 쫓아냄	1735	청, 건륭제 즉위
1708	대동법 전국으로 확대 실시	1757	청, 외국 무역을 광둥에 한정시킴
1725	영조, 탕평책 실시	1758	청, 중가르 병합

962	동프랑크 왕국의 오토 1세, 신성 로마 제국 황제 대관
987	러시아(키예프 공국), 비잔티움 제국을 통해 크리스트교로 개종
1054	크리스트교, 동서 분열(가톨릭과 정교회)
1066	노르만족, 영국 정복
1077	카노사의 굴욕
1095	클레르몽 종교 회의, 교황 우르바누스 2세가 십자군 전쟁 호소
1096	십자군 전쟁(~1270)
1215	영국, 대헌장 제정
1295	영국 모범 의회 성립
1302	프랑스, 삼부회 소집
1337	영국과 프랑스, 백년 전쟁(~1453)
1428	중앙아메리카의 아스테카 문명, 중앙 멕시코 지배
1440년경	남아메리카의 잉카, 안데스 지역 정벌로 제국 성립
1453	비잔티움 제국 멸망
1455	영국, 장미 전쟁(~1485)
1492	에스파냐의 콜럼버스 아메리카 항로 발견
1498	포르투갈의 바스쿠 다 가마 인도 항로 개척
1517	독일, 루터의 종교 개혁
1519	에스파냐, 마젤란 세계 일주 시작(~1522)
1521	에스파냐, 멕시코 정복, 아스테카 왕국 멸망
1533	에스파냐의 피사로, 잉카 제국 정복
1543	코페르니쿠스, 지동설 발표
1545	에스파냐, 포토시(현재 볼리비아 남부) 은광 개발
1562	프랑스, 위그노 전쟁(~1598)
1580	에스파냐, 포르투갈 합병(~1640)
1588	영국, 무적함대 격파
1600	영국, 동인도 회사 설립
1613	러시아, 로마노프 왕조 성립(~1917)
1618	독일, 30년 전쟁(~1648)
1642	영국, 청교도 혁명(~1649)
1643	프랑스, 루이 14세 즉위, 이후 절대 왕정 전성
1651	영국, 항해법 반포
1688	영국, 명예혁명
1689	영국 권리 장전 승인
1701	프로이센 왕국 성립

320	인도, 굽타 왕조 성립(~550)
610	무함마드 이슬람교 정립
622	헤지라(이슬람의 기원 원년)
642	사산 왕조 페르시아, 이슬람에 멸망
661	제4대 칼리프 알리 암살(이슬람 분열), 우마이야 왕조 성립(~750)
711	우마이야 왕조, 이베리아반도 정복
750	아바스 왕조 성립(~1258)
751	아바스 왕조, 탈라스 전투에서 당에 승리
756	이베리아반도에 후우마이야 왕조 성립
890년경	캄보디아, 앙코르 왕조 성립
962	아프가니스탄에 가즈니 왕조 성립
1037	셀주크 튀르크 건국(~1157)
1055	셀주크 튀르크, 바그다드 점령
1067	안남, 참파 정벌
1187	이집트 아이유브 왕조 살라딘, 예루살렘 탈환
1193	구르 왕조, 델리 정복(인도의 이슬람화)
1206	인도, 델리 술탄 왕조 등장
1231	호라즘 제국, 몽골에 멸망
1250	이집트, 맘루크 왕조 건국
1260	맘루크 왕조, 아인잘루트 전투 승리
1287	미얀마의 파간 왕조, 몽골에 멸망
1293	인도네시아, 마자파힛 왕조 성립
1299	오스만 제국 건국(~1922)
1370	중앙아시아 티무르 제국 성립
1402	믈라카 왕조 등장
1426	안남, 대월국 수립(레 왕조)
1453	오스만 튀르크, 콘스탄티노폴리스 점령
1501	이란, 사파비 왕조 성립(~1736)
1526	인도, 무굴 제국 성립(~1858)
1529	오스만 제국, 빈 포위 공격
1565	필리핀, 에스파냐의 침략 시작
1615	믈라카 제도, 네덜란드에 점령
1757	인도 플라시 전투, 영국 인도 독점
1779	카자르 왕조, 페르시아 통일
1803	안남, 국호를 베트남으로 정함
1805	이집트, 무함마드 알리 집권(~1840)

1750	영조, 균역법 실시
1784	이승훈, 천주교(서학) 전도
1786	서학 금지
1801	신유박해
1811	홍경래의 난(~1812)
1860	최제우, 동학 창시
1862	임술민란
1863	고종 즉위, 흥선 대원군 집권
1866	병인박해, 병인양요
1871	신미양요, 척화비 건립
1875	운요호 사건
1876	강화도 조약 체결
1881	조사 시찰단 및 영선사 파견, 별기군 창설
1882	임오군란, 미국과 통상 조약 체결
1883	한성순보 발간
1884	우정총국 설치, 갑신정변
1894	동학 농민 운동, 갑오개혁
1895	을미사변, 유길준《서유견문》지음
1897	대한 제국 수립
1899	경인선 개통
1904	제1차 한일 협약, 경부선 준공
1905	을사늑약 체결
1907	헤이그 특사 파견, 고종 퇴위, 군대 해산
1909	안중근, 이토 히로부미 처단
1910	국권 피탈
1912	토지 조사령 공포
1919	3·1 운동, 대한 민국 임시 정부 수립
1926	6·10 만세 운동
1927	신간회 조직
1929	광주 학생 항일 운동
1932	이봉창·윤봉길 의거
1938	일제, 한글 교육 금지
1940	한국 광복군 창설
1945	8·15 광복
1946	제1차 미소 공동 위원회 개최
1948	대한민국 정부 수립
1950	6·25 한국 전쟁 발발

1759	청, 위구르족을 평정하고 신장(신강)이라 개칭
1793	청, 영국 사절 매카트니 건륭제 알현
1796	청, 백련교의 난(~1804)
1803	미국, 일본 나가사키에 들어와 통상 요구
1840	제1차 아편전쟁(~1842)
1842	청, 영국과 난징 조약 체결, 영국에 홍콩 할양
1851	청, 태평천국 운동(~1864)
1854	미일 화친 조약 체결
1856	제2차 아편전쟁(~1861)
1858	미·일 수호 통상 조약
1861	청, 양무운동
1868	일본, 메이지 유신 시작
1884	청프 전쟁(~1885)
1885	청, 일본과 텐진 조약 체결
1889	일본, 제국 헌법(메이지 헌법) 제정
1894	청일 전쟁(~1895)
1895	러시아·독일·프랑스의 삼국 간섭
1898	청, 변법자강 운동
1902	제1차 영·일 동맹
1904	러일 전쟁(~1905)
1905	쑨원, 중국 동맹회 결성
1909	일본·청, 간도 협약 체결
1911	신해혁명
1912	중화민국 수립, 쑨원 임시 대총통에 취임
1914	일본 제1차 세계 대전 참전
1915	일본, 중국에 21개조 요구, 중국 신문화 운동
1919	중국, 5·4 운동
1921	중국, 공산당 창당
1924	중국, 제1차 국공 합작
1926	중국, 국민당의 북벌 시작
1927	중국의 장제스, 난징에 국민 정부 수립
1931	일본, 만주사변 일으킴
1934	중국 공산당 대장정 시작(~1935)
1936	중국, 시안 사건
1937	중일 전쟁 발발, 중국, 제2차 국공 합작. 일본의 난징 대학살
1938	일본, 국가총동원법 발령, 중국의 상하이에 종군 위

1740	오스트리아 왕위 계승 전쟁(~1748)
1750년경	영국 제2차 인클로저 운동 시작
1756	7년 전쟁(~1763)
1760년경	영국에서 산업 혁명 시작
1772	폴란드 분할(~1795)
1776	미국, 독립 선언
1789	프랑스 혁명, 인권 선언 발표
1804	프랑스의 나폴레옹 1세 즉위, 아이티 독립
1806	프랑스, 대륙 봉쇄령 발표
1811	볼리바르, 볼리비아 독립운동 지휘
1812	산마르틴, 남아메리카 독립운동 지휘
1814	빈 회의(~1815)
1822	멕시코·브라질 제국 수립
1823	미국, 먼로주의 선언
1825	영국, 세계 최초 철도 개통
1830	프랑스, 7월 혁명
1832	영국, 제1차 선거법 개정
1834	독일, 프로이센 중심의 관세 동맹 성립
1838	영국, 차티스트 운동
1848	프랑스, 2월 혁명, 오스트리아·독일,
	3월 혁명 마르크스·엥겔스,《공산당 선언》발표
1859	다윈,《종의 기원》출판
1861	미국, 남북 전쟁(~1865), 러시아, 농노 해방령 발표
1863	미국, 링컨 대통령이 노예 해방 선언
1869	수에즈 운하 개통
1871	독일 제국 수립, 프랑스 파리 코뮌 성립
1882	삼국 동맹 성립(~1915)
1886	미국, 시카고 헤이마켓 투쟁
1893	뉴질랜드, 여성 참정권 인정
1898	파쇼다 사건
1902	러시아, 시베리아 철도 개통
1905	러시아, 피의 일요일 사건
1907	영·프·러, 삼국 협상 성립
1910	멕시코 혁명(~1917)
1914	사라예보 사건, 제1차 세계 대전 발발(~1918)
1917	러시아 혁명
1918	제1차 세계 대전 종식

1826	오스만 제국, 예니체리 철폐, 신식 군대 편성
1827	알제리, 프랑스의 침략
1833	오스만 제국, 이집트 자유 독립 승인
1839	오스만 제국 탄지마트 선포
1857	인도, 세포이 항쟁(~1859)
1862	제1차 프랑스·베트남 전쟁(사이공 조약)
1868	타이, 국왕 라마 5세(쭐랄롱꼰) 즉위
1869	수에즈 운하 개통
1881	수단, 마흐디 항쟁(~1898)
1885	베트남, 근왕 운동
	인도 국민 회의 결성
1887	프랑스령 인도차이나 연방 성립
1892	호세 리살, 필리핀 연맹 결성
1898	필리핀, 아기날도 독립 선언
1904	나미비아, 독일군이 헤레로족 학살
1905	인도 벵골 분할령 발표
	탄자니아 마지막 봉기
1906	인도 스와라지·스와데시 운동, 이란 입헌 혁명
1908	오스만 제국, 청년 투르크당 혁명, 최초의 의회 성립
1909	오스만 제국, 무스타파 케말의 혁명 해방군이
	이스탄불 장악
1917	인도네시아, 이슬람 정당 '사레카트 이슬람'이
	민족 운동 전개
1919	인도, 간디의 반영 운동
1923	터키 공화국 수립
1925	이란, 팔레비 왕조 수립
	카자르 왕조 멸망
1927	인도네시아의 수카르노, 국민 연맹 결성
1928	인도의 네루, 인도 독립 연맹 결성
1930	호찌민, 베트남 공산당 창당
1935	페르시아, 나라 이름을 이란으로 개칭
1941	영국·소련, 이란 분할 점령
1945	아랍 연맹 결성
	베트남 민주 공화국 수립
	캄보디아 독립 선언
	인도네시아 독립 선언
1946	필리핀 공화국 수립

연도	한국사	연도	세계사
1953	휴전 협정 조인		안소 설치
1960	4·19 혁명	1941	일본, 하와이 진주만 기습 공격, 아시아 · 태평양 전쟁 발발(~1945)
1961	박정희 5·16 군사 정변	1942	일본, 미드웨이 해전 패배
1962	제1차 경제 개발 5개년 계획(~1966)	1945	미국, 일본 히로시마와 나가사키에 원자 폭탄 투하, 일본 무조건 항복
1965	한일 기본조약 체결, 베트남 파병	1946	중국, 국공 내전 시작
1966	한미 행정 협정 조인	1948	도쿄 재판 종결(~1946)
1970	새마을 운동 시작, 경부 고속 도로 개통	1949	중화 인민 공화국 수립
1972	7·4 남북 공동 성명, 10월 유신	1951	일본, 샌프란시스코 강화 조약
1973	6·23 평화 통일 선언, 김대중 납치 사건	1954	일본, 미·일 상호 방위 원조 협정 조인, 자위대 발족
1979	박정희 대통령 피살(10·26 사태)	1955	제1차 원폭·수폭 금지 대회(히로시마)
1980	5·18 민주화 운동	1956	일본, 국제 연합(UN) 가입
1982	일본 역사 교과서 왜곡에 항의	1959	중국·인도 국경 분쟁
1983	이산 가족 찾기 TV 방송	1960	일본, 미·일 안보 조약 성립
1987	6월 항쟁, 6·29 민주화 선언(대통령 직선제 실시)	1966	중국, 문화 대혁명 시작(~1976)
1988	제24회 서울 올림픽 대회 개최	1969	중·소 국경 분쟁
1990	한국과 소련 국교 수립	1971	중국, 국제 연합(UN) 가입
1991	남북한 국제 연합(UN) 동시 가입	1972	미국의 닉슨 대통령, 중국 방문
1992	한국과 중국 수교, 한국과 베트남 수교	1976	마오쩌둥 사망
1993	김영삼 대통령 취임, 금융 실명제 실시	1978	덩 샤오핑 개혁·개방 정책 실시
1994	북한, 김일성 주석 사망	1979	미·중 국교 수립
1995	지방 자치제 전면 실시	1984	영국, 중국에 홍콩 반환 협정 조인
1997	국제통화기금(IMF)에 구제 금융 요청(외환 위기)	1989	중국, 톈안먼 사건
1998	김대중 대통령 취임		아시아·태평양 경제 협력체(APEC) 결성
2000	제1차 남북 정상 회담, 6·15 남북 공동 선언	1992	일본, 유엔 평화 유지군(PKO) 법안 통과
2002	한일 월드컵 개최	1997	영국, 중국에 홍콩 반환, 아시아 경제 위기
2003	노무현 대통령 취임	1999	포르투갈, 중국에 마카오 반환
2004	한국 고속철도(KTX) 개통	2001	중국 세계 무역 기구(WTO) 가입
2007	한미 자유무역협정(FTA) 체결, 제2차 남북 정상 회담, 10 · 4 남북 공동선언	2008	중국, 제29회 베이징 올림픽 대회 개최
2010	G20 서울 정상회의 개최	2011	일본, 후쿠시마 원전 참사
2014	세월호 사건	2013	중국, 시진핑 국가 주석 취임
2017	박근혜 대통령 탄핵, 문재인 대통령 취임, 역사 국정 교과서 폐지		
2018	제23회 평창 동계 올림픽 개최, 제3차 남북 정상 회담		

1919	베르사유 조약, 독일 바이마르 공화국 성립
1920	국제 연맹 창설
1922	소비에트 사회주의 공화국 연방(소련) 수립
1929	미국, 대공황 발생(~1932)
1933	미국, 뉴딜 정책(~1936)
1936	에스파냐, 인민 전선 정부 수립, 파시스트 반란으로 내전(~1939)
1939	제2차 세계 대전(~1945)
1940	독·일·이, 삼국 군사 동맹 체결
1945	얄타 회담, 독일 항복, 국제 연합(UN) 창설
1946	파리 강화회의
1947	미국, 트루먼 독트린 발표, 마셜 계획 발표
1948	소련, 베를린 봉쇄 시작
1949	북대서양 조약 기구(NATO)결성
1957	소련, 세계 최초의 인공위성 발사, 쿠바 혁명
1962	쿠바 미사일 위기
1968	체코슬로바키아 프라하의 봄, 프랑스 파리 5월 혁명 (68혁명)
1971	미국의 아폴로 11호 달 착륙
1973	칠레, 아옌데 정권 붕괴, 피노체트 독재
1975	유엔 국제 여성의 해, 국제 여성 집회(멕시코)
1980	폴란드 자유 노조 '연대' 탄생
1985	소련, 고르바초프의 개혁 시작
1986	소련, 체르노빌 원자력 발전소 방사능 누출 사고
1989	몰타 정상 회담(냉전 종결 선언)
1990	독일 통일, 폴란드 바웬사 대통령에 당선
1991	소련 해체, 독립 국가 연합(CIS) 성립
1992	기후 변화 협약 체결
1993	유럽 연합(EU) 탄생
1995	세계 무역 기구(WTO) 출범
1998	유고 코소보 사태, 베네수엘라 차베스 대통령에 당선
1999	유로화 출범, 시애틀 반세계화 시위
2001	미국, 9·11 테러
2003	미국 이라크 침공, 브라질 룰라 대통령에 당선
2008	미국, 금융 위기, 최초의 흑인 대통령 오바마 취임
2016	미국, 트럼프 대통령에 당선

1947	인도와 파키스탄 분리 독립
	UN 총회, 팔레스타인 분할안 가결
1948	제1차 중동 전쟁(~1949), 이스라엘 건국
1949	인도네시아 공화국 수립
1951	이란, 석유 국유화 선언
1954	중국의 저우언라이와 인도의 네루가 '평화 5원칙' 발표
1955	제1회 아시아·아프리카 회의(반둥 회의) 개최
1956	이집트의 나세르 대통령, 수에즈 운하 국유화
1957	가나 독립, 제1차 아프리카 국가 회의
1960	아프리카 17개국 독립(아프리카의 해)
1962	알제리 독립, 쿠바 미사일 위기
1963	말레이시아 연방 발족
	아프리카 통일 기구(OAU) 결성
1964	팔레스타인 해방 기구(PLO) 결성
1965	미국, 베트남 전쟁 시작(~1975)
1967	동남아시아 국가 연합(ASEAN) 결성
1968	아랍 석유 수출국 기구(OPEC) 결성
1969	아라파트, PLO 의장에 취임
1971	방글라데시, 파키스탄으로부터 독립 선언
1973	제1차 석유 파동(~1974)
1976	베트남 사회주의 공화국 수립
1978	제2차 석유 파동(~1980)
1979	소련, 아프가니스탄 침공(~1988)
	호메이니의 이란 혁명, 팔레비 왕조 붕괴
1980	이란·이라크 전쟁(~1988)
1982	이스라엘, 레바논 침공
1984	유엔 식량 기구, 아프리카 24개국 기아 상태 발표
1986	필리핀 민주 혁명으로 마르코스 정권 붕괴, 베트남 도이머이 정책 추진
1988	팔레스타인, 독립 선언
1991	다국적군, 이라크 공격(걸프 전쟁 발발)
1994	남아프리카 공화국, 만델라가 대통령에 당선
1999	동티모르, 인도네시아로부터 독립
2010	튀니지 재스민 혁명, 아랍 국가 민주화 촉발

● 저 자 소 개 ●

김육훈   윤세병   최재호   유필조   이지현   박윤희   남동현 남정란   왕홍식   윤종배   이성호   양정현

- **김육훈**(서울공업고등학교 교사)

- **남동현**(前 경기 명문고등학교 교장)

- **남정란**(서울시 교육청 장학관)

- **박윤희**(前 인천 인항고등학교 교사)

- **양정현**(부산대 역사교육과 교수)

- **왕홍식**(서울 보성중학교 교사)

- **유필조**(서울 시흥중학교 교사)

- **윤세병**(동북아역사재단 연구 위원)

- **윤종배**(서울 중평중학교 수석 교사)

- **이성호**(서울 배명중학교 교사)

- **이지현**(서울 신현고등학교 교사)

- **최재호**(前 부산 브니엘고등학교 교장)

살아있는 세계사 교과서 2권

21세기, 희망의 미래 만들기

1판 1쇄 발행일 2005년 10월 31일
2판 1쇄 발행일 2011년 9월 5일
3판 1쇄 발행일 2019년 12월 9일
3판 6쇄 발행일 2023년 2월 20일

지은이 전국역사교사모임

발행인 김학원
발행처 (주)휴머니스트출판그룹
출판등록 제313-2007-000007호(2007년 1월 5일)
주소 (03991) 서울시 마포구 동교로23길 76(연남동)
전화 02-335-4422 **팩스** 02-334-3427
저자·독자 서비스 humanist@humanistbooks.com
홈페이지 www.humanistbooks.com
유튜브 youtube.com/user/humanistma **포스트** post.naver.com/hmcv
페이스북 facebook.com/hmcv2001 **인스타그램** @humanist_insta

편집주간 황서현 **편집** 황서현 신영숙 김종엽 최윤영 **크리에이티브 디렉터** AGI 김영철
표지 디자인 유주현 **본문 디자인** 이소영 이인영 최지섭 이나연 신경숙 김민수 **일러스트 디렉션** 곽영권
본문 일러스트 이경국 조재석 김윤한 **부속 일러스트** 김경호 박양수 이샛별 박준수 최건웅 **사진** 권태균
지도 임근선 **사진 및 자료 제공** 연합뉴스 동아일보 셔터스톡 유니세프 중앙일보 감마 타임스페이스
한겨레신문 이대훈 조명희 김산기념사업회 **용지** 화인페이퍼 **인쇄** 청아디앤피 **제본** 민성사

ⓒ 전국역사교사모임·휴머니스트, 2019

ISBN 978-89-5862-071-6 03900